대한민국 교육고통에 대한
현장중심 교육해법 36

나와라!
교육대통령

발행일 • 2012년 8월 6일
지은이 • 김진우
펴낸이 • 정병오
펴낸곳 • 좋은교사운동 출판부

출판등록번호 • 제 320-2000-34호
주소 • 151-846 서울특별시 관악구 청룡동 1568-1번지 3층
전화 • 02-876-4078
팩스 • 02-879-2496
홈페이지 • www.goodteacher.org
디자인 • 디자인집 02-521-1474

ISBN 978-89-91617-06-3 03370
값 14,000원

대한민국 교육고통에 대한
현장중심 교육해법 36

나와라!
교육대통령

김진우 지음

정병오 감수

좋은교사

목 차

교육해법 36

1. **선택 교육과정 확대:** 교사와 학생의 교육과정 선택권 확대를 통해 다양한 관심과 필요를 반영하고 학생의 자발성을 높여 다양하고 질 높은 배움이 일어나게 하자

2. **교사별 평가:** 획일적 평가를 탈피하여 교사의 자율적 교육기획력을 발휘하도록 함으로써 수업의 질을 높이자

3. **성취 기준 중심의 절대평가:** 학생 간 점수 경쟁의 상대평가 체제를 벗어나서 성취기준 달성을 목표로 하는 완전한 절대평가제를 통해 모든 학생이 완전학습에 이르도록 하자

4. **학업성취도 평가 개선:** 학업성취도 평가 결과를 비교하는 것을 지양하여 비교육적 과열 경쟁을 방지하고, 학업 흥미도를 조사함으로써 배움을 좋아하도록 하는 노력을 기울이게 하자

5. **고교 입학 또는 고입 전형 선지원 후추첨제 전면화:** 성적순 선발로 인한 고교 서열화를 완화하여 조기 입시 경쟁 과열을 막아 학생들의 학습 고통을 줄이고 중학교 교육과정 운영을 정상화하자

6. **자율형 사립고 폐지:** 공립학교와 사립학교 모두 교육과정의 자율성은 보장하되 학생선발권은 통제하고 공적 지원을 균등하게 함으로써 교육의 다양성과 평등성을 확보하자

7. **교과 프로젝트 전형:** 고교는 프로젝트 수업을 활성화하고 대학은 이를 대입 전형 자료로 활용함으로써 고교 교육의 질을 높이자

8. **대학수학능력시험의 Ⅰ, Ⅱ 분리:** 수능의 성격을 이원화하여 진로 중심 맞춤형 교육과정을 활성화하자

9. 대입 모집단위별 전형 요소 특성화: 대학의 전공에 맞는 전형 요소 반영을 특성화하여 고교 선택과정을 정상적으로 운영하도록 하고, 대학은 전공 적합성이 높은 학생을 선발하도록 하고, 학생의 입시 부담을 줄이자

10. 자유진로학교 설립: 정규 교육과정을 벗어나 자유롭게 진로를 탐색할 수 있는 시간과 여건을 마련함으로써 학생들로 하여금 꿈을 찾도록 하자

11. 전문계고 산학관 협력 체제 구축 및 고졸 채용 확대: 전문계 고교와 기업의 유기적 협력 관계를 통해 직업 교육의 현장성을 강화하고 고졸 채용을 확대하자

12. 직업교육 교사 자격증 체제 개선: 교사 교육을 내실화하여 직업 교육 전문성을 높이자

13. 갈등 중재 전문가 파견제: 훈련된 갈등 중재 전문가를 파견하여 학교 폭력 및 갈등 문제를 평화적으로 해결하도록 돕자

14. 학생행복지수 도입, 학생회 지도교사 학교운영위원 위촉, 학생회 학칙 심의권 부여: 학생들을 존중하고 소통할 수 있는 풍토를 만들자

15. 학교 민원 시스템 설치: 학부모의 건의에 대한 책임 있는 답변을 하도록 하여 학부모의 불만을 줄이고 학교 개선을 촉진하자

16. 전 교사 담임제(동아리 학급제): 동아리를 학급화하고 전교사가 담임을 맡도록 하여 학급 공동체성을 높이고 진로 교육을 내실화하자

17. 행정업무전담제: 행정업무 처리의 효율성을 높이고 교사의 잡무를 줄임으로써 교육의 질을 높이자

18. **동일 학년 전담제(초등):** 동일 학년을 연속적으로 담당하도록 하여 초등 교사의 교과 전문성을 향상하여 수업의 질을 높이자

19. **교장공모제 확대:** 학교 구성원들의 뜻을 반영한 교장을 공모하여 학교의 혁신을 앞당기자

20. **학교참여 평가 및 학교평가지원센터 운영:** 관료적 학교 평가를 벗어나 학교 구성원 중심의 학교참여 평가를 통해 자율과 책무, 소통과 협력을 이끌어 내고 학교 평가의 전문가를 양성하여 학교 평가의 질을 높이고 학교 개혁의 선도자가 되게 하자

21. **교육지원청 재구조화:** 교육지원청을 재구조화하여 행정의 효율성을 높이고 학교에 대한 통제를 최소화하여 단위학교 자율성을 높이자

22. **교육청 유발 업무 총량제:** 교육청 하달 업무의 총량을 규제하여 단위학교의 자율성을 높이자

23. **학교 자율 예산 확대 및 분배 기준 개선:** 단위학교의 예산을 포괄적으로 배분하여 단위학교의 자율성을 높이고 분배 기준을 개선하여 학생당 적정 교육비가 지원되도록 하자

24. **학습부진학생 특별지원교사 배치 및 기초학력 보장 특별법 제정:** 학습부진 학생을 돕는 특별지원교사를 배치하고 이를 뒷받침하는 특별법을 제정하여 학습에서 소외되는 학생이 생기지 않도록 하자

25. **교육복지우선지원사업 전달 체계 개선:** 교육복지를 위한 전담조직을 만들고 평가 체계를 개선하여 도움이 필요한 학생에게 최적의 도움이 이루어지도록 하자

26. **고교 무상교육:** 의무교육의 대상을 넓혀 민간 교육비 부담을 덜자

27. **학급당 인원수 감축:** 학급당 인원수를 감축하여 수업의 질과 관계의 질을 높이자

28. **보편적 교육복지바우처 확대:** 모든 학생에게 자유롭게 사용할 수 있는 교육복지바우처를 확대 지급하여 학생의 만족도와 예산 사용의 효율성을 높이고 사교육비를 줄여 교육 격차를 해소하자

29. **지역교육복지센터 설립:** 학생을 중심에 놓고 학교와 지역 사회를 아우르는 교육복지 체제를 구축하여 교육복지의 효율성을 높이자

30. **사회적 지분 급여 지급:** 모든 청년에게 사회적 밑천을 제공하여 동등한 출발선에 서도록 하자

31. **논문심사형 임용 전형 및 양성교육과정 개선:** 배움의 깊이를 추구하는 임용 제도와 현장성을 강화한 양성 교육을 통해 실력있는 교사를 양성하자

32. **교원 평가 개선:** 교육의 본질에 대한 건강한 평가를 통해 교사의 전문성과 책무성을 제고하자

33. **개인 성과급 폐지, 다면평가 개선:** 비본질적인 기준으로 개인 간 비교하는 성과급을 폐지하고 학교 만족도에 근거한 학교 성과급으로 전환하여 학교 내 협력적 문화를 조성하자

34. **교사 자율 연수 및 학습 연구년제 확대:** 교사들의 자율적인 연수를 장려함으로써 교사의 연구 역량과 전문성을 높이자

35. **대안학교와 홈스쿨링 인정과 지원:** 학습자의 선택을 공적으로 지원함으로써 교육의 자율성, 다양성, 공공성을 확대하자

36. **미래형 자율학교 확대:** 이상적인 학교의 모델을 만들어 학교 혁신을 견인하자

모두가 배움의 기쁨을 누리는 학교를 꿈꾸며…

국민의 교육 고통이 한계에 달하고 있는 느낌이다. 수많은 학생, 학부모들이 교사들에게 불평과 비난을 쏟아 놓고 있다. 입시 경쟁의 압력과 관료주의의 틈바구니 속에서 교육의 본질을 찾고자 하는 교사들도 탄식하고 있다.

이 책은 이 땅의 교육의 회복을 바라는 교사들의 탄원서다. 좋은교사운동은 십 수 년 전에 교사들의 실천운동으로 출발하였다. 상황이 힘들고 어려울수록 아이들 속으로 들어가는 교사가 우리 교육의 희망이라고 믿었다. 그와 동시에 교사와 아이들을 둘러싸고 있는 구조적 문제들을 해결하기 위해 노력해 왔다.

좋은교사운동은 교육문제를 바라봄에 있어 가급적 교사집단의 이해관계를 내려놓고 학생과 학부모의 관점과 사회적 약자의 관점에서 문제를 바라보고자 노력했다. 또 이념보다는 현장을 살펴서 실제적인 해결책을 찾고자 노력했다. 그렇게 하는 것이 이념과 이해관계로 얽히고설킨 교육문제의 해법을 찾는 길 정도가 된다고 보았다.

대체로 정치인들의 교육 공약은 인기를 얻기 위한 대중적 요법에 치우친다. 그러나 교육의 본질을 건드리지 못하는 교육정책은 또 다른 혼란을 일으키다 사라지기 일쑤다. 지금 우리나라에 시급하게 필요한 것은 우리 교육의 방향에 대한 국민적 합의, 그리고 현장에 바탕한 실사구시의 정책 이 두 가지다. 이에 학교현장에 대한 세밀한 이해와 더불어 우리 교육이 지향해야 할 방향에 대한 철학적 성찰을 바탕으로 우리 교육의 문제를 해결할 수 있는 구체적 정책 방안을 제시하였다.

이 책은 세 부류의 독자를 염두에 두고 쓰여졌다. 첫째는 대통령 후보를 포함한 정치권이다. 정치권이 교육공약을 만들거나 교육정책을 개발할 때 교육과 관련된 국민들의 말초적인 감각을 건드릴 수 있는 이슈를 찾아다니지 않고, 과도하게 왜곡된 초중고 교육의 본질을 회복할 수 있는 근본 처방을 할 수 있도록 우리 교육이 나아갈 청사진을 제시했다. 이 청사진은 대통령 선거나 국회의원 선거 혹은 교육감 선거 때 공약으로 사용할 수 있을 뿐 아니라 당선 이후 실제로 교육 혁신을 이룰 수 있는 설계도로 사용할 수도 있을 것이다.

둘째는 일반 학부모들과 국민들이다. 교육과 관련해서 학부모들이나 국민들은 지나치게 자기 자녀 중심이거나 자기 경험 중심적이다. 이렇게 실제 교육의 제일 중요한 당사자이면서 전체 교육의 큰 그림을 보지 못하다 보니 언론이 제공하는 이념의 틀로 교육을 보는 흐름에 휘말리는 경우가 많다. 그리고 유권자로서 교육에 대한 영향을 미칠 수 있고 교육을 바꿀 수 있는 기회를 헛된 공약에 묻혀 소진해버리거나 냉소나 패배주의에 빠지는 경우가 많다. 학부모와 국민들은 이 책을 통해 교육을 바라보는 관점을 가질 뿐 아니라 유권자로서 바른 선택을 해 나갈 수 있을 것이다.

셋째는 교사들이다. 교사들은 교육 현장에서 아이들의 고통과 직접 대면하고 있지만 그러한 고통이 발생하는 원인과 처방에 대해서는 잘 모르는 경우가 많다. 혹 잘못된 교육 구조와 제도 가운데서 이를 무비판적으로 수용하고 충실한 집행자 역할을 하거나 교사 개인의 힘으로는 어쩔 수 없다는 무기력증에 빠져 있기 쉽다. 그렇지만 교사들이 한국 교육의 구조에 대해 잘 알게 되면 왜곡된 구조와 제도의 한계 내에서도 교사 개인 차원에서 혹은 학교 내 동료 교사들과의 협업을 통해 고쳐갈 수 있는 부분들을 발견할 수 있을 것이다. 그리고 이러한 교사들의 실천을 통해 제도와 구조의 변화들을 앞당기거나 균열을 낼 수 있을 것이다. 이 책은 교사들에게 이러한 부분에 대한 안목을 제공해 줄 것이다.

이 책은 가급적 일반인의 눈높이를 맞추어 질문과 대답의 형식으로 친절하게 서술하고자 노력했다. 그래서 교육에 대한 기본적인 관심을 가진 사람이라면 누구나 읽으면서 쉽게 이해할 수 있을 것이다. 하지만 이 책이 다루고 있는 내용들은 결코 가볍지가 않다. 하나 하나의 이슈들에 대해 깊이 생각을 하면서 그리고 실제 머리 속에 그려가면서 읽어야 할 것이다.

모든 정책 사안들이 그렇듯 교육정책도 완전한 정답은 없다. 이 책이 제시한 우리 교육에 대한 문제점 분석이나 정책 대안들도 완전한 해답이라고 제시하는 것은 아니다. 다만 우리 교육이 처한 현 상황에서 그래도 모순을 최대한 줄이면서 교육의 본질을 추구할 수 있고, 아이들에게 배움의 기쁨을 회복사켜줄 수 있는 근사치를 제시한 것에 불과하다. 그러기 때문에 이 책에서 제시하고 있는 내용들이 정치권과 교육관료들 가운데서 교사들과 학부모들 사이에서, 그리고 학계에서 논쟁과 논란이 되면서 더 섬세하고 정교하게 다듬어지기를 소망한다. 그래서 어떤 정책이든 실제 우리 교육을 제대로 바꾸는데 기여할 수 있게 된다면 만족한다.

이 책에 등장하는 이름은 가상적으로 설정한 인물을 제외하면 모두 실제 인물이다. 아이디어의 저작권이 불분명한 경우도 많다. 왜냐하면 집단토론의 과정에서 서로의 생각이 뒤섞이고 창조적으로 재구성되는 경우가 많기 때문이다. 이 외에도 외부에서 자문을 한 이들도 있다. 이들의 의견은 직접 인터뷰를 하거나 책이나 자료로 의견을 발표한 것들을 참조하였다.

이 책이 나오기까지 수고한 정책위원들과 조은하 선생님을 비롯하여 안팎에서 도움을 주신 분들의 수고와 도움에 깊이 감사 드린다.

프롤로그

2012년 여름. 18대 대통령 선거를 앞두고 한국 사회는 뜨겁게 달아오르고 있다. 그 가운데 한국 교육의 앞날을 열어가기 위한 대토론회가 열렸다. 이 자리에는 시공을 초월하여 다양한 인물들이 모였다.
등장인물은 다음과 같다.

사회자: 김샘. 대선교육공약팀장으로 어떤 그럴듯한 말에도 쉽게 넘어가지 않고 차근차근 논리를 따지며 완벽한 대답을 주문하는 예리한 질문자.
주 대담자: 정샘. 좋은교사운동 대표로 사투리를 빠른 속도로 말하기 때문에 처음에는 알아듣기 쉽지 않으나 익숙해지면 들을 만하다. 특유의 직관력과 전체를 종합적으로 조망하는 안목을 가지고 문제의 핵심을 꿰뚫는 능력이 있다.

대담에 참여한 인물들은 좋은교사운동 정책위원들이다.

창조적 사고와 강력한 추진력으로 한번 잡은 과제는 끝을 보고야 마는 **문경민 정책위원장**. 팍팍한 정책위원회 가운데 부드러움과 평화의 분위기를 심기 위해 노력하는 비폭력 대화의 전도사 **박숙영 교육실천위원장**. 외국 교육계에 대한 해박한 지식을 바탕으로 한국 교육의 맹점을 예리하게 파헤치는 **김중훈 편집장**. 톡톡 튀는 아이디어와 직관력으로 교육정책의 맥을 짚는 **홍인기**.

전문계고 아이들의 현실에 대한 경험을 바탕으로 고통받는 아이에 대한 관심을 교육정책으로 반영하고자 하는 **임종화**. 대입제도가 바뀌어야 학교가 산다고 굳게 믿고 한 우물을 깊숙이 파고 있는 **안상진**. 학교 현장의 교육복지사업의 허실을 꿰뚫고 학교와 지역사회를 아우르는 대안을 마련하고자 하는 **한유경**. 뜨거운 가슴과 왕성한 활동력으로 교육계 마당발로 통하는 **김성천**. 겸손한 자세로 상식에 도전하고 끊임없이 탐구하는 **김수길**. 혁신학교 현장에서 온 몸을 불사르며 희망을 일구어 가는 **김영식**. 예리하고 치밀한 사고로 완벽한 논리를 추구하는 **김찬미**. 협동학습의 대가이자 수업 혁신의 전도사 **김현섭**. 어린 아이와 같은 감수성으로 아이들의 눈높이에 맞는 현장 중심 아이디어를 생산하는 **박은지**. 학교의 관행과 문화에 대해 독창적인 관점으로 해석하며 실현 가능한 대안을 추구하는 **오재길**. 전문계고 현장에서 아이들과 부대끼며 진로교육의 길을 개척하는 **이강은**.

또 시공을 초월하여 세계적 석학들이 초청을 받았다.

마틴 루터, 마틴 부버, 브루너, 브루스 액커만, 야누슈 코르착, 이반 일리치, 장 쟈크 루소, 존 듀이, 코메니우스, 파킨슨, 페스탈로찌.

이 외에 직간접으로 자문을 한 이들은 다음과 같다.

김민남(경북대 교수), **김승현**(사교육걱정없는세상 정책실장), **류지성**(삼성경제연구소 연구원), **민일홍**(강원고 교사), **박경현**(샘 교육복지연구소장), **박용국**(장곡중 교감), **방대곤**(학습부진아살리기운동 운영위원), **송인수**(사교육걱정없는세상 대표), **윤근혁**(오마이뉴스 기자), **이기정**(학교 개조론 저자), **이범**(교육평론가), **이성주**(직업교육단체총연합회 사무국장), **이재영**(한국평화교육훈련원장), **조승호**(서울공고 교사)

한국 교육, 틀린 그림 찾기:

무엇이 문제인가?

1교시.
한국 교육, 틀린 그림 찾기:
무엇이 문제인가?

1. 학생, 학부모, 교사에게 듣는다

김샘: 안녕하십니까? 오늘 이 자리는 '한국 교육을 살리기 위해서 어떤 교육 정책이 필요한가?'라는 주제로 토론하는 공간입니다. 한국 교육을 살릴 수 있는 좋은 아이디어들이 많이 나오기를 기대합니다. 먼저 '오늘날 한국 교육의 문제가 무엇인가' 하는 논의부터 시작하도록 하겠습니다. 이 질문에 답을 하기 위해서 학생, 학부모, 교사 등 몇 분을 모셨습니다. 이들을 통해 학교교육이 지닌 문제가 무엇인지 적나라하게 들어보겠습니다.

이초딩: 저는 초등학교 4학년입니다. 저는 초등학교 들어오기 전에는 공부가 재미있었어요. 그런데 학교에 들어오면서부터 공부가 싫어졌어요. 시험이 싫어요. 50점짜리 시험지를 받으면 창피해요. 선생님이 하시는 말씀이 잘 이해가 안 돼요. 이 때문에 엄마는 학원에 가라고 하는데 저는 학교 갔다 와서 또 학원에 가는 게 싫어요.

박중딩: 저의 과거를 보는 것 같군요. 중학생이 되면 더 고달픕니다. 저는 안산(비평준화 지역)에 살고 있는데, 고등학교를 좋은 데 가기 위해서는 중학교 1학년부터 학원에 다녀야 합니다. 제가 밤 10시가 되어서야 집에 옵니다. 이게 말이 됩니까? 그것보다 괴로운 것은 친구 관계입니다. 우리 학교에는 힘이 센 아이를 중심으로 몇 명이 어울려 다니면서 아이들의 돈을 빼앗거나 심부름을 시킵니다. 우리 반 어떤 아이는 돈을 무려 50만 원 가까이 빼앗기고 늘 불려다니며 시달립니다. 이런 일이 생겨도 감히 선생님께 말할 엄두가 나지 않습니다. 지난번에 어떤 아이가 선생님께 말했다가 일진 아이들한테 불려간 다음 요즘은 아예 학교를 못 나오고 있습니다. 나도 미안하지만 어쩔 수 없습니다.

최고딩: 저 역시 제 과거를 보는 것 같군요. 고등학생이 되면 더욱 고달파집니다. 집에 늦게 들어가는 것은 숙달이 되어서 그저 그렇습니다. 문제는 이렇게 공부를 해도 별 희망이 보이지 않는다는 것입니다. 도대체 내가 왜 공부를 하고 있는지도 모르겠고요. 나는 문학을 하고 싶은데 왜 미적분 문제를 풀어야 되는지 모르겠어요. 그러니 수학 시간은 수면 시간이 되죠. 우리 반 아이들 50%는 자요. 안 자는 아이들도 딴 생각을 할 걸요. 시험만 치고 나면 다 까먹고 말 수학 공부에 투자할 시간에 다른 책을 더 읽었으면 좋겠어요. 그리고 부모님은 나보고 경영대를 가라고 하는데 앞으로 내가 무엇을 하는 것이 좋을지 모르겠어요. 내가 좋아하는 것을 하면서는 먹고 살기가 정말 이려운가요? 이런 문제들에 대해서 누구 하나 속 시원히 대답해 주는 사람이 없어요. 정말 답답해요.

공특성: 저는 공업고등학교에 다닙니다. 뭐 제가 특별히 기계를 좋아해서가

아니라 공부를 해 봐야 성적도 잘 안 나오고 하니 일단 공고를 다니면서 내신을 관리하면 대학 갈 때 좀 유리해 질 수 있을까 해서 왔습니다. 하지만 대학을 나와 봐야 별 희망도 없다고 하는데 대학을 가야 할지 취업을 해야 할지 잘 모르겠어요. 막상 취업을 나간 선배들 이야기를 들어보면 돈은 적게 주고 엄청 일을 많이 시키는 바람에 얼마 못 견디고 그만두는 경우가 많다고 해요. 대기업에 취업한 선배들 이야기를 하는데 그것은 그야말로 극소수의 사례고요. 대부분은 마땅한 일자리를 구하기가 힘들어요. 그리고 사회에서 대학도 못 나왔다고 하면 무시당하잖아요. 그래서 일단 지방대라도 가보려고 하는데 그것도 등록금 생각하면 쉽지가 않네요.

강대안: 저는 중학교 다니다가 갑갑해서 아예 학교를 나왔습니다. 대안학교를 다니고 싶었지만 그것도 비용이 만만치 않아 혼자서 독서실을 다니면서 공부합니다. 주위의 시선은 견딜 만합니다. 오히려 용기가 있다고 칭찬해 주기도 하세요. 그런데 학교를 나오는 순간 갈 곳이 마땅치 않습니다. 돈도 많이 들어요. 학교에서는 무상급식이었는데 밖에 나오니 밥 사먹는 돈만 해도 많이 들고요. 독서실에 가려면 1,000원씩 내야 되는데 그것도 아까울 때가 있어요. 시험 보는 공부는 싫었지만 사실 제대로 된 공부는 하고 싶은데 배울 수 있는 곳이 마땅치 않고 돈도 많이 들어요. 다시 학교로 돌아가야 하나 싶지만 그것도 쉽지 않아요.

조부모(초등학생 학부모): 남의 일 같지 않군요. 저희 아이도 학교를 그만두고 싶다고 하는데 어떻게 해야 될지 잘 모르겠어요. 요즘 학교폭력으로 마음이 뒤숭숭한데 정작 우리 아이가 학교에서 어떻게 지내고 있는지 들을 길도 없고 답답하고 불안한 마음입니다. 학원을 보내고 싶지는 않지만 아이가 학교에서 수업을 못 따라가는 걸 보면 학원이라도 보내야 하는 것 아닌가 하는 생각이 듭니다. 어떨 때 보면 우리 아이가 참 애처롭다는 생각이 듭니다. 학교 운영에 대해 건의하고 싶은 것이 많아도 말하기가 쉽지 않습니다. 학부모 회의는 항상 낮에 하는 통에 저 같은 맞벌이 주부는 가기가 쉽지 않아요.

고부모(고등학생 학부모): 그나저나 요즘 아이들을 키우려면 부모가 재력과 정보력이 있어야 할 것 같아요. 아빠 혼자 벌어서는 사교육비 감당하기가 어렵습니다. 남들 하는데 나만 안 하는 것도 불안하고 아이의 적성에 맞는 진로를 찾는 것이 중요하다는 것은 알지만 막상 무엇을 어떻게 해야 할지 잘 모르겠습니다. 남들은 입학사정관제에 대비해 스펙을 쌓는다 뭐다 하지만 저희 같은 사람들은 뭘 어떻게 해야 할지도 모르겠고 그저 돈만 좀 있으면 좋은 학원에 보낼 텐데 하는 생각만 드니 자괴감이 들기도 하죠. 학교 선생님들께 물어봐도 선생님들도 잘 모르기는 마찬가지입니다. 차라리 옆집 순이네 엄마가 더 잘 알고 있어요.

남승진: 방금 말씀하신 이야기들을 들으면서 학교 교육에 몸담고 있는 교사로서 뭐라 드릴 말씀이 없습니다. 저희들도 교사가 되고자 할 때는 참된 교육을 하고자 하는 마음을 다들 가지고 있었지요. 그런데 학교 현실은 쉽지 않았습니다. 수업이나 생활지도보다는 행정업무를 처리하는 것이 더 중요하게 느껴집니다. 아이들은 점점 더 다루기 어려워집니다. 이러한 문제들을 해결하기에는 교사들도 무능력한 것 같습니다. 그러다 보니 정해진 수업과 업무만 하고 나머지는 신경을 끄는 것 같아요. 그래서 아이들 보기 싫어서 승진해야겠다는 자조 섞인 농담이 나오죠.

여분주: 초등교사들은 더 바쁩니다. 우리는 전 과목을 가르쳐야 돼요. 비는 시간도 거의 없습니다. 또 아이들이 어리다 보니 아이들 뒤치다꺼리하는 것만 해도 장난이 아닙니다. 그리고 행정 잡무는 끊이지 않습니다. 그러다 보니 수업 연구하기도 벅차고 해서 '아이스크림'과 같은 프로그램으로 수업을 때우는 경우가 많죠. 일부에서는 클릭 교사라고 비아냥거리지만 그나마 그런 프로그램이 있다는 것이 다행이라고 생각합니다.

신규교: 저는 신규교사입니다. 대학 다니면서 시험 치는 요령만 배운 것이 아닌가 하는 회의가 들었습니다. 사범대를 졸업했지만 막상 현장에 오니 처음부터 새로 배워야 했습니다. 문제는 아무도 도와주는 사람이 없다는 것입니다. 선배 교사들의 수업을 보는 것도 자유롭지 않습니다. 저희들이 선배님들의 수업을 보고 배워야 할 텐데, 선배님들은 수업공개도 저희에게 미룹니다. 수업참관을 하고 동료교원 평가를 하라는데 우리 학교는 그것도 형식적으로 하고 넘어갔습니다. 그리고 업무분장에서도 선배님들이 가능하면 담임을 맡지 않으려고 하고 수업시수를 적게 맡으려고 하는 것을 보면 불만스럽습니다. 무언가 말하고 소통하고 싶어도 학교 문화는 자유로운 의사소통이 어려운 것 같습니다. 학생들도 학급회의를 통해 소통하는데 정작 선생님들은 소통하는 법을 모르는 것 같습니다.

하교장: 선생님들의 고충도 이해가 갑니다. 남들은 교장이 되면 편하겠다고 생각할지 모릅니다. 과거에는 그런 시절이 있었습니다. 하지만 요즘은 각종 평가로 가만 있을 수가 없습니다. 물론 학교가 잘 된다면 그런 수고는 해야 하지요. 그렇지만 평가라는 것이 항상 실적을 요구합니다. 그런데 실적이라는 것과 실제 성과는 다른 경우가 많습니다. 예를 들면 학교폭력 예방을 위

해서는 선생님들이 아이들과 많은 시간을 보내는 것이 중요한데, 교육청에서는 눈에 보이는 실적을 요구합니다. 그러다 보니 선생님들이 겉으로 뭔가를 했다는 증명을 만들기에 더욱 바빠 정작 아이들 만날 시간이 부족한 현상이 발생합니다. 이러한 실적주의를 무시하고 싶어도 교감 선생님의 승진도 걸려 있으니 대충할 수는 없죠. 또 이런 것들로 학교장을 평가해서 성과급도 다르게 주고 전보 발령에도 반영하니 교장으로서도 평가에 신경을 쓰지 않을 수 없습니다. 물론 평가가 없을 수 없습니다만, 그런 것들 때문에 정작 중요한 본질을 잃어버리는 것 같아 안타깝습니다.

학교는 왜?
학교 안에 존재하는 불편한 진실

좋은교사운동 (2008) 〈좋은학교 만들기 길라잡이〉 중에서

아래에 열거하는 것은 학교 내에 습관처럼 존재하는 관행 몇 가지를 예시하고 있습니다. 몇 가지는 논쟁적 주제이기도 할 것입니다. 중요한 것은 그것에 대해 한 번 더 생각해 보면서 과연 그것이 당연한 것인지 문제가 없는 것인지 열린 마음으로 돌아보는 것입니다.

- 금붕어도 노니는 중앙 현관, 그러나 학생은 출입 금지.
- 아침 등교시간부터 불안하게 통과하는 교문. 힘겨운 등굣길 환영받을 수는 없을까?
- 교장 선생님과 내외 귀빈의 고문에 대한 학생들의 인내력테스트 하는 각종 행사.
- 교무실 청소: 왜 자기 주변은 자신이 정리해야 한다고 하면서 선생님들이 사용하는 공간은 학생들이 대신 치워주어야 하는 것일까?
- 머리카락: 교사와 학생의 끝없는 영유권 분쟁 지역.

- "넌 휴대폰 한 달간 압수야."

"다른 선생님은 뭐라고 안 하는데 왜 선생님만 그래요?" 들쭉날쭉 고무줄 규칙.

- 자율 없는 자율학습. 선택 없는 선택과목.

- "영화감상반 인원이 넘치고 등산반은 인원이 남으니까 가위바위보 해서 지는 사람 등산반으로 가." 등산 좋아하는 교사가 많으면 아이들도 산에 오른다.

- "우리 반은 아침 7시까지 등교다." 담임 한 마디에 0교시 부활.

- 무결석 학급 시상. 몸이 아파도 무조건 GO.

- 소풍을 학급 단위로 가면 안 될까?

- 한여름 교무실 온도는 20도, 교실 온도는 30도.

- 교사들만 따로 먹는 점심식사.

- 수련회: 교육의 전문가가 준전문가에게 학생을 위탁하고 편히 쉬는 기간.

- 지하철에도 있는 휴지와 비누, 왜 학교 화장실에는 없을까?

- 먼지 쌓인 건의함, 자유 없는 자유게시판.

- 토론 없는 학생회, 성금 모금 대행 기관.

- 10년 전 수업지도안 그대로. 진리는 변하지 않는다? 베껴내는 수업지도안. 머리는 빌리면 된다?

- 수업 종소리는 자리에서 출발하라는 신호다?

- 내 수업은 소중하니까, 아무에게도 공개하지 않는다?

- "학원에서 다 배웠지?" 학습 부진은 교사의 책임이 아니다.

- 평균 점수가 60점이면 정상, 90점이면 비정상?

- 부모의 실력을 평가하는 수행평가.

- 표지만 교체해서 만드는 학교교육계획서. 작년이 이데아가 되어 버린 교육계획. 그것도 3월이 지나야 나오는.

- 학교평가는 문서에 대한 평가이지 학교에 대한 평가가 아니다. 고로 수업은 망해도 문서는 살려라.

- 다른 학교에서 좋다는 건 나 한다. 늘기만 늘고 제내로 하는 건 없는 문어발식 학교 사업.

- 연구수업은 SHOW? 고로 연구수업은 나이 젊은 순으로 한다. 경력 높은 교사

는 솔선수범해서 시킨다. 나이는 숫자에 불과하니까.

- "나 교장 포기한 사람이니까 뭐 시키지 마" 교포족은 언터처블?

- 정규수업은 적게, 보충수업은 많이, 담임은 사양, 업무는 가볍게. 목소리가 크면 1년이 편하다.

- 급훈: 조금 더 공부하면 남편 월급(아내 얼굴)이 바뀐다.

- 올해도 어김없이 나부끼는 명문대 합격생 현수막.

- 학교폭력 연수받으랴, 교육실적 제출하랴 정작 학급에는 들어갈 시간이 없다.

- 아이들이 알건 모르건 등수만 정확히 구분하면 되는 시험.

2. 석학들에게 듣는다

김샘: 지금까지 학생, 학부모, 교사 등의 입장에서 겪고 있는 여러 어려움들에 대해 들어보았습니다. 다음으로 세계적인 석학들의 말씀을 들어보겠습니다. 이 분들은 교육의 본질에 대해 깊이 고민하시고 실천을 하신 분들인데 각자의 관점에서 우리 한국 교육을 바라볼 때 중요하게 생각되는 부분이 있을 것입니다. 먼저 〈학교 없는 사회〉라는 책으로 유명한 이반 일리치 씨는 학교가 사라져야 한다는 이야기를 하셨습니다. 어떤 이유에서 그와 같은 이야기를 하셨는지 말씀해 주시면 오늘날 학교가 지니고 있는 문제를 잘 알게 될 것 같습니다.

일리치: 학교 자체가 문제입니다. 학교는 교육이라는 미명 하에 자원을 독점한 채 진정한 배움이 아닌 허위적 지식을 학생들에게 주입하고 그것으로 평가하고 등급을 매기고 차별합니다. 학교가 교육의 공간이라는 것은 모두 허구입니다. 학교는 우리가 스스로 학습하는 능력을 상실하게 만들고 타율적인 존재로 전락시킵니다. 형식적인 수업 시간과 시험 점수가 진정한 배움을 대체하고 있습니다. 진정한 배움은 오히려 비제도적인 공간에서 더욱 잘 일어납니다. 자발적인 학습 공동체 속에서 인간은 더욱 의욕적으로 잘 배울 수 있습니다. 아이들로부터 배움의 기쁨을 빼앗아 가고, 무능한 사람으로 만들어내는 학교는 조금 고쳐서 해결될 것이 아니기 때문에 아예 학교 자체가 사라져야 한다고 주장한 것입니다.

김샘: 하지만 공교육의 토대를 제공한 마틴 루터 씨는 좀 다른 견해를 갖고 있으실 것 같습니다.

마틴 루터: 학교 자체가 문제가 아니라 학교가 공적 기능을 수행하지 못하는 것이 문제입니다. 학교는 가난한 아이들에게도 교육의 기회를 부여했습니다. 그런 점에서 학교의 존재 필요성은 인정해야겠지요. 하지만 학교가 가난한 아이들을 위해서 충분히 역할을 하지 못하기 때문에 학교가 해악을 만들어 낸다고 봅니다.

김샘: 그렇다면 어떤 면에서 학교가 본연의 목적을 수행하지 못하고 있다고 볼 수 있을까요?

코메니우스: 교육은 인간의 지성과 덕성과 영성을 골고루 발현시키는 역할을 해야 합니다. 그런데 오늘날 한국 학교 교육에서는 어느 것 하나 제대로 되지 않고 있는 것 같습니다. 지식교육은 열심히 하는 것 같지만 실상을 들여다보면 그것도 문제가 있습니다. 공부를 싫어하는 학생이 너무나 많습니다. 원래 배움은 새가 하늘을 나는 방법을 배우는 것처럼 자연스럽고 즐거운 과정입니다. 그런데 학생들이 이해하기 어려운 방법으로 가르치기 때문에 학생들이 힘들어 하는 것입니다. 교사는 학생들이 모두 완전히 이해하고 터득하도록 해야 하는데 잘 모르는 학생들을 그냥 버려두는 경우가 많습니다. 교육과정은 핵심적인 것을 위주로 아이들의 발달 단계에 맞게 제시되어야 하는데 너무 많은 내용이 수준에 맞지 않게 제시되고 있습니다. 학생들의 학습 시간이 너무 많은 것도 문제입니다. 하루 6시간 이상 수업을 받게 되면 아이들은 정신 착란을 일으키기 쉽습니다.

루소: 아동은 태어날 때부터 배우고 싶어 하는 자연스러운 욕구가 있는 존재입니다. 그런데, 너무 인위적으로 꽉 짜여진 제도와 교육과정의 틀에서 일

방적인 주입식 교육으로 아이들의 본성을 파괴하고 있습니다. 그리고 아동은 발달단계가 있어서 그 단계에 맞는 교육이 이루어져야 하는데, 치열한 경쟁 속에서 이루어지고 있는 선행학습의 열풍은 아동의 발달단계를 무시한 위험한 흐름입니다.

페스탈로찌: 무엇보다 머리와 가슴과 손의 교육이 조화를 이루어야 하는데 지식 교육에만 치중되고 있는 것이 문제입니다. 또한 저는 빈민 교육이 중요하다고 봅니다. 그런데 한국 교육에서는 과도한 경쟁과 사교육의 영향으로 가난한 아이가 불리함을 겪고 있습니다.

김샘: 코르착 선생님께서는 거리의 아이들을 모아 직접 가르치면서 아이들과 운명을 함께하셨는데요, 선생님께서는 특별히 아이들을 대하는 교사의 마음에 대해 큰 시사점을 주고 있는 것 같습니다.

코르착: 어떤 열악한 조건에도 불구하고 교사들이 아이들에 대한 무한한 연민을 가지고 아이들을 지키고 있다면 희망이 있습니다. 교사들은 아이들을 판단하고 비난하기보다는 슬퍼해야 합니다. 그런데 날이 갈수록 교사와 아이들의 관계가 멀어지는 것 같아 안타깝습니다. 그리고 교사들에게 있어 관계 가운데 발생하는 갈등을 해결할 수 있는 능력이 부족한 것 같습니다. 교사가 행정업무에 붙잡혀 있을 것이 아니라 아이들 속에 있어야 합니다.

마르틴 부버: 저도 코르착 선생님과 의견을 같이 합니다. 교육은 인간의 문제입니다. 인간은 '사이(間)존재'입니다. 인간의 관계는 나와 그것의 관계가 아니라 나와 너의 관계입니다. 교사와 학생, 학생과 학생이 나와 너의 관계

로 만나는 가운데 교육이 있습니다. 교육의 성공은 바로 이와 같은 관계가 형성되는가에 달려 있습니다. 그런 관계성이 있을 때 스승과 제자라고 부를 수 있습니다. 지식의 전달자로서뿐 아니라 제자를 인격적으로 품어줄 수 있는 스승의 존재야말로 좋은 교육의 핵심 조건이 될 것입니다. 그런데 오늘날 학교에서 진정한 관계 맺기가 이루어지고 있나요?

김샘: 교육에 있어 관계의 중요성을 일깨워 주셨습니다. 듀이 선생님은 교육을 민주주의적 관점에서 해석하셨지요?

듀이: 교육은 한 사회의 문화를 다음 세대로 전수하는 과정입니다. 이상적인 사회는 사회 구성원들이 관심사를 공유하고 자유롭게 상호작용하는 사회입니다. 그런 점에서 교육은 민주주의를 가르치는 것입니다. 이러한 민주주의는 교과서로만 배워지는 것이 아닙니다. 생각하고 실험하고 실천하는 경험을 통해 지식과 태도는 확실하게 됩니다. 고로 교육은 곧 생활의 과정이기도 합니다. 이런 관점에서 볼 때 한국 교육은 이론과 실천 사이의 괴리가 심합니다. 많이 배운다고 좋은 시민이 되지 않는 것 같습니다.

김샘: 듀이 선생님께서는 경험을 통해 더 잘 배운다고 하셨는데 브루너 선생님께서도 동의하십니까?

브루너: 지식을 지식의 본질에 맞게 가르치는 것이 중요합니다. 어떤 교과의 핵심 개념과 원리를 중심으로 교과의 본질을 구현하는 방법론으로 접근해야 하는데 지식의 표피만 건드리는 식의 수업이 많습니다. 그런 점에서 듀이 선생님이 말씀하신 경험도 중요하다고 봅니다. 너무 많은 내용을 아이들의

이해 수준을 무시하고 제시하는 경우가 많기 때문입니다. 다만, 많은 사람들이 경험이라는 것을 잘못 이해하여 단순히 생활 교육이라는 의미로 국한시켜 오해하는 문제가 있다고 봅니다. 그런데 저는 이러한 교실 내의 교수학습법도 중요하지만 무엇보다 아이들이 배움으로부터 멀어지는 사회경제적 조건의 문제가 더욱 심각하다고 생각합니다. 그런 점에서는 페스탈로찌 선생님의 주장에 깊이 공감합니다.

3. 무엇이 문제인가?

김샘: 이상으로 여러 사상가들의 이야기를 들어보았습니다. 여기서 정병오 선생님(좋은교사운동 대표. 이하 정샘)에게 물어보도록 하겠습니다. 지금까지 각자의 관점에서 많은 문제점들이 지적되었는데 이러한 문제들을 분류해 보는 것이 필요합니다. 문제들이 분류가 되면 좀 더 명료화되고 대안의 방향을 잡는 데 도움이 될 것 같습니다. 어떻게 구분할 수 있을까요?

정샘: 문제의 가닥을 잡는 방법은 여러 가지가 있을 것입니다. 학생, 학부모, 교사 등의 역할에 따라 문제를 분류할 수도 있겠고, 대입정책, 교원정책, 학교 체제 등 정책별로 문제를 분류할 수도 있을 것입니다. 이와 같은 접근법은 나름의 장점이 있습니다. 역할별로 접근하는 것은 문제를 좀 더 생생하게 표현할 수 있다는 장점이 있고, 정책별로 접근하는 것은 정책 대안을 모색하는 데 도움이 될 것입니다. 따라서 우리 논의의 서두에서 각각의 입장과 역할에 따라 문제를 살펴보았고 차후 정책별로 분류하여 정책 대안을 모색할 것입니다. 그런데 여기에서는 좀 다른 접근을 해 보고자 합니다. 그것은 가치별 접근법이라 부를 수 있는데요. 이것은 교육이 추구해야 할 목적적 가치의 관점에서 문제가 되는 것들이 무엇이 있는지를 조명해 보자는 것입니다. 교육 주체들이 느끼는 현상적 어려움을 제도별로 대처하기 이전에 우리가 추구해야 하는 교육적 가치에 비추어 볼 때 무엇을 문제로 볼 것인가를 먼저 규정하자는 것입니다. 이를 위해 앞서 여러 교육 철학자들의 이야기가 필요했던 것 같습니다. 이렇게 접근하는 이유는 우리의 논의가 당장의 이슈에 좌우되기보다는 교육 본질에 근거한 올바른 방향성을 찾는 데 도움이 되어야 한다고 보기 때문입니다. 가치와 원칙은 교육의 이데아라는 나침반을 의미합니다. 당장

의 암초를 피하는 것도 중요하지만, 배가 나아가야 할 방향이 무엇인지 분명히 하는 것이 목적지 도착을 위해 더 중요한 일입니다.

김샘: 그러면 우리 교육이 지향해야 할 가치가 무엇인지 규명하는 것이 중요하겠습니다. 그것을 무엇이라고 보십니까?

정샘: 첫째, 배움의 기쁨을 회복하는 것입니다. 둘째, 평화적 관계를 회복하는 것입니다. 셋째, 소명의 발견을 돕는 것입니다. 넷째, 교육 기회를 균등하게 부여하는 것입니다. 다섯째, 자율과 책무성의 원리에 따라 운영되는 것입니다.

김샘: 다섯 가지 가치와 원칙을 중요하게 보는 이유는 무엇입니까? 혹은 위의 다섯 가지가 우리 교육의 문제들을 전부 포괄한다고 볼 수 있을까요?

정샘: 위의 다섯 가지 가치는 교육과 학교의 본질이 무엇인가에 대한 사고 위에 우리 교육 현실의 모습을 겹쳐 놓았을 때 가장 강조되어야 할 것을 나타낸 것입니다. 교육과 학교의 본질에 대해 우리가 가지고 있는 이데아는 이렇습니다. 교육은 배움을 통한 삶의 변화를 지향합니다. 그런데 이 배움은 수단화 되지 않고 본질에 충실할 때 배우는 자에게 기쁨을 줍니다. 이해의 기쁨, 성장의 기쁨을 줍니다. 그리고 이러한 앎을 통해 변화된 삶의 구체적인 모습은 평화로운 관계성과 유능함으로 나타납니다. 교육은 인간됨을 지향하는데, 인간됨의 본질은 이웃과 더불어 평화롭게 지내는 관계성의 성숙과 그 전제가 되는 개인적 인격의 성숙을 의미합니다. 유능함은 개인적 삶을 영위할 수 있는 직업적 유능성과 더불어 사회 변화를 위한 안목과 능력을 갖추는 것

을 의미합니다. 학교는 바로 이와 같은 배움이 일어나도록 하는 환경을 제공하는데, 특별히 공교육은 빈부귀천의 차이를 뛰어넘어 모든 이에게 균등한 기회를 부여하는 사회적 역할을 하여야 합니다. 그리고 학교의 시스템은 학습자를 중심에 두고 지역사회와 협력하며 교육자가 사명감과 전문성을 최대로 발휘할 수 있도록 하여야 하는데, 그 원리는 자율과 책무성의 조화를 통해 이루어질 수 있습니다. 위에서 언급한 가치와 원칙은 현재 우리 교육 체제가 당면한 가장 중요한 문제들과 연결되어 있습니다. 공부가 고통의 원천이 되고 있는 교실, 따돌림과 폭력, 억압과 반항으로 황폐화된 관계, 장래의 꿈과 길을 찾지 못하고 맹목적으로 대학에 진학하고 방황하는 현실, 학교 교육을 통해 사회적 격차가 고착화되는 현실, 관료주의에 짓눌려 생기를 잃고 괜히 바쁜 교무실의 문제가 현재 우리 교육이 당면한 가장 중요한 문제입니다.

김샘: 이번 시간에는 문제를 분명히 하는 작업이 중요하기 때문에 그러한 가치에 비추어 나타나는 문제점을 위주로 설명하고, 다음 시간에 그러한 가치가 지니는 의미들을 좀 더 깊이 탐색하기로 하지요. 자, 이제부터 각각의 가치 기준에 비추어 강조되는 문제들은 어떤 것인지를 살펴보도록 합시다. 먼저 배움의 기쁨을 강조했는데요.

정샘: 학교라는 기관은 무엇보다 배움을 위한 기관입니다. 배움이 있고서야 다른 기능들도 의미가 있지요. 그리고 배움은 기쁜 것입니다. 코메니우스가 말한 대로 새가 나는 것을 배우는 것이 자연스럽고 즐거운 것처럼 인간에게는 본질적으로 배움이 자연스럽고 즐거운 경험입니다. 그것을 체계적으로 돕기 위해 학교라는 기관이 만들어졌다면 학교는 배움의 기쁨을 극대화해야 마땅합니다. 그런데 오늘날 학교는 기쁨의 근원을 고통의 근원으로 만들

고 있습니다. 오죽하면 일리치는 학교는 개선의 대상이 아니라 폐지의 대상이라고 역설하며 '학교 없는 사회'를 주장했겠습니까?

우리는 은연중에 배움이 고통의 과정이라는 명제를 당연하게 받아들이는 것 같습니다. "공부가 좋아서 하는 사람이 어디 있나?" 하는 이야기를 종종 듣지 않습니까? 물론 배우는 과정이 노는 것처럼 즉각적인 재미만 선사하지는 않습니다. 생각하는 과정은 때로 힘들기도 하지요. 하지만 그 고통은 달콤한 고통이며 고통을 능가하는 즐거움이 있습니다. 우리가 문제로 보는 고통은 그러한 고통이 아니라 배움에 반하는 고통입니다. 시험 점수를 잘 받아야 한다는 불안감을 원동력으로 해서 배우는 것은 오히려 배움에 환멸을 느끼게 만듭니다. 그리고 점수로만 평가를 받는 체제 속에서 학생들은 배움에 깊이 들어가지 못하는 경우가 많습니다. 배움은 오로지 성공을 위해 참고 견디어야만 하는 것으로 인식되고 있습니다. 한편, 그러한 과정에 적응하지 못하고 학습부진의 덫에 걸린 학생들은 훨씬 더 큰 고통을 겪고 있습니다. 이들에게는 매일 매일이 고문의 연속이라고 해도 과언이 아닙니다. PISA평가에서 우리나라 학생의 학업흥미도가 바닥이라는 사실이 이를 증명합니다. 엄청난 자원을 투자하여 운영되는 학교가 그 본연의 목적인 배움의 기쁨을 촉진하지 못하고, 오히려 배움을 빙자하여 학생들에게 고통을 주고 배움을 싫어하는 태도를 형성하게 한다면 이것은 크나큰 모순입니다. 우리는 이 문제를 심각하게 생각하여야 합니다.

김샘: 그 원인에 대해서는 조금 있다가 자세히 살펴보도록 하고, 다음으로 평화적 관계라는 가치에 비추어 문제를 살펴보죠.

정샘: 교육이 인간됨을 목적으로 하고 있다고 할 때, 인간됨의 본질은 평화적

관계를 이루는 것입니다. 평화적 관계는 한 개인으로 볼 때는 인격의 완성을 의미하고 있으며, 사회적으로 볼 때는 정의의 실현을 의미하고 있습니다. 평화적 관계는 '배움의 기쁨'의 전제 조건이기도 합니다. 관계가 무너져 있는데 배움이 즐거울 수 있을까요? 매슬로우의 욕구 위계를 볼 때, 안전과 소속감의 욕구가 충족될 때 배움의 기쁨과 같은 고차원적인 욕구가 생길 수 있습니다. 그런데 이 점에서 오늘날 우리 학교는 심각한 몸살을 앓고 있습니다. 최근 이슈가 된 학교폭력의 문제가 단적인 증거입니다. 학교폭력으로 인해 고통받고 심지어 자살까지 하는 사태에 이르게 된 것은 관계성이 심각하게 손상되었다는 것을 나타냅니다. 학교폭력은 관계성이 파괴된 최악의 상황입니다. 그러한 현상 밑에 감추어진 일상적인 관계성의 파괴 또한 간과해서는 안 됩니다. 학생 간 관계뿐 아니라 교사와 학생의 관계도 문제가 심각합니다. 소통의 핵심 고리 역할을 해야 할 교사 자체가 또 다른 갈등의 한 축이 되고 있다는 것이 문제입니다.

시간이 갈수록 학교에서의 관계성은 더욱 악화되고 있습니다. 2011년 5월 교육과학기술부가 초중고 학생을 대상으로 언어 사용 실태를 조사한 결과 73%가 욕설을 매일 사용한다고 합니다. 경기도 교육청 자료에 따르면, 2009년 도내에서 발생한 교사에 대한 폭언·욕설 사례가 104건이었는데 2011년에는 575건으로 5배 이상 늘었습니다. 이와 같은 현상은 교사라면 대부분 공감할 것입니다. 2011년 말부터 2012년 초까지 경기도 교육청이 도내 4,497명의 교사들을 대상으로 한 설문조사 결과, 교사 중 72%가 교권 침해가 심각한 수준이라고 답했습니다. 상황이 이렇다면 우리의 교육은 시간이 지날수록 실패하고 있다고 보아야겠죠. 새삼스러운 이야기는 아닐 것입니다. 그런데 이것을 심각하게 생각하지 않았던 것 같습니다. 학교 폭력이 극단적인 상태까지 가서야 비로소 호들갑을 떨고 있습니다. 이러한 현상이 발생하기 이전부터 관계가 무너지고 있다는 것을 인식하지 못했다는 것입니까? 문제를 문제로 보는 안목이 없었다는 것입니다.

김샘: 다음으로 소명의 발견이라는 가치를 이야기해 보죠.

정샘: 소명의 발견은 학생들이 자신의 은사를 발견하여 미래를 준비하는 것을 의미합니다. 학교의 중요한 기능 중 하나는 학생들이 장래 직업을 위한 준비를 갖추도록 돕는 것입니다. 학교는 학생들에게 사회가 필요로 하는 탁월한 능력을 길러 주어야 합니다. 이는 사회적으로 볼 때 인재를 길러 사회의 발전을 도모하는 통로이기도 합니다.

소명은 영어로 'vocation', 'calling'입니다. 직업이라는 의미 속에는 신적 부름이라는 의미가 내포되어 있습니다. 직업을 단순한 생계유지의 수단으로 보는 것을 넘어 인류에 대한 봉사의 의미로 보는 것이죠. 이런 관점에서 배움의 과정은 인류 봉사를 위한 거룩하고 보람찬 과정이 되는 것이죠. 이런 의식을 갖고 배우는 학생은 배우는 과정에 더 큰 의미를 부여하기 때문에 더 큰 배움의 기쁨을 누릴 수 있습니다. 또한 이런 의식을 갖고 있는 학생을 길러내는 것은 이 사회를 보다 더 정의로운 사회로 만드는 과정이 됩니다. 이것이 사회에 대한 학교의 가장 큰 기여점이라 할 수 있습니다.

그런데 이와 같은 관점에서 볼 때, 오늘날 한국 교육은 매우 부족합니다. 학생들이 소명의식을 느끼고 장래 직업을 준비하는 경우는 드뭅니다. 대체로 좋은 대학에 가는 것이 지상 목표가 되고 있습니다. 좋은 대학에 가지 못하는 학생은 자신을 인생의 실패자로 인식합니다. 소명과 무관하게 일단 대학은 가고보자는 식으로 진학하는 경우가 압도적입니다. 그래서 사회가 필요로 하는 정도 이상의 대학 졸업자가 양산되고 있습니다.

OECD가 최근 발표한 '교육편람'에 따르면 한국의 25~34세 인구 중 3차 교육기관을 졸업한 이들의 비율은 55.5%로 OECD 조사대상 30개국 가운데 두 번째로 높습니다. 물론 많이 배우는 것 자체가 나쁜 것은 아니고 사회 전체적으로 교양 수준이 높아지는 것은 바람직합니다. 그러나 그것이 아니라 취업을 위해 고비용을 투자해서 대학을 다니지만 그것이 사회적으로는 불필요한 과잉 투자가 되어 개인적으로나 사회적으로 낭비적입니다. 괜찮은 일자리는 한 줌에 불과합니다. 괜찮은 일자리로 인식되는 좁은 문을 통과하기 위해 경쟁은 한층 치열하게 되고, 이것은 교육 문제를 더욱 심화시킵니다. 배움의 기쁨, 평화적 관계는 도외시되고 오직 경쟁에서 살아남기 위한 수단으로서의 점수 경쟁만 부각되면서 학교의 목적은 왜곡됩니다.

김샘: 배움의 기쁨, 평화적 관계, 소명의 발견 세 가지를 이야기했는데 다음으로 교육 기회 균등의 측면에서 이야기를 해 보죠. 앞의 세 가지와는 조금 성격이 다른 것 같습니다.

정샘: 배움의 기쁨, 평화적 관계, 소명의 발견이 주로 학생 개인의 차원에서 구현되어야 할 가치를 의미한다면, 교육 기회의 균등은 환경적으로 갖추어져야 할 가치를 의미합니다. 이것은 앞의 세 가지 가치가 제대로 구현되기 위해 필요한 환경적 전제 조건이라고 볼 수 있습니다. 공교육은 모든 사람에게 교육 기회를 균등하게 보장하기 위해 만들어진 것입니다. 오늘날 공교육 시스템의 기원은 마틴 루터의 이념에서 찾을 수 있는데, 그는 만인 제사장론을 기초로 모든 사람이 직접 성경을 읽고 신앙을 가져야 한다고 생각했고, 이를 위해 모든 사람에게 기초적 교육이 필요하다고 보아 국가에서 학교를 설립하여야 한다고 주장했습니다. 이런 관점에서 본다면, 학교는 평등을 촉진하

는 사회적 역할을 감당하여야 합니다. 공교육은 타고난 조건의 불리함을 만회하고 누구나 동등한 출발선에 설 수 있도록 지원하는 역할을 하여야 합니다. 그런데 오늘날 한국 교육은 오히려 불평등을 심화시키는 역작용을 하고 있습니다. 사교육의 영향이 증대되고 그에 따라 교육의 결과가 좌우되는 현상이 늘어납니다. 교육을 통한 경쟁적 게임의 장에서 사교육이라는 변수는 크게 작용합니다. 그런데 소득에 따라 사교육비 지출은 매우 달라지지요. 통계청에 따르면 2012년 월평균 학생 학원교육비 지출액은 소득 하위 10%가 35,498원인 반면 소득 상위 10%는 341,198원으로 격차는 9.6배입니다. 아이들이 대학에 가는 데 있어 부모의 사회 · 경제적 조건이 중요한 역할을 하고, 가난한 아이들의 희망의 통로는 점점 좁아지고 있습니다. 2012년 대입에서 서울시내 214개 일반계 고등학교 학생들의 의대 · 치대 · 한의대 합격 현황을 분석한 결과, 강남 · 서초 · 송파 · 노원 · 양천구 5개 구에 있는 학교 출신 합격생이 247명으로 서울 전체 합격생(384명)의 86%를 차지했습니다. 또한 서울대 합격생 분포에서도 강남 · 서초구 등 이른바 '교육 특구'의 일반계 고교 학생들이 전체 서울지역 고교 출신 서울대 합격생의 68%를 차지하는 등 강세를 보였습니다. 불평등이 재생산되고 있는 것입니다.

　더욱 문제는 학교 제도가 그러한 불평등의 기제를 완화하는 방향으로 작용하는 것이 아니라 오히려 강화하는 방향으로 작용하고 있다는 것입니다. 공부를 잘하는 아이보다 공부를 못하는 아이에게 보다 많은 관심과 지원이 더해져야 마땅한데, 학교는 우수 학생을 위주로 운영되고 공부 못하는 학생은 찬밥 신세가 됩니다. 이런 학교 교육과정을 겪으며 공부를 못하고 가난한 학생은 더욱 좌절의 수렁으로 빠져들게 됩니다. 우리는 은연중에 이것을 당연한 것으로 생각합니다. 하지만 이는 공교육의 기본적 목적과 배치되는 것입니다.

김샘: 마지막으로 자율과 책무의 가치를 한번 생각해 보도록 하죠. 이 또한 앞에서 설명한 가치들과 좀 성격이 다른 것 같습니다.

정샘: 배움의 기쁨, 평화적 관계, 소명의 발견, 교육 기회의 균등이 목적적 가치라고 본다면 자율과 책무의 가치는 수단적 가치에 가깝습니다. 이것은 앞에서 열거한 가치들이 제대로 구현되도록 학교를 운영하는 원리를 의미합니다. 마치 민주주의와 같다고 할 수 있습니다. 자유와 평등이라는 가치를 실현하기 위해 민주주의가 가치를 지니는 것과 같습니다. 이 때 민주주의는 목적이 아니라 절차이지만, 민주주의를 통해 그러한 가치의 실현을 제대로 확보할 수 있다는 점에서 그 자체가 지켜져야 할 중요한 가치가 됩니다. 마찬가지로 자율과 책무의 원리는 학교가 갖추어야 할 중요한 수단적 가치입니다. 자율과 책무의 원리의 반대가 관료주의인데, 이것은 학교가 상급 관청의 지시와 통제에 얽매여 타율적으로 움직이는 것을 의미합니다. 학생과 학부모의 목소리에 귀를 기울이기보다는 상급 관청의 지시와 평가에 민감하게 반응하는 과정에서, 정작 교육의 중요한 주체는 경시되고 교육적 목적보다는 행정적 편의에 따라 운영되는 사례를 볼 수 있습니다. 관료주의가 지니는 무사안일의 문화는 어느덧 교사들에게도 내면화되어 있습니다. 교육적 가치를 고민하기보다는 행정적 편의에 의존하고 수동적으로 주어진 관행을 따르는 경우들이 많습니다. 우리 교육이 혁신되려면 이러한 교사들의 마인드가 혁신되는 것이 가장 중요합니다. 그런 점에서 학교를 짓누르고 있는 관료적 문화를 걷어내는 것이야말로 교육 개혁의 지름길이라고 할 수 있습니다.

김샘: 이상으로 한국 교육의 문제를 배움의 기쁨, 평화적 관계, 소명의 발견, 교육기회의 균등, 자율과 책무라는 가치와 원칙에 따라 분류를 해 보았

습니다. 2교시에는 이와 같은 문제들이 발생하는 근원을 살펴보도록 하고, 3교시에는 문제 해결을 위한 길을 찾기 위해 나침반을 점검하도록 하겠습니다. 4교시부터는 구체적인 정책과 제도별로 해법을 모색하도록 하겠습니다.

교육문제, 지뢰 찾기:

무엇이 원인인가?

2교시.
교육문제, 지뢰 찾기:
무엇이 원인인가?

1. 배움의 기쁨

김샘: 자, 이제 문제의 심층적 구조를 좀 더 자세하게 파헤쳐야 할 때가 온 것 같습니다. 앞서 말한 배움의 기쁨, 평화적 관계, 소명의 발견, 교육 기회의 균등, 자율과 책무의 조화라는 가치가 제대로 구현이 되지 않는 구조적 원인이 무엇인지를 알아보도록 하죠. 먼저 배움의 기쁨부터 다루어 봅시다. 배움이 고통이 되는 원인은 무엇인가요?

정샘: 배움이 고통이 되는 데는 다섯 가지 기제가 작용합니다. 첫째, 시험의 중압감을 가져오는 선발 경쟁의 압력, 둘째, 비교를 조장하는 점수 위주의 평가 체제, 셋째, 완전한 이해를 방해하는 어렵고 과다한 교육 내용, 넷째, 획일적인 수업과 표피적 평가를 조장하는 교과서와 평가 체제, 다섯째, 무책임을 조장하는 상대평가 체제입니다.

김샘: 아이들이 공부와 학교를 싫어하는 이유는 시험 스트레스 때문이 아닐까 싶습니다.

정샘: 시험의 중압감이 핵심적인 이유가 됩니다. 모든 시험이 문제가 되는 것은 아닙니다. 선생님이 묻고 답하는 것도 일종의 시험인데, 그런 것들을 문제 삼는 것은 아닙니다. 여기서 말하는 시험이란 일제히 시험을 치르고 그 결과를 점수로 환산해서 아이들을 비교하는 시험을 의미합니다. 그런데 좀 더 들어가 보면 시험의 중압감이 발생하는 근본 이유를 발견하게 됩니다. 그것은 바로 경쟁의 압력 때문입니다. 경쟁의 압력에 의해 아이들은 과도한 시간을 공부에 시달리게 됩니다. 우리나라 학생들의 공부 시간이 세계 최고 수준이라는 것은 이미 알려진 사실입니다. 국제 학업 성취도 조사(PISA)에 따르면 우리나라 학생들의 평균 공부 시간은 8시간 55분으로 우리나라와 비슷한 정도의 학업성취도를 보이는 핀란드(4시간 22분), 일본(6시간)보다 월등히 많습니다. 아무리 좋은 것이라도 이처럼 스트레스를 받으면서 과도한 시간 동안 반복하게 되면 싫어지는 것은 당연한 이치겠죠. 이처럼 싫은 공부를 할 수밖에 없게 만드는 압력이 입시 경쟁입니다.

시험은 피할 수 없는가?

김샘: 시험 결과가 주는 불안감이 몰입을 방해하고 그 스트레스로 인해 공부를 싫어하게 될 수 있다는 것은 분명합니다. 그런데 우리의 의문은 과연 그러한 시험제도를 피할 수 있는가 하는 것입니다. 결국 우리는 대안을 목표로

원인을 논해야 하는 것인데, 불가피한 원인이라면 하나마나한 이야기가 될 수 있다는 것이죠. 경쟁의 수단으로 시험이 있다면, 경쟁적 상황이 사라지지 않는 한 시험을 피해갈 수는 없는 것 아닐까요?

정샘: 우리는 경쟁 상황을 근본적으로 제거하자고 주장하는 것은 아닙니다. 물론 사회적으로 승자독식의 구조를 개혁하고 과도한 경쟁을 완화하는 것은 매우 필요하지만 이 자리에서 그것까지 논할 수는 없고, 우리는 경쟁적 조건을 전제하고 논의할 것입니다. 이 때 우리는 두 가지 질문에 답해야 합니다. 하나는 '학교가 선발을 위한 경쟁의 수단인 시험을 채택할 것인가' 라는 것입니다. 즉 '학교가 선발 기능 자체를 담당해야 하는가' 하는 근본적 의문입니다. 또 하나는 만약 선발 기능을 수행하고 이를 위해 시험을 채택한다고 할 때 '언제 어떤 방식으로 시험을 사용해야 하는가' 하는 것입니다.

김샘: 첫 번째 질문에 대해서 생각해 보죠. 학교가 선발 기능을 담당할 것인가의 문제입니다. 선발은 선발해야 할 사람들이 고민하게 하고 학교는 교육 본래의 목적에만 충실하도록 하자는 것입니다. 그것도 좋은 생각이 될 수 있지 않을까요?

정샘: 그렇게 되면 학교는 순수한 교육기관으로 남을 수 있을 것입니다. 그런데 문제는 사회적 선발 그 자체는 사라지지 않는다는 것이죠. 예를 들어, 회사에서 토익 점수를 중시한다면, 학생들은 그것에 매달릴 것입니다. 학교에서 배우는 것은 등한시하게 될 가능성이 있죠. 즉 사회가 중시하는 선발 기준에 맞게 교육하는 곳으로 학생들이 몰릴 것입니다. 그러면 그 곳에서 다시 치열한 경쟁이 발생하겠죠. 결국 학교는 경쟁의 무풍지대가 될지 몰라도, 학

생들은 다른 곳에서 똑같은 경쟁을 해야 할 것입니다. 그렇다면 과연 무엇이 진정으로 달라졌다고 할 수 있을까요?

김샘: 결국 학교가 선발을 위한 평가를 하지 않는다고 해도 다른 곳에서 그와 같은 평가가 있을 것이기에, 학생들의 삶에 변화가 없고 오히려 학교 교육이 위축될 것을 우려하시는군요. 그러므로 학교가 선발 기능을 담당하되 그 질을 책임지도록 하는 것이 적절하다는 것이죠?

정샘: 이 부분은 쟁점이 될 수 있고, 선택의 문제라고 생각합니다. 사회적 선발은 다른 기관에 맡겨 두고 학교는 배움의 본질에 집중할 수 있도록 보호하자는 주장도 일리가 있습니다. 다만 현실적으로 볼 때 지금까지 학교는 오랜 기간 선발 기능을 담당해 왔고, 하루아침에 학교에게서 이 기능을 배제하는 것이 가능하지도 않습니다. 그렇다면 있는 현실 가운데서 그러한 사회적 선발 기능을 교육적으로 의미 있게 만드는 방법이 무엇인지 고민하는 것이 보다 생산적일 것입니다.

고입 단계의 선발 경쟁이 문제다

김샘: 그렇다면 일단 학교가 선발의 기능을 담당한다는 전제 위에서 논의해야 할 것 같습니다. 구체적으로 무엇이 문제일까요?

정샘: 선발을 위한 시험의 불가피성을 인정한다고 하더라도 모든 학교가 그러한 경쟁의 압력을 받아야 하는 것은 아닙니다. 만약 초등학생 시절부터 고부담의 시험을 치러야 한다면, 그러한 시험이 주는 중압감으로 인해 배움의

기쁨을 누려 보지도 못하고 공부를 싫어하게 될 것입니다. 고로 가급적 선발을 목적으로 하는 고부담의 시험은 지연되는 것이 바람직합니다.

김샘: 그런 면에서 고교 평준화 혹은 무시험 배정 정책의 실시는 학생들을 경쟁적 시험으로부터 해방시킨 것으로, 배움의 기쁨이라는 측면에서 볼 때 긍정적 효과를 낸 정책으로 평가할 수 있겠습니다.

정샘: 그렇습니다. 하지만 문제는 여전히 남아 있습니다. 고교 평준화 정책은 아직 완전히 실시되지 않았습니다. 대도시는 평준화가 많이 진행되었지만 전국적으로 보면 50%를 조금 넘는 수준입니다. 더욱 문제는 평준화 지역에서 과거 일류고의 위상을 지닌 특목고와 자사고가 생겨나면서 사실상 중학교 단계에서부터의 입시 경쟁이 계속되고 있다는 것입니다. 입시의 방법은 조금씩 바뀌었지만 고입 단계에서 경쟁적 상황은 여전히 존재하고 있습니다.

원인 2. 비교를 조장하는 점수 위주의 평가 체제

김샘: 고교 입시가 시험의 중압감을 가중시키는 하나의 요인이 된다는 것을 알겠습니다. 그런데 평준화 지역에서 특목고나 자사고 입시를 준비하지 않는 학생들도 시험이 주는 중압감으로부터 자유롭지 않습니다.

정샘: 그렇습니다. 우리 교육의 전체적인 분위기가 경쟁적 시험의 문화에 지배되고 있기 때문입니다. 우리나라 학생들은 지금 당장은 아니더라도 미래에 경쟁적 시험이 있을 것을 염두에 두고, 현재 여기서 그 시험의 중압감을

앞당겨 경험합니다. 그러므로 초등학교 성적은 별 의미가 없지만, 그것이 주는 압박은 대입을 앞두고 있는 학생들의 경험과 무관하지 않습니다.

김샘: 대입 단계에서 경쟁적 시험이 있다는 것으로 인해 그 이전의 여러 시험들에도 영향을 준다면 이 문제는 극복이 불가능한 것인가요?

정샘: 그렇게 비관할 것만은 아닙니다. 물론 대입 단계에서 고부담의 경쟁적 시험이 있는 이상 초중학교도 그 압력으로부터 완전히 자유로울 수는 없겠지만 평가의 방식을 어떻게 하는가에 따라 상태는 상당히 달라질 수 있습니다. 경쟁적 시험의 압력을 가중시키는 요인이 있습니다. 그것은 바로 점수 위주의 상대평가 체제입니다. 점수는 획일적인 비교를 조장합니다. 비교가 시험의 중압감을 더욱 가중시킵니다.

김샘: 초등학교에서는 등수를 내지 않는데도 문제가 될까요?

정샘: 등수를 내지 않는다고 해도 효과는 비슷합니다. 획일화된 평가를 통해 점수가 산출되면 아이들은 자동적으로 옆 친구들과 점수를 비교하게 됩니다. 그리고 부모들은 그 비교의식을 강화하기도 하죠. 그렇게 되면 점수를 과도하게 의식하는 경향이 생깁니다. 점수가 낮은 아이들은 스트레스를 많이 받고, 그것이 반복될 경우 스스로 열등의식을 갖게 되고 공부에 자신감을 잃게 됩니다.

김샘: 앞으로 중고등학교에서 절대평가제를 시행한다고 하지 않습니까? 그렇게 되면 시험의 중압감이 줄어들까요?

정샘: 무늬만 절대평가제에 그칠 수 있습니다. 정부가 내놓은 방안에 따르면 원점수를 표기하고 평균과 표준편차를 병기한다고 합니다. 그렇게 되면 결국 상대평가나 다름이 없습니다. 그리고 실제로 고교 입시가 존재하기 때문에 결국 중학교에서도 상대평가방식의 석차를 필요로 하게 됩니다.

원인 3. 완전한 이해를 방해하는 어렵고 과다한 교육내용

정샘: 배움의 기쁨을 방해하는 또 하나의 큰 요인은 완전한 이해를 방해하는 교육과정 혹은 수업이라고 하겠습니다. 앞서 말한 시험의 중압감은 어떤 면에서 이 요인보다 부차적인 것입니다. 만약 어떤 내용을 완전히 이해하고 있다면 시험을 치는 것이 즐거울 수도 있거든요. 아는 것을 확인하는 것이니까요.

김샘: 왜 완전한 이해에 도달하지 못하는 것일까요? 예를 들어, 배워야 하는 것이 100인데 학생들이 50밖에 이해하지 못했다면 그것은 교육과정의 문제인가요? 학생의 문제인가요?

정샘: 이 문제는 첫째, 지나치게 어렵고 과다한 교육내용을 담은 교육과정과, 둘째, 그러한 교육과정을 실행하는 교실 수업의 문제, 셋째, 모르는 학생을 버려두고 가는 상대평가 체제에서 원인을 찾을 수 있습니다. 우선 교육과정 상에 있어서 교육내용의 과도함은 학생의 발달단계와 교과의 구조를 무시하고 지나치게 어렵거나 많은 내용을 집어넣으려고 하기 때문에 발생하는 문제입니다. 초등학교 사회 교과서를 보면 고등학생이나 대학생들이 오랜 시간에 걸쳐 배우는 내용이 압축적으로 들어가 있습니다. 초등학교

사회 교과서에는 사유재산제도, 재화와 서비스 무역 등이 간단하게 압축된 설명으로 들어가 있습니다. 압축시켜 놓으면 이해하기가 훨씬 어렵습니다.

김샘: 이와 같은 원인들은 다시 그 이면의 원인들이 있을 것 같습니다. 교육 내용이 과도하게 어렵거나 내용이 많다는 것은 이미 현장 교사들이 잘 알고 있는 것인데 왜 그러한 문제들이 개선이 되지 않고 있는 것입니까?

교과 이기주의

정샘: 교육과정을 결정하는 메커니즘의 문제가 있습니다. 교육내용의 과다 라고 하는 것은 우선 교육과정을 구성하는 전문가들이 그 교과에서 정말 중요한 핵심적 내용을 잘 모르고 있다는 말도 되겠습니다. 그러나 이보다 더 큰 문제는 자신의 학문 영역을 조금이라도 교과서에 집어넣으려는 교과 이기주의입니다. 교육과정 전문가들도 전체적으로 교육내용이 너무 많다는 문제 지적에 공감하면서 2007 개정 교육과정 때 교육내용 30% 감축과 같은 목표를 공언하기도 했습니다. 그러나 교육과정 각론에 들어가면 교과마다 자기들이 가르치는 내용이 축소되지 않도록 기를 쓰고 달려듭니다. 아무튼 이런 역학 관계로 인해 교육내용은 여전히 학생들의 발달단계나 필요를 무시하고 교과 이기주의에 휘둘리고 있습니다. 현장에서는 교사들이 이 짐을 아이들에게 떠넘기고 아이들은 소화불량에 걸려 고생하는 형국입니다.

김샘: 교육과정상의 문제를 말했는데 이제 교실 현장의 문제로 초점을 옮겨 보죠. 어떤 문제가 있을까요?

정샘: 잘못된 교육과정으로 인해 교사들은 하나라도 완전하게 가르치기보다 는 주마간산(走馬看山)식으로 대충 가르칩니다. 소위 '진도를 뺀다'는 식의 수업입니다. 교사는 다 가르쳤다는 만족감을 얻을지 모르나 학생들은 제대 로 이해하지 못했기 때문에 답답함만 더해 갑니다. 당연히 배움이 즐거울 리 가 없죠. 배움의 즐거움은 '아하' 하는 깨달음에서 비롯됩니다. 그것은 하나 라도 제대로 배울 때 생기는 것입니다. 이해 없이 암기할 것만 많아지게 되 면 배움은 고통스러운 것이 되어버리죠.

교육내용의 과다로 인해 지식의 심층을 경험하게 하기보다는 지식의 표 피만 건드리는 부실한 수업이 이루어지고 있는데, 이렇게 되는 이유에는 교 육과정의 문제뿐만 아니라 평가방식의 문제도 있습니다. 평가의 형태가 선 다형 시험 위주로 가다 보니 교사들이 이에 적합한 형태의 가르침으로 만족 한다는 것입니다. 선다형 시험이 지니는 장점도 있지만, 그러한 시험 형태가 담을 수 있는 지식의 종류와 수준은 제한적입니다. 예를 들어, 선다형 시험 을 통해서 어떤 철학자의 이름과 주장을 알고 있는지는 확인할 수 있겠으나, 자신의 철학적 사고를 표현하는 능력을 확인하기는 어렵습니다. 배움의 기 쁨은 그 지식의 본질을 충분히 경험하는 데서 생기는 것인데, 이처럼 표피적 인 지식만 가르치고 평가하게 되는 경우 흥미를 상실할 가능성이 높습니다. 교육내용의 과다와 선다형 평가 체제는 이러한 경향을 부추깁니다.

김샘: 교육내용의 과다와 선다형 평가의 문제점에 대해서는 누구보다 현장 교사들이 잘 인식하고 있을 것입니다. 그런데 이러한 문제들이 잘 고쳐지지 않는 이유는 무엇입니까? 교사가 교육기획력을 갖추고 교과서를 뛰어넘어 재구성할 수 있다면 교육내용의 과다 문제도 어느 정도 극복이 될 것이라 생각합니다. 최근에는 선다형 문제를 강요하지도 않습니다. 오히려 교과부나 교육청에서 서술형·논술형 문제를 확대하라고 지시하기도 합니다.

교사의 교육기획력을 약화시키는 교과서와 과목별 평가 체제

정샘: 교사가 교육기획력을 갖추고 교육과정을 재구성하며 교과의 본질에 맞는 가르침과 평가를 시행하고자 한다면 제한된 여건 가운데서도 배움의 기쁨이 살아나는 수업이 가능하리라 봅니다. 그런데 그런 것들이 말처럼 잘되지 않는 이유가 있겠지요. 이 문제에는 교사의 철학과 능력 문제 외에 환경적 요인이 존재합니다.

어떤 교사가 자신의 수업을 새롭게 변화시키고자 할 때 방해가 되는 요인이 있습니다. 그것은 교과서와 과목별 평가 체제입니다. 교과서는 생각보다 큰 위력을 발휘합니다. 교사들은 교과서에 나와 있는 것을 다 가르쳐야 한다고 생각합니다. '국민공통기본교육과정'이라는 명칭은 교과서의 내용을 100% 공통적으로 가르쳐야 한다는 메시지를 담고 있습니다. 교육과정의 재구성은 이론일 뿐, 실제 교실 현장을 지배하는 것은 교과서입니다. 한편 교과서를 강화하고 획일적 수업을 조장하는 것은 과목별 평가입니다. 예를 들어, 중학교에서 국어 과목을 3명의 교사가 가르치는 경우 정기고사의 시험 문제를 공동 출제합니다. 그러므로 가르치는 내용을 통일해야 합니다. 학년별로 성적을 산출해야 하기 때문에 어쩔 수 없습니다. 아무리 용기를 내서 창의적으로 수업을 하다가도 평가의 국면에서는 다시 획일적인 교과서로 돌아가게 됩니다. 초등의 경우 이러한 장애물이 없음에도 불구하고 공동 출제의 관행이 존재합니다. 그것이 각자 출제하는 것보다 편리하기 때문이죠. 그리고 동일한 교과서를 사용하면 동일한 내용을 가르칠 것이라 전제하기 때문에, 굳이 각각 출제할 필요를 느끼지도 않고, 혼자 별도로 평가한다고 하면 이상한 사람 취급합니다.

김샘: 획일적인 수업과 획일적인 평가가 이루어지는 원인이 교과서와 과목별 평가 체제라는 것은 이해하겠습니다. 하지만 그렇다고 하여 그 평가가 반드시 선다형일 이유는 없다고 생각합니다만.

선다형 시험의 이유

정샘: 선다형 시험으로 평가하는 주된 이유는 두 가지입니다. 초·중·고를 막론하고 교사들은 시험의 표준을 수능시험으로 생각하는 경향이 있습니다. 수능시험이 선다형으로 출제되니 학교 시험에서 그에 맞추어 제대로 준비시켜 주는 것이 필요하다고 생각하는 것입니다. 그리고 시험 점수에 예민한 상황에서는 선다형 문제가 잡음의 소지를 없애 줍니다. 무엇보다 채점이 간편하다는 장점도 있죠. 그래서 서술형·논술형 문제를 확대하라는 지시가 있어도 현장에서는 선다형을 선호하고 주관식 문제도 무늬만 주관식에 머무는 경우가 많습니다. 객관적 기준을 갖추기 위해 애쓰다 보면 문제의 형태는 제한을 받게 되고, 결국 무늬만 서술형·논술형이지 선다형 문제보다 더 단순한 문제를 출제하는 아이러니도 발생합니다. 서술형 문제가 추구하는 고차원적 사고가 아니라 채점의 편의를 위해 단편적 암기력만 요구하는 경우

가 많습니다. 경쟁이 심하고 결과에 예민한 우리 교육의 상황은 교사들로 하여금 객관성에 집착하게 만들고 어느 정도의 교사의 주관적 판단을 존중해야 가능한 형태의 평가를 위축되게 만들고 있습니다. 한편 교사 당 학생 수가 많은 현실의 문제도 원인이 됩니다.

결국 이러한 상황은 배움의 기쁨과 역행하는 결과를 낳습니다. 주어진 교과서에 얽매여 가르치고 획일적으로 평가하는 과정 가운데서 교사의 창의력은 시들어 갑니다. 아이들의 흥미와 필요를 존중하는 동시에 교사가 중요하다고 생각하는 내용을 선택하여 가르치는 자율성이 주어지지 않을 때, 교사 스스로 가르치는 열정과 흥미를 상실하게 됩니다. 학생들 역시 그러한 수업에서 배움의 기쁨을 경험할 가능성은 낮습니다. 요컨대 교육내용의 과다와 평가의 획일성은 교사들의 수업을 획일적이고 질 낮은 형태의 수업으로 만드는 환경적 요인이 된다고 하겠습니다. 물론 이 모든 것에도 불구하고 창의적이고 생명력 있는 수업을 기획하고 실천하는 교사들이 존재합니다만 드물고 환경적 한계에 부딪치다 포기하는 경우가 많습니다.

김샘: 그러한 교사들이 드물다는 것은 결국 교사 교육에도 문제가 있다는 것 아니겠습니까?

정샘: 그렇습니다. 사실 교사 스스로가 배움의 기쁨을 충분히 경험할 때 학생들에게 생명력 있는 수업을 할 수 있습니다. 그러나 교사 교육과정을 살펴볼 때, 우리는 그것이 오히려 현재 학교 교육의 모순을 확대 재생산하고 있다는 것을 발견할 수 있습니다. 임용시험을 통과하기 위해 준비하는 과정이 과연 배움의 기쁨을 충분히 경험하게 하는 것인지 물어본다면 대답은 부정적입니다. 또 그러한 예비교사들이 현직에 나와서 배움의 기쁨을 충분히 경

험하고 있는지 물어볼 때도 대답은 회의적입니다. 교사들이 먼저 교과의 본질과 배움의 기쁨을 충분히 경험하지 못하고 있다는 데서 오늘날 교실 수업 빈곤의 원인을 찾아볼 수 있다고 봅니다.

원인 5. 무책임을 조장하는 상대평가 체제

김샘: 완전한 이해를 방해하는 세 번째 요인으로 지적한 상대평가 체제의 문제는 어떤 것입니까?

정샘: 상대평가 체제는 이해를 못하는 학생이 발생함에도 불구하고 그것을 당연시합니다. 어차피 학생들의 성적은 정규분포곡선을 그리는 것이니 어쩔 수 없다고 생각하고 이해를 못하는 학생을 내버려두는 것입니다. 배움을 학생 개인의 책임으로만 돌려 버리고 교사는 그렇게 해서 생기는 그 격차를 당연하게 생각하고, 단지 평가하고 변별하는 것으로 책임을 다했다고 생각하는 것입니다. 물론 교사 혼자서 그것을 다 감당하기는 쉽지 않습니다. 그 결과 학습부진학생이 있어도 방치되는 경우가 많습니다. 배움의 즐거움은 고사하고 고통이 증폭되는 것입니다. 상대평가 체제는 학생의 절대적 수준을 문제 삼지 않습니다. 1등과 꼴찌만 잘 변별하면 됩니다. 반대로 교사가 매우 잘 가르쳐서 모든 학생이 100점을 받는다면 이건 큰 문제가 됩니다. 교육청에서 감사를 할 수도 있습니다. 그러니 현 체제 하에서는 아무 문제가 없기 위해서라도 배움에 실패하는 학생이 있어 줘야 되는 것 아니겠습니까? 학습부진학생을 필연적으로 요구하는 체제가 상대평가 체제라고 해도 과언이 아닙니다. 매우 비교육적인 것이 정상으로 인정되고 있는 매우 비정상적인 상황이죠.

김샘: 알겠습니다. 요약해 보겠습니다. 학생들이 배움의 기쁨을 상실하는 원인으로 시험에 대한 과도한 중압감을 주목했습니다. 그런데 시험의 중압감은 근본적으로 선발 경쟁의 압력으로부터 발생하는 것과, 그것이 고입 단계의 시험으로 인해 가중되고 있다는 것을 지적했습니다. 또한 일상적인 시험에서 점수제를 통해 획일적인 비교를 가능하게 하는 데서 학생들의 중압감은 더욱 커지는 것을 지적했습니다. 그리고 완전한 이해를 방해하는 요인으로 교육과정의 양과 난이도의 문제와, 교실 수업의 획일성과 표피성을 조장하는 교과서와 과목별 평가 체제의 문제와, 모르는 학생을 버려두고 가는 상대평가 체제의 문제를 지적했습니다.

그런데 다음 문제로 넘어가기 전에 여기서 한 가지를 좀 더 집중적으로 짚고 넘어갈 필요가 있습니다. 이와 같은 요인들로 인해 배움의 기쁨을 상실하는 일반적인 현상이 나타나고, 그 중에서도 배움의 기쁨이 상실되는 문제가 가장 두드러지는 지점이 바로 학습부진학생의 문제입니다. 이 문제의 다양한 원인들을 살펴보는 것은 우리 교육의 핵심적 모순을 해결하는 데 필수적인 것 같습니다.

학습부진학생의 문제

정샘: 학습부진학생의 문제는 복합적 원인을 갖고 있습니다. 첫째, 학습안전망이 부족합니다. 학습부진학생은 주로 가정에서 챙겨줄 수 있는 여건이 되지 않는 경우에 발생합니다. 그러므로 교실 수업에서 발생한 문제를 즉각적으로 해결하는 데 도움을 줄 수 있는 학습안전망이 필요합니다. 그런데 그러한 역할을 할 수 있는 학습보조교사가 많이 부족합니다. 이명박 정부에서 학

업성취도 평가를 강조하면서 학습부진아를 도울 학습보조교사를 투입한 것은 잘한 것이라 봅니다. 그러나 그 실상을 면밀히 들여다보면 부족함이 많습니다. 인원이 충분하지 않고 사명감과 전문성을 기대하기 어려운 형편입니다.

둘째, 정부의 학습부진학생에 대한 진단과 처방이 단순하고 획일적입니다. 학습부진이 발생한 원인은 가정의 문제, 정서적 문제, 학습 습관의 문제, 교우 관계, 돌봄의 문제 등 복합적일 수 있는데, 처방은 획일적으로 문제 풀이를 시켜서 시험 점수를 올리는 것입니다. 그러다보니 해당 학생들이 오히려 공부를 더욱 싫어하게 되는 부작용이 발생하기도 합니다.

셋째, 학습부진학생에 대한 도움은 학교만으로는 어렵고 지역사회의 돌봄 기능과 결합해야 하는데 이러한 협조체제가 없다보니 학습부진학생에 대한 도움이 제대로 이루어지지 않는 경우가 많습니다.

넷째, 학교가 학습부진학생을 대하는 태도에 있어 문제가 있습니다. 학교에서는 학습부진학생들이 미운 오리새끼 취급을 당하는 경우가 많습니다. 그러다 보니 학생도 수치감을 느끼고 회피하는가 하면 학부모도 학교의 처방에 반대하고 오히려 사교육에 의존하려고 하는 경향이 나타납니다.

김샘: 학습부진의 문제를 해결하기 위해서 해결해야 할 과제가 많이 있군요. 정책적 대안에 대해서는 4교시에 다시 생각하기로 하고 배움의 기쁨을 상실하는 문제에 대한 원인 진단은 이것으로 마무리하도록 하겠습니다.

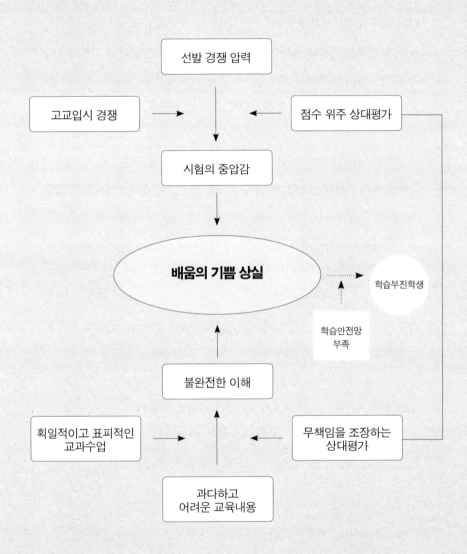

2. 평화적 관계

김샘: 이번 시간에는 평화적 관계의 문제를 생각해 보도록 하겠습니다. 학교폭력으로 시달리다가 마침내 스스로 목숨을 끊은 아이를 생각하면 가슴이 미어집니다. 우리 학교가 마치 정글과도 같은 약육강식의 사회가 되고 있다는 두려움, 그 속에서 교사로서 무엇을 했는가 하는 자괴감마저 듭니다. 학생 상호 간 관계뿐 아니라 교사와 학생·학부모 간의 관계도 무너지고 있다는 징후는 곳곳에서 나타나고 있습니다. 2012년 6월 8일, 전남의 한 중학교에서 여중생이 교사가 급식지도를 하는 과정에서 교사의 뺨을 때리고 다리를 걸어차는 사건이 발생하는 등 기사에 나고 안 나고의 문제일 뿐 이제는 일상적으로 학교에서 발생하는 문제가 되어버린 것 같습니다. 국제 조사에서도 이와 같은 문제가 드러납니다. PISA(2009)에 따르면 부정적인 교사-학생의 관계 가운데 학교를 다니는 학생 비율이 OECD 평균이 25%인데 비해 우리나라는 30.6%로 총 조사국 34개국 중에서 6위를 차지하고 있습니다. 우리 학교는 총체적인 관계성의 위기를 겪고 있다고 진단할 수 있을 것 같습니다. 대체 어디서부터 이런 문제가 비롯된 것일까요?

원인 1. 학교의 경쟁적 구조

정샘: 관계성의 붕괴는 우리 사회 전반의 병리 현상이라고 생각합니다. 사회 전반적으로 경쟁이 심화되고 있고, 이 가운데서 공동체성은 약화되고 있습니다. 문화적으로는 폭력적인 미디어가 청소년들의 심성에 부정적인 영향을 끼치고 있습니다. 무엇보다 가정이 흔들리고 인성 교육이 약화되고 있습

니다. 상황이 이렇다 보니 관계성의 회복에 있어 학교의 역할이 그 어느 때보다 중요한데 정작 학교마저도 관계성을 악화시키는 요인이 되거나 무력한 모습을 보이고 있습니다.

김샘: 학교가 상황을 악화시키고 있다고 보는 이유는 무엇인가요?

정샘: 사회의 경쟁적 풍토가 가장 극명하게 드러나는 현장이 바로 학교이기 때문입니다. 학교는 사회의 서열화된 구조를 반영하고 있고, 때로 그것을 강화하기도 합니다. 학교라는 공간 속에서 아이들 나름의 서열 체계가 있고, 강자가 약자를 억압하는 문화가 형성되고 있습니다. 한편 학교생활은 아이들에게 많은 스트레스를 유발합니다. 그러한 스트레스는 약자에게 전가되어 폭력적인 형태로 표출되기도 합니다. 문제는 학교의 교육이 이러한 병리적 구조를 해소하고 건강한 관계성을 만들어야 하는데, 오늘날 학교가 관계성 교육에 실패하고 있다는 것입니다. 그 원인은 첫째, 학교가 관계성을 중시하지 않고 있다는 것, 둘째, 교사들이 관계 교육에 서투르다는 것, 셋째, 학교에서 문제 상황을 다루는 규칙과 절차가 미비하다는 점을 들 수 있습니다.

원인 2. 관계성 교육에 대한 중요성 인식 부재

김샘: 학교가 관계성을 중시하지 않고 있다는 것은 어떤 의미입니까?

정샘: 학교가 중시하는 가치가 관계성, 넓게 말해 인성교육이 아니라는 것입니다. 단적인 예를 들어봅시다. 건강한 관계 형성을 위해 학교에서 투자되는

시간이 얼마나 됩니까? 학급 자치 시간도 제대로 확보되지 않고 다른 활동에 밀려나기 일쑤입니다. 영어·수학을 위해서 투자되는 그 많은 시간과 비교해 볼 때 인성 교육을 위해 투자되는 시간은 새발의 피에 불과합니다. 정규 교과로 편성된 도덕 교과 시간도 과거보다 축소되었습니다. 물론 인성 교육이 도덕 시간만을 통해 확보되는 것은 아니지만, 정규 교과가 아닌 다른 데서 시간을 확보한다는 것은 더욱 어려운 일입니다. 이렇게 관계성을 위해 투자되는 시간이 터무니없이 적다는 것은 학교가 관계성이라는 가치를 중시하지 않는다는 증거입니다.

또 다른 측면에서는 정규 수업을 통해 관계성이 훈련되어야 하는데, 이 부분에 대한 인식이 부족합니다. 스웨덴에서 프로젝트 교육을 강조하는 이유는 학습의 과정에서 서로 간의 협동과 소통이 중요한 가치이고, 그것이 능력이 된다는 것을 인식하였기 때문입니다. 우리나라에서는 학습을 단순히 인지적 지식으로 국한하다 보니, 협동적 가치와 의사소통 능력을 경시하고 있습니다.

김샘: 관계성 혹은 인성 교육을 중시하지 않게 되는 심층적인 이유는 무엇일까요?

정샘: 반대로 학교가 중시하는 가치가 무엇인지 생각해 봅시다. 일단 학생과 학부모의 관심은 성적입니다. 학교 관리자들의 관심사는 사고가 발생하지 않고 각종 평가에서 좋은 점수를 받는 것입니다. 이 가운데서 교사들의 관심사는 무엇입니까? 교과 지식을 가르치는 것과 행정업무를 처리하는 것이 중요합니다. 교사의 뇌 구조에서 학생들의 평화적 관계라는 가치가 차지하

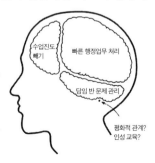

고 있는 비중은 얼마나 될까요?

이렇게 되는 이유는 평화적 관계성이라는 것이 당장 눈에 띄게 나타나지 않기 때문입니다. 시험을 쳐서 평화적 관계를 점수로 나타내는 것도 아니고, 그러한 교육을 하지 않았다고 해서 문책을 받는 것도 아닙니다. 오로지 평화적 관계를 가르치겠다는 교사의 철학이 중요한데, 워낙 다른 것들이 많이 밀고 들어오기 때문에 그것을 지켜 내기가 쉽지 않습니다. 평화적 관계를 형성하기 위해서는 많은 시간이 투자되어야 합니다. 건강을 위해 꾸준한 운동을 해야 하듯이, 평화적 관계를 위해서는 매일의 삶 가운데서 지속적인 교육과 실천적 노력을 해야 합니다. 하지만 오늘날의 학교에서는 공부를 위해서는 많은 시간을 투자하면서, 평화적 관계를 위해서는 시간을 투자하지 않고 있습니다.

원인 3. 교사들의 소통 역량 미비

김샘: 만약 인성 교육을 위한 시간이 확보된다면 문제가 해결될까요?

정샘: 물론 꼭 그렇지는 않습니다. 시간이 하드웨어라면 관계성을 교육할 수 있는 교사의 교육 역량은 소프트웨어로, 이것이 보다 중요하다고 할 수 있지요. 현재 학교에서 교사의 생활지도 장면을 살펴봅시다. 어떤 학생이 복장 규정을 어겼다고 합시다. 교사는 규정을 어겼으니 벌칙을 가합니다. 벌 청소를 시키거나 반성문을 쓰게 하거나 남기거나 벌점을 주거나 잔소리를 합니다. 그런데 학생들은 잘못을 뉘우치고 반성하기보다는 오히려 화가 나고 반발심이 생깁니다. 교육이 이루어지는 것이 아니라 갈등이 생기고 관계가 멀어지는 경우가 많습니다. 오늘날 생활지도라는 미명 하에 관계를 파괴하는

모순이 벌어지고 있습니다. 두발을 단정하게 만들기 위해 교사와 학생이 다투는 관계가 되는 것이 과연 교육적으로 바람직한 것일까요? 물론 학교 규칙을 어기며 염색을 한 것이 보기 좋다는 것은 아닙니다. 그러나 겉으로 드러난 현상을 억압하는 것으로 아이의 내면을 바꾸기는 어렵습니다. 이런 상황에서 어떻게 대응하는 것이 관계를 손상시키지 않고 행동을 변화시키는 것인가에 대해 교사들은 체계적인 훈련을 받은 적이 없습니다. 체벌이 금지되어 상벌점제로 간다고 해도, 벌을 주는 방식만 바뀔 뿐 기본적 패러다임은 동일합니다. 이른바 응보적 정의에 기초한 벌칙을 적용하는 것이 생활지도라고 생각합니다. 그러나 모두가 알다시피 결과는 더욱 악화되고 있습니다. 벌칙이 강할 경우, 일시적으로 문제 행동이 교정되는 것처럼 보입니다. 그러나 그것은 통제를 한 것이지 교육을 한 것이 아닙니다. 교육은 피교육자의 자발적인 변화를 이끌어내야 합니다. 만약 벌칙이 없는 경우에도 학생이 규정을 지킬 것인지를 물어야 합니다. 그렇지 않다면 통제에는 성공했을지 몰라도 교육에는 실패한 것입니다. 오히려 학생들에게 힘에 굴복하는 비굴함 혹은 두려움을 심어 준 것입니다.

김샘: 그렇다면 생활지도에 있어 교사가 무능하다는 것인데, 그것은 교사의 탓인가요?

정샘: 교사 개인의 문제도 있겠지만 학교 체제의 문제가 더 큽니다. 학교 혹은 우리 사회가 교사들에게 제일 중요하게 요구하는 것이 두발, 복장, 지각 등과 관련된 외적 통제입니다. 그러다 보니 교사들은 학교와 사회의 요구에 부응해 외적 통제에 치중을 하고 있는 것이죠. 한편 교사 교육도 문제입니다. 교사도 학교의 산물입니다. 그러한 교육을 받고 자랐기 때문에 그 방식

을 답습하고 반복하는 것입니다. 교사 교육의 목표는 그러한 고리를 끊고 평화적 관계를 만들어 내는 태도와 능력을 기르는 것이 되어야 합니다. 오늘날 교사 교육이 그러한 역할을 하고 있지 못하다면, 이러한 교사들의 소통 역량 부족의 책임을 교사 교육에 물을 수 있다고 봅니다.

원인 4. 규범 소통을 위한 구조와 절차의 미비

김샘: 교사 개인의 철학 문제도 있겠지만, 지금까지 학교의 운영 체제 가운데서 생활지도의 문제를 평화적 관계의 회복이라는 관점에서 보고 해결하려는 절차나 시스템이 부족했던 것이 아닌가 하는 생각이 듭니다.

정샘: '정당한 규범'과 '준법정신'을 바탕으로 하여 문제 행동이 발생했을 때 이를 '교육적으로 처리하는 절차'가 필요한데, 오늘날 학교에서는 이 세 가지가 총체적으로 문제가 있습니다. 먼저 '정당한 규범'이라는 측면에서, 학교 내에는 정당성을 확보하기 어려운 규칙이 많이 존재하고 있습니다. 대표적으로 두발 제한의 경우 대다수의 학생들이 불만을 가지고 있습니다. '한국 고등학교학생회연합회'가 2005년 12월 전국 고교생 2,200명을 상대로 설문 조사한 결과 42.7%가 학교에서 인권 침해를 당한 사례를 묻는 질문에 '두발 규제를 받았을 때'라고 답했습니다. 두발 규제 자체가 정당한가의 여부를 떠나 당사자인 학생들이 동의하지 못하는 규범을 강제할 때 규범의 권위가 도전을 받게 됩니다. 강제적인 방식이 아니라 설득을 통해 동의를 구해야 하는데, 학교 안에서는 그러한 과정이 실종되었습니다. 그동안 학생들의 의견은 무시해도 되는 것으로 생각했기 때문에 그들의 동의를 구할 필요도 느끼지

못했던 것입니다. 한편 학교에서 주로 교사들이 단속하는 것이 두발, 복장, 지각과 같은 것들인데, 사실 윤리적인 관점에서 보면 이것들은 사소한 것입니다. 이보다는 다른 사람의 마음에 상처를 주는 말을 하는 것 등이 더 큰 문제인데, 이것에 대해서는 사소하게 생각하고 넘어가는 경우가 많습니다. 무엇이 중요한 규범인지에 대해 혼란이 존재하는 것입니다. 즉 현재 우리 학교에서는 전반적인 규범에 대해 학교 구성원들의 공감대가 부재한 상황입니다.

둘째, 사정이 이렇다 보니 학교 규정에 대한 반항심이 만연하게 되고, 이와 같은 반항심은 학교 규정 일반에 대한 존중심과 준법정신을 약화시킵니다. 셋째, 문제가 발생했을 때 이를 교육적으로 처리하는 절차도 교사마다 다 다릅니다. 예를 들어, 최근 문제가 되고 있는 교사에 대한 반항을 생각해 보죠. 수업 시간에 잠자는 아이를 깨우는 교사에 대해 아이가 욕을 했다고 합시다. 교사는 화가 나지만 참을 수도 있고, 감정이 격해서 폭행을 할 수도 있고, 다툼이 벌어질 수 있죠. 이러한 문제가 생기는 이유는 문제 상황에 대한 대처법이 정립되어 있지 않기 때문입니다. 획일적으로 대응할 필요는 없지만, 적어도 공유된 규정과 절차에 따라 문제가 처리될 때 학생들도 규정을 존중하고 따르게 되고 교사들도 보호를 받게 될 것입니다. 지금은 그러한 매뉴얼도 없는 상태에서 교사의 개인적 능력에만 의존하고 있는 상황입니다. 과거에는 교사의 권위와 통제력이 어느 정도 확보되어 있었지만, 이제는 그렇지 않습니다. 과거의 질서가 붕괴되고 아직 새로운 질서가 정립되지 않았기 때문에 혼란이 심한 것입니다. 매가 아닌 벌을 허용해야 하느냐 말아야 하느냐에 대한 논란도 진행 중입니다. 학생인권조례를 통해 학생의 두발이나 복장에 대해 규제를 해서는 안 된다는 움직임이 있는가 하면, 여전히 그것에 대해 거부감을 갖고 있는 경우도 많습니다. 교육청과 교과부의 힘겨루기도 벌어지고 있기도 하지요. 어떤 규칙이 정당한지에 대해 학생, 학부모, 교사들

모두 혼란을 느끼고 있습니다. 이러한 혼란 가운데서 한편으로 우려스러운 점은 과거의 체벌을 대체하는 강력한 규제를 도입하자는 주장이 나오는 것입니다. 체벌의 대안으로 벌점제를 실시하는 학교가 많은데 벌점제는 어떤 면에서 체벌보다 더 비교육적으로 적용될 수 있습니다. 체벌이든 벌점제든 혹은 다른 어떤 형태의 벌이건 간에 그것이 단순히 통제의 관점에서만 적용되면 심각한 부작용이 생겨납니다.

학교가 통제에 치중하는 이유

김샘: 좀 더 근본적인 질문을 해 보죠. 왜 학교가 통제에 치중하는 것일까요?

정샘: 첫째, 배움에 대한 잘못된 생각이 한 가지 원인입니다. 배움이 즐거움이 아니라 고통스럽더라도 달성해야 할 목표와 같은 것이기 때문에 그 과정에서 억압적 구조를 정당화하는 것입니다. 배우기 싫어하는 학생을 강제로라도 공부를 하도록 만들어야 한다고 믿습니다. 그리고 공부에 방해되는 것은 금지해야 한다고 믿습니다. 물론 공부는 때로 고통스러운 과정이기도 하고, 인간은 유혹에 약한 존재이기 때문에 공부할 수 있는 환경을 만드는 것은 중요합니다. 그러나 근본적으로 배움이 인간의 기본적 욕구라는 것을 인정한다면 통제와 억압이 아닌 보다 부드러운 설득적 방법으로도 충분히 지도가 가능하다고 믿고 그것을 위해 소통의 방법을 사용할 텐데, 그러한 설득이 되지 않을 것이라고 보기 때문에 강제적인 방법을 동원하는 것이 아닐까요? 한편으로는 그러한 통제가 교사의 무능을 은폐하는 수단이 되기도 합니다. 그러면서 그렇게 하는 것이 학생을 위하는 것이라고 합리화하기도 하죠. 교사의 탓만은 아닐 것입니다. 공부의 목표가 시험에서 좋은 점수를 받

는 것으로 고착되다 보니 수단과 방법을 가리지 않고 점수를 잘 받는 것이 모든 것을 정당화하는 체제가 된 것입니다. 그 속에서 교사의 통제와 억압도 정당화된 것이겠죠.

둘째, 물리적 환경도 또 한 가지 원인입니다. 집단의 규모가 커지면 자연스럽게 획일적인 통제에 기울어집니다. 지금과 같은 거대 학교, 과밀학급의 상황에서는 개인적인 요구와 다양성을 존중하기가 어렵기 때문이죠.

셋째, 학교가 학생과 학부모 중심이 아니라, 행정 편의 위주로 운영되는 문화에도 원인이 있습니다. 그것은 학교가 관료 행정의 하급 기관으로 위치하고 있기 때문에 학생이나 학부모의 목소리를 존중하기보다는 기존의 관행이나 규칙이 우선이 될 때가 많습니다. 다수가 불합리하게 생각하는 규정도 교장 선생님의 말 한마디면 간단히 묵살되는 경우도 있지요.

학교폭력의 문제

김샘: 지금까지 관계성의 문제를 가져오는 일반적인 원인들을 살펴보았는데, 이러한 관계성의 파괴가 가장 극단적으로 표출되고 있는 학교폭력의 문제를 좀 더 자세히 살펴보도록 하겠습니다. 학교폭력이 발생하는 원인은 무엇일까요?

정샘: 우선 사회의 경쟁적이고 서열화된 풍토가 학교에도 반영되어 있고 그 구조 속에서 강자가 약자를 괴롭히는 사태가 발생한다는 것, 폭력적 미디어의 영향, 가정교육의 약화와 같은 배경적 요인을 앞에서 언급하였습니다. 그리고 이러한 문제들을 해결해야 할 학교에서 관계성 교육을 경시하고 있다

는 점과 갈등을 해결할 수 있는 절차와 소통의 역량을 갖추고 있지 못하다는 점을 살펴보았습니다. 이러한 일반적인 문제와 더불어 좀 더 특수한 문제들을 살펴보겠습니다.

첫째, 학교폭력에 대한 대처 방식이 준비되어 있지 않습니다. 형식적인 화해로 쉽게 넘어가는 경우도 문제이지만 막연히 엄벌을 가하면 학교폭력이 사라질 것으로 생각하는 것도 문제입니다. 최근 학교폭력 사건이 발생할 경우 가해자의 생활기록부에 의무적으로 기록하고 있는데 이것은 오히려 문제를 더욱 악화시키는 것입니다.

둘째, 학교에는 '일진'과 같은 폭력 조직이 존재합니다. 힘이 센 아이들이 위계 구조를 형성하며 집단화하는 것이 일진 현상입니다. 이것은 공부라든지 다른 영역을 통해 자신의 존재를 인정받지 못하는 아이들이 자신의 좌절된 욕망을 소속감과 자기 과시의 욕구 등과 결합시켜 집단적 힘으로 표출하는 현상입니다. 일진과 같은 조직이 생기는 이유 중의 하나는 그것을 대체할 만한 의미 있고 재미있는 공동체가 없기 때문입니다. 현재 교실 안에는 건강한 공동체 문화가 형성되어 있지 않습니다. 친구를 괴롭히는 현상을 보고서도 그것을 제지할 정도의 공동체성이 없는 것입니다. 대부분의 학생들은 나만 안전하면 된다는 생각으로 방관하고 있습니다.

셋째, 교사가 교실을 비운 사이 교실에서 폭력이 쉽게 발생합니다. 초등학교는 항상 담임교사가 교실에 있기 때문에 이 문제가 덜하지만, 중·고등학교에서는 쉬는 시간과 점심시간에 교사가 교실을 비우기 때문에 이 공백 시간에 문제 행동이 많이 발생합니다. 교실이 안전지대가 되고 있지 못하다는 점이 문제의 원인이 됩니다.

김샘: 지금까지 학교에서 관계가 파괴되어 가는 원인으로 학교가 관계성 교

육, 인성 교육의 가치에 우선순위를 두고 있지 않다는 것, 그로 인해 시간적 투자를 하지 않고 있다는 점과 교사들이 관계성 교육에 필요한 능력을 제대로 갖추고 있지 못하다는 점, 통제와 억압을 탈피하여 소통과 회복을 위한 관점의 정립과 이에 기초한 새로운 시스템의 확립이 되지 않고 있다는 점 등을 살펴보았습니다. 아울러 학교폭력의 원인도 살펴보았는데 겉으로 드러난 문제의 이면에는 방대한 문제들이 숨어 있다는 생각을 하게 됩니다.

요약

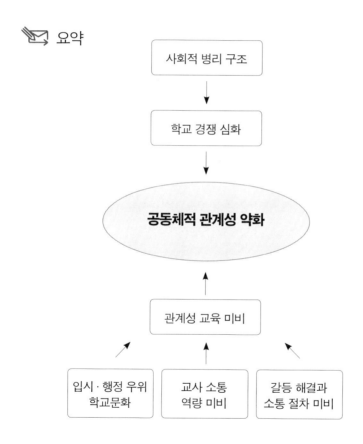

3. 소명의 발견

김샘: 다음으로 소명의 발견이라는 가치에 대해 살펴보도록 하겠습니다. 소명의 발견이라는 측면에서 볼 때 문제는 산업적으로는 인력의 수요와 공급이 일치하지 않고 있다는 점과, 개인적으로 볼 때는 자신의 소질과 적성과는 무관하게 진학을 선택하게 된다는 점이라고 하겠습니다. 그렇게 된 데는 직업을 소명으로 받아들이는 것이 아니라 돈벌이와 출세의 수단으로만 인식하는 문제가 있습니다. 사회 양극화가 심화되고 괜찮은 일자리는 줄어드는데 대학 진학률은 80% 수준입니다. 고등교육 이수자의 비율과 고등교육이수 인구의 고용률을 보아도 우리나라는 76% 수준으로 OECD 평균의 83%에 못 미치고 터키 다음으로 낮습니다. 학력과 일자리의 불균형이 매우 큽니다. 이 문제와 관련하여 삼성경제연구소의 류지성 연구원의 설명을 잠시 들어보죠.

류지성: 우리나라의 대졸 인력은 과잉 공급된 상태이고, 이로 인해 국가적인 낭비가 발생합니다. 학생들 입장에서는 비싼 등록금을 지불해야 하는 것이고, 그럼에도 불구하고 기대하는 일자리를 얻지 못할 때 좌절감이 생깁니다. 최대 42%로 추정되는 대졸 과잉 학력으로 인해 청년층의 노동시장 진입이 늦어져 2009년 이후 노동시장의 경제성장 기여도가 마이너스로 반전되었습니다. 개인적으로는 약 1억2,000만 원의 기회비용을 치러야 하고, 국가적으로는 GDP 성장률 1.01% 상승 여력이 사라지게 됩니다.

김샘: 이와 같은 문제가 발생하는 원인은 무엇일까요?

정샘: 가장 중요한 것은 우리 사회의 학벌주의입니다. 학벌주의는 개인의 능력보다 출신 학교나 높은 학력을 중요하게 여기는 태도입니다. 이와 같은 학벌주의는 우리 사회의 역사와 구조적 요인에서 비롯되었습니다. 크게 보아 학벌에 따른 임금 격차나 차별에서 기인하고 있는 것이죠. 그런데 우리가 중시하는 문제는 그러한 사회적 요인과 더불어 교육계 자체의 원인입니다. 학벌주의가 발생하는 사회적 요인을 고치는 것이 쉽지는 않겠지만 학교는 올바른 진로 교육을 통해 학생의 소질과 적성을 발굴하여 각자에게 맞는 진로를 선택할 수 있도록 도와주어야 합니다. 그런데 학교가 그 역할을 소홀히 하고 학벌주의를 추종하여 묻지마 진학 지도에만 매달림으로써 상황을 더욱 악화시킨 것이 문제입니다.

김샘: 학교에서 올바른 진로 교육이 되지 않고 진학지도에만 매달리는 것은 학생이나 학부모가 그것을 원했기 때문이 아닐까요?

정샘: 그렇습니다. 사회적 출세의 욕망이 집약된 통로가 입시 경쟁이었고, 그것만이 주목을 받음으로써 다른 교육적 가치들은 소홀히 여겨져 온 것이 현실입니다. 그런데 그럼에도 불구하고 학교는 교육적 관점을 견지하고 학생들의 삶을 전체적으로 바라보면서 올바른 진로를 찾을 수 있도록 하는 역할을 감당했어야 합니다. 그런데 그렇게 하지 못하고 학교가 사회의 출세주의에 완전히 포섭되어 버린 것은 교육계의 문제라고 봅니다.

김샘: 그렇다면 학교의 어떤 점이 문제의 원인이라고 보십니까?

정샘: 우선 학교는 학생들을 점수에 의해 한 줄로 세우는 데 전념하였습니다. 점수 위주의 상대평가 체제를 당연한 것으로 생각했습니다. 이 문제는 앞서 배움의 기쁨이 사라지는 원인에서 살펴보았습니다. 마치 스포츠 게임처럼 등수를 매기고 우수한 학생들은 우대하면서 뒤처지는 학생들은 버려두고 갔습니다. 학생들의 실패를 당연하게 생각했습니다. 모든 학생들이 배움에 참여해야 한다는 생각은 제쳐 두었습니다.

둘째, 학생의 개별적인 소질과 적성을 발견하고 그에 맞는 진로를 찾아 주려는 노력을 소홀히 하였습니다. 대입제도에서 개인의 소질과 적성이 별로 관심을 받지 못한 것도 원인이지만, 사실상 교사들이 그럴만한 역량을 갖추지 못한 것도 원인입니다. 왜냐하면 교사들의 경험의 폭도 제한되어 있기 때문입니다. 또한 정규 교육과정에서 학생들이 다양한 직업에 대한 정보를 얻거나 경험할 수 있는 장이 없었습니다.

셋째, 좀 더 근본적인 것인데 인문교육의 빈곤이 문제입니다. 인문교육의 의미는 학생들이 자신의 삶의 목적을 찾고, 사회적 책임을 다할 수 있도록 하는 교육을 의미합니다. 도덕 교육, 철학 교육, 시민 교육 등을 포괄하는 개념입니다. 삶에 대한 성찰을 바탕으로 올바른 진로 교육이 이루어질 수 있습니다. 그런데 우리 교육에서 영어나 수학과 같은 도구적 과목의 비중에 비해 인문학에 대한 관심은 갈수록 줄어들고 있습니다. 인문학은 지식만을 의미하지 않습니다. 앞서 살펴본 평화적 관계성을 위한 태도도 포함합니다. 타인에 대한 존중심이 인문학의 지향점입니다. 그런 의식과 태도가 결여될 때 공부의 목적은 사적 가치로 협소화되고 사회적 공공선과는 거리가 멀게 됩니다. 직업을 소명으로 생각하지 못하게 되는 것이지요.

김샘: 교과부도 그러한 진로 교육의 문제를 인식해서인지 2011년부터 학교마다 진로진학상담교사를 배치하고 있습니다. 이 정책에 대해서 어떻게 평가할 수 있을까요?

정샘: 제도적인 틀은 많이 갖추어지고 있습니다. 직업 교육에 대한 법령도 정비되었고, 진로진학상담교사를 학교마다 배치하도록 지원을 하고 있기 때문에 과거 어느 때보다 진로 직업 교육을 위한 여건은 좋습니다. 아직 미흡한 점은 있지만 진로진학상담교사가 제자리를 찾게 되면 과거보다는 내실 있는 진로 지도가 이루어질 것으로 기대합니다. 그러나 진로 교육을 위한 인프라의 부족 문제는 여전히 풀어야 할 숙제입니다.

진로교육 인프라 미비

김샘: 진로교육을 위한 인프라라고 하면 어떤 것을 말합니까?

정샘: 예를 들면 어떤 학생이 요리사 체험을 해 보고 싶다고 할 경우 이를 연결해 줄 수 있는 인프라가 충분치 않다는 것입니다. 혹은 음악을 전공하고 싶다고 할 때 작곡가나 연주자의 삶을 접해 볼 수 있는 여건이 충분치 않다는 것입니다. 학생과 기업이나 개인을 연결해 줄 수 있는 네트워크가 활성화되어 있지 않습니다. 시간도 문제입니다. 경우에 따라서는 많은 시간이 필요할 수도 있는데 학교 교육과정은 이를 허용하기가 어렵습니다. 어떤 학생에게는 좀 더 자유로운 시간과 공간이 필요합니다. 학교 교육과정의 틀을 벗어나서 홀로 책을 읽고 여행을 하면서 진로를 탐색하는 것도 의미가 있을 수 있습니다. 그러나 현재의 학교 체제는 그러한 탐색을 위한 기회를 제공하기가 어렵

습니다. 너무나 꽉 짜인 틀 속에서 앞만 보고 달릴 것을 요구하고 있는 것이죠.

김샘: 진로 탐색을 위한 자유로운 시간과 공간 그리고 다양한 네트워크가 필요할 것 같군요. 구체적 대안에 대해서는 다음 시간에 이야기하도록 하겠습니다. 지금까지 학벌주의 사회에 포섭된 학교의 문제를 살펴보았습니다. 점수 위주의 상대평가제, 학생의 소질과 적성에 무관심한 진로 지도, 인문교육의 빈곤에 대해 지적했고, 특별히 진로 교육을 위한 인프라의 미비에 대해서 살펴보았습니다. 다음은 고등학교 단계의 직업 교육 체제에 대해서 좀 더 자세히 살펴보겠습니다.

원인 2. 전문계고 산학 협력 체제의 미비와 교사 교육 체제의 문제

김샘: 직업교육을 위해 특화한 학교가 전문계고(현행 고교체제에서는 전문계 특목고, 특성화고, 전문계고를 특성화고로 분류하고 있으나 여기서는 기존의 개념을 존중하여 마이스터고를 포함한 특성화고를 통칭하는 용어로 쓰고자 함)입니다. 산업 인력 확보를 위해 설립되었지만 전문계고등학교가 정체성의 혼란을 겪어온 것이 사실입니다. 2009년의 경우 취업률이 16.7%였습니다. 현 정부에서 취업률을 높이기 위해 선취업 후진학 정책을 추진한 결과 2011년에 25% 수준까지 높아졌으나 다소의 거품이 있다고 보입니다. 하여튼 취업을 위주로 설립된 학교의 목표에 미치지 못하고 있는 것이 현실입니다.

정샘: 전문계고의 문제는 몇 가지 원인이 있습니다. 취업률이 높지 않은 이유는 학생 쪽에서 원하는 일자리가 부족하다는 측면과 사회에서 요구하는

능력을 갖춘 학생이 부족한 측면이 있습니다. 전자의 측면은 열악한 일자리의 문제인데 이 문제를 해결하는 것은 교육정책의 변화보다는 노동 정책의 변화가 필요한 대목이겠죠. 이 문제는 일종의 악순환에 기인합니다. 고졸자의 일자리가 열악하기 때문에 대학 진학이 필수화되고 대학에 과잉 진학하는 현상으로 말미암아 대졸자가 하향 취업을 하고 이로 인해 고졸자 취업 기회가 감소하면서 다시 고졸자의 일자리는 열악해지는 악순환이 일어나는 것입니다. 물론 힘든 일이라도 사명감을 갖고 일을 할 수 있는 자세를 길러 주는 것도 필요한 일일 수 있습니다. 그러나 객관적 여건 자체가 불평등한 경우 이를 개선하는 것은 노동 정책의 중요한 과제가 되겠습니다. 그런데 후자의 문제, 즉 사회적으로 필요한 능력을 길러 주지 못하는 문제는 학교 교육이 심각하게 고민할 영역입니다.

정샘: 이 문제에 대해 현장에서 교육을 담당하시는 조승호 선생님(서울공고 특성화부장)의 설명을 들어보죠.

조승호: 회사가 원하는 교육을 학교에서 못 해 준다고 하는 것은 이런 이유가 있습니다. 예를 들어 화공과를 나온 학생이 갈 수 있는 회사는 석유 회사일 수도 있고, 화장품 회사일 수도 있고 종류가 다양합니다. 그리고 직종마다 요구되는 세부적인 기술이 다릅니다. 그러므로 회사가 필요로 하는 기술 교육을 하기는 어렵습니다. 학교는 직업훈련원과는 달리 학생이 어디에 취업하건 적응할 수 있는 기초 기술 역량을 기르는 데 집중하기 때문입니다. 만약 학생의 진로가 특정 회사로 조기에 확정된다면 그에 맞는 맞춤형 교육과정을 운영할 수 있겠죠. 만약 2학년 말에 취업이 정해지면 3학년 1년 동안 그 회사가 요구하는 교육을 중점적으로 실시하는 형태가 바람직하다고 봅니다.

김샘: 학교가 회사에서 요구하는 기술을 교육하기 위해서는 먼저 회사가 채용을 해야 한다고 하셨는데 이것이 가능한가요?

조승호: 아직은 이런 협력 체제가 제대로 구축이 되어 있지 않습니다. 스웨덴의 경우 건설협회 직원이 시청에 파견을 나와 학교를 담당하여 회사와 학교를 연결하여 채용을 돕는 일을 하는 것을 보았습니다. 그런데 우리나라는 이런 연결 작업이 원활하지는 않습니다.

김샘: 회사가 요구하는 교육을 할 수 있는 여건은 충분한가요?

조승호: 교육비 지원이 필요합니다. 회사도 일정 부분 부담을 하고 학교도 사업비를 확보해서 충당하는 형태가 필요할 것입니다. 이를 위해 산업계와 학교의 협력 체제 구축이 필요합니다. 사실 회사가 좀 더 성의 있는 태도를 보이자면 현장 실습을 적극적으로 받는 것이 필요합니다. 그런데 회사는 현장 실습을 받는 것에 대해 소극적입니다. 이 부분과 관련해서는 핀란드가 모범적인데, 핀란드에서는 학생이 현장 실습을 하는 경우 그 비용을 국가에서 회사에게 지원합니다. 학교가 담당해야 할 교육을 회사가 대행한다는 의식을 가지고 있죠. 우리나라의 경우는 회사가 임금을 주면서 실습을 시키는 형태가 되다 보니 회사 입장에서 적극적으로 임하지 않는 경우가 많습니다.

고졸 취업의 문제

김샘: 최근 이명박 정부에서 선취업 후진학을 강조하면서 고졸 취업을 장려하고 있습니다. 고졸 취업의 현실은 무엇이고 이를 가로막은 요인은 무엇이 있을까요?

이성주(서울공고 교사, 직업교육단체총연합회 사무국장)**:** 대졸 중심의 인사 구조가 있는 가운데 고졸 인력에 대한 차별 문제를 해소하는 것이 현실적인 어려움입니다. 하지만 한편으로는 산업계는 고졸 기능 인력에 대한 수요가 있습니다. 60년대 베이비부머 시대의 기능 인력이 은퇴할 시점이 다가오기 때문에 이를 대체할 인력이 필요합니다. 그렇기 때문에 최근 고졸 인력 채용이 대규모로 진행되고 있습니다. 그런데 아직 학생이나 학부모의 인식이 그를 따라가지 못하는 면이 있습니다. 그리고 현장에서는 고졸 인력의 군대 문제가 발목을 잡고 있는 부분이 있습니다. 군대를 갔다 오면 다시 직장으로 돌아오지 않는 경우가 많아서 회사로서도 낭비적 요소가 있습니다. 그리고 후진학을 위한 여건 정비가 아직 부족합니다. 대학에서 취업자를 위한 특별 전형을 설치한 학교가 7개에 불과하고 기업에서의 근무 여건도 이를 뒷받침하지 못하는 문제가 있습니다.

김샘: 한편으로는 선취업 후진학을 강조하면서 실적 위주로 평가하다 보니 학교마다 무리하게 취업률을 높이려는 현상이 발생하고 있다고 합니다. 그리하여 질 낮은 일자리로 학생들을 내몰고 있다는 비판도 들립니다. 또한 현장 실습을 나간 학생이 산업재해를 당하는 경우도 있다고 하는데요.

이성주: 전문계고 학생이 학교의 정체성에 맞게 선취업을 하고, 선취업한 학생이 평생교육 차원에서 후진학을 할 수 있도록 하는 것은 의미 있는 일입니다. 그러나 너무 단시간에 취업률을 높이려다 보니 인력 파견 업체 실습, 취업이 전제되지 않은 단순 실습, 아르바이트성 실습까지 발생하였고, 이것이 보도된 바 있습니다. 한편 2005년에 고등학교 현장실습생 사망 사건으로 2006년에 '현장실습 운영 정상화 방안과 지침'이 시행되었습니다. 그러나 학교 자율화를 위해 규제를 철폐한다는 명목으로 취업실습에 대한 지침을 폐기했고, 이런 상황에서 취업률을 높이기 위해 무리하는 과정에서 사건이 터진 것입니다. 2011년 광주에서 발생한 취업실습생 사망 사건은 이런 과정에서 발생했다고 볼 수 있습니다.

직업 교육 교사 양성 체제 문제

김샘: 한편 교사 역량은 어떻습니까? 산업 현장의 지식과 기술은 빠르게 변화하고 있는데 이를 따라갈 수 있는 교사 교육은 충분합니까?

이성주: 교사 양성의 문제가 있습니다. 공업계의 경우 분야는 기계 금속 자동차, 전기 전자 통신, 건설(건축 토목), 화공 섬유 등으로 나눌 수 있습니다. 산업 기술이 변화하기는 하지만 원천적인 기술은 크게 바뀌지 않습니다. 기술을 서로 조합하고 응용하는 방식이 달라지는 것입니다. 문제는 해당 분야의 전문성을 보장하는 교사 양성이 행정 편의에 의해 좌우되는 것입니다. 현재는 기계, 금속, 자동차를 하나로 묶어 통합된 자격증을 발급하는데 기계, 금속, 자동차 분야 중에서 한 분야만 이수하여도 통합된 교사 자격증인 기계 금속 자동차 자격증을 부여하는 상황입니다. 예를 들어 기계 금속 자동차 기

본 이수과목 39과목 중에서 5과목(14학점)만 이수하면 통합 표시 과목인 기계 금속 자동차 교사 자격증을 줄 수 있도록 되어 있기에, 기계공학과 학생이 금속공학의 주요 과목인 철강 재료학, 금속 제련학, 주조공학 등의 전공과목을 이수하지 않고도 자격증을 취득하게 됩니다. 이런 식으로 하는 이유는 교원 배치의 유연성을 위해서라고 합니다. 교과 전문성보다는 배치를 편리하게 하기 위한 것이므로 눈 가리고 아웅 하는 식인 것입니다. 이 문제에 대하여 이미 2000년에 개선 방안을 제시하였지만 변화가 없는 상황입니다. 현재 관련 문제가 현장에서 나타나고 있습니다. 자기가 전공한 분야가 아닌 과목은 대충 넘어가게 됩니다. 공업 교육이 부실화되는 것입니다.

✉ 요약

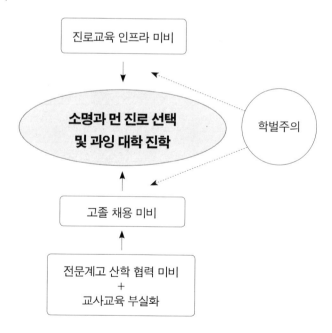

4. 교육 기회의 균등

김샘: 다음으로 교육 기회의 균등에 대해 다루어보겠습니다. 교육 기회의 균등이 지니는 의미는 무엇일까요?

정샘: 교육 기회의 균등은 첫째로 모든 학생들에게 국가가 동일한 교육 환경을 제공해 주는 것을 의미합니다. 의무교육체제가 바로 교육 기회의 균등을 위한 가장 중요한 장치입니다. 둘째로 모두에게 동일한 교육 환경을 제공해 주는 수준을 넘어 보다 불리한 처지에 있는 학생들에게는 보다 많은 지원을 해서 실질적인 교육 기회의 균등을 만드는 것을 의미합니다. 교육 기회의 균등을 다른 말로 바꾸어 교육 복지라고 해도 좋겠습니다.

김샘: 교육 기회의 균등이라는 차원에서 볼 때 나타나는 현상적 문제는 어떤 것들이 있을까요?

정샘: 첫째, 사교육으로 인한 교육 격차의 문제, 둘째, 환경적 여건으로 인한 교육 격차 문제, 셋째, 보편적 교육 여건의 문제 넷째, 학교 바깥의 학습자의 소외 문제가 있습니다.

원인 1. 사교육 문제

김샘: 하나 하나가 큰 주제들인데 일단 사교육부터 생각해 보기로 하죠. 사교육의 발생 원인은 무엇일까요?

정샘: 그것은 무엇보다 치열한 입시 경쟁 때문입니다. 승자독식의 구조 속에서 다수의 경쟁자가 참여하게 될 경우 경쟁은 치열해집니다. 다수의 경쟁자가 참여하는 것은 어떻게 보면 잘만 하면 나도 승자가 될 수 있다는 희망을 갖고 있기 때문이라고 할 수도 있지만 반대로 패자의 결론이 너무 열악할 경우 이를 회피하기 위한 처절한 선택이라고 볼 수도 있죠. 이 가운데서 경쟁에서 이기기 위한 수단으로 사교육이 번성하게 된 것입니다.

김샘: 치열한 경쟁이 발생하는 것이 사회구조적 원인이라면 사교육을 학교교육만으로는 해결하기가 어렵다는 결론이 됩니다. 학교 교육을 통해서 해결하고자 하는 부분을 발견하기 위해서는 이러한 경쟁 구도 가운데서 사교육의 발생 요인과 관련한 학교 교육의 문제점을 알아야 할 것 같습니다.

정샘: 경쟁의 근본적 원인이 사회구조에 있지만 학교 체제가 그 경쟁을 더욱 심화시키는 역할을 합니다. 그것은 크게 네 가지 방향입니다. 첫째, 경쟁을 다단계화시키는 방법입니다. 중학교 입시, 고교 입시, 대학 입시 등으로 다단계로 경쟁을 시키게 되면 각 단계마다 경쟁이 발생하면서 경쟁이 심화됩니다. 그런 점에서 고교 입시가 큰 문제가 됩니다.

둘째, 사교육이 경쟁에 유리한 조건을 조장할 수 있습니다. 학교 교육을 무력화시키는 입시경쟁체제가 만들어진다면 당연히 사교육이 번성할 것입니다. 그런 점에서 대학 입시가 얼마나 사교육에 좌우되느냐 하는 것이 문제가 됩니다. 세부적으로 보면 수능, 내신, 논술, 입학사정관 전형 등 다양한 국면에서 사교육이 얼마나 작용을 하느냐 하는 것으로 볼 수 있습니다.

셋째, 둘째 요인으로 인해 생겨난 부작용의 문제가 있습니다. 학교 교육이 입시경쟁 체제를 추종함으로 인해 정상적인 교육과정을 무시하고 지나치게 어려운 내용을 다루거나 함으로써 학교 교육 자체가 선행학습적 사교육을 부추기는 현상이 발생할 수 있습니다.

넷째, 학교 교육의 부실에서 생기는 문제입니다. 예를 들어 학습부진학생들을 버려둠으로 인해 사교육에 의존하게 만드는 경우입니다.

김샘: 현실적으로는 학교 정규 교육 시간 외의 시간이 남으니까 학원에 간다는 이유도 있는 것 같습니다.

정샘: 그것이 방과후학교를 확대하게 된 배경이기도 하죠. 현실적으로는 학원 사교육비를 절감하는 효과를 거두기도 합니다. 그런데 판단이 필요합니다. 만약 학교 교육이 입시 교육에 불충분하다면 입시 방법을 바꾸든지 해야 하고, 만약 입시제도에는 큰 문제가 없는데 학교 정규 교육이 불충분하다면 학교 정규 수업 시간을 늘려야 합니다. 그렇지 않고 수업 시간이 충분하다고 한다면 나머지 시간은 자기주도학습이 필요한 것입니다. 만약 학교 수업 시간이 불충분하다면 학교 수업 시간을 늘리고 그것은 공적 부담으로 해결하는 것이 맞습니다. 만약 잘못된 정보에 의하여 학원에 의존하는 경우라면 잘못된 정보를 바로 잡고 효율적인 자기주도학습법에 대한 교육을 해야 합니다.

김샘: 학교 수업이 학원 수업보다 부실해서 학원에 의존한다는 지적도 있습니다.

정샘: 부실하다는 것은 여러 의미가 있습니다. 첫째, 그야말로 학교 수업이 엉망이어서 학원에 가서라도 보충해야 한다는 의미라면 위에서 말한 넷째 이유와 같은 것입니다. 이 문제는 학교 교육의 혁신을 통해 해결해야 할 문

제입니다. 그렇지 않고 학교 수업은 나름대로 충실하지만 입시와 맞지 않는다는 의미라면 입시제도가 문제입니다. 그것은 위에서 말한 둘째 이유와 같은 것입니다. 이 경우 아무리 학교 교육이 충실해도 입시사교육은 있을 수밖에 없죠. 이 문제는 대입제도의 개혁을 통해 해결해야 할 문제입니다. 저는 양자의 문제가 다 존재한다고 봅니다. 학교 수업이 부실해서 학원에 의존한다는 지적은 반쪽의 설명인 것이죠.

김샘: 대학입시제도의 문제로 인해 발생하는 사교육 문제에 대해서는 뒤에서 대입정책 대안을 모색할 때 좀 더 자세히 분석하도록 하겠습니다.

원인 2. 불리한 환경적 여건으로 인한 교육 격차

김샘: 정부에서도 교육격차의 문제를 해결하기 위해 많은 노력을 하는 것으로 알고 있습니다. 이 문제는 학습부진학생이나, 다문화학생이나, 탈북청소년이나, 저소득층학생의 돌봄 문제 등 다양한 분야를 포괄합니다. 대표적으로 교육복지우선지원사업(이하 교복우)을 통해 낙후 지역의 학교를 지원하는 사업을 펼치고 있고, 저소득층을 위해 다양한 사업을 전개하고 있습니다. 이러한 사업들을 어떻게 평가할 수 있을까요?

표 1 [교육과학기술부 추진 교육복지정책]

사업유형	사업명	내 용
저소득층 및 교육소외아동, 교육소외지역 지원	방과후학교, EBS	방과후에 단위학교에서 교과수업 내용 보충 및 특기적성 교육을 실시하여 사교육비 경감뿐만 아니라 저소득층 학생들에게 교육 기회를 제공하기 위하여 실시된 정책으로 전국적으로 시행되고 있음. EBS도 마찬가지로 사교육 경감 및 과외 소외지역, 저소득층에게 균등한 교육 기회를 제공하기 위하여 이루어지고 있음. 저소득층 학생에게 EBS 교재를 무료로 지원하기도 함.
	교육복지우선 지원사업	저소득층이 밀집된 학교를 대상으로 교육취약아동과 청소년의 교육 기회, 과정, 결과에서 나타나는 주요 취약성을 보완하기 위한 교육, 문화, 복지 등의 통합지원시스템 구축사업임. 초등학교와 중학교를 중심으로 시행되고 있음.
	창의경영학교 –기초학력보장형	창의경영학교는 기존의 사교육없는학교, 학력향상중점학교 등을 통합하여 사교육절감형, 기초학력보장형, 교육과정혁신형, 자율형으로 분류함. 이 중 기초학력보장형은 이전의 학력향상중점학교를 의미하며 국가수준학업성취도평가 결과를 기초로 기초학습부진학생의 학력 신장을 위해 추진되고 있음.
	학교안전통합 시스템(Wee Project)	빈곤, 이혼, 학업 부진, 학교폭력 등 다양한 이유로 위기 상황에 처한 청소년들을 체계적으로 지도하여 학업중단 상황으로 연결되지 않도록 하는 사업으로 단위학교–지역교육청–시·도교육청 차원에서 학교부적응 학생과 위기 학생에게 원스톱서비스를 제공하기 위해 안전망을 구축하고자 하는 프로젝트임.
	연중돌봄학교	농산어촌 학생의 실질적 교육 기회 보장을 통해 도시와 농촌간 교육격차를 해소하기 위해 2009년도부터 실시되었음.
	기타	저소득층·농산어촌 학생 전원 급식지원, 저소득층 컴퓨터 및 인터넷 이용료 무료 지원 등.
초등보육 교실	돌봄교실	돌봄교실은 초등보육교실 및 종일돌봄교실을 통합하여 지칭하는 것으로, 세부적으로 학기 중 돌봄교실과 방학 중 돌봄교실이 있음.
유아교육정책		유치원 미이용 발달지연유아 지원, 시·도교육청별로 희망교육사 파견.
특수교육정책		장애학생에 대해 만3세 이상 영아에서부터 유·초·중·고교 무상·의무교육 실현, 일반학교 내 특수학급 증설.
다문화가정 및 탈북학생 지원		다문화가정 학생의 연령과 성취 수준을 고려한 한국어 및 기초학력 프로그램 개발 및 지원, 북한이탈청소년 대안학교 설립기준 완화 및 연령, 능력을 감안한 학년 배치.

표 2 [보건복지부 및 여성가족부 추진 교육복지정책]

대상	사업	내용
영·유아 대상	5세 누리과정	현재 소득하위 70%에게만 지원하던 보육료를 만5세아 전체로 확대하였으며 어린이집과 유치원으로 이원화되어 있는 교육·보육과정을 통합하고 만5세 교육공통과정을 도입하여 유아기에 필요한 기본 소양과 능력을 기르도록 재구성한 사업임.
	나홀로아동 방과후 돌봄 서비스 지원	유치원 종일제 2012년까지 전체 유치원으로 확대. 바우처를 가구의 보육수준에 따라 차등 지원하며, 맞벌이 가정, 장애아 등 가구 특성에 따라 보육시간을 차등화하도록 함.
아동 및 청소년 대상	취학아동 돌봄서비스 지원	지역아동센터 확대 및 내실화, 법령정비를 통해 지역아동센터 설치 및 시설기준 개선, 대학·지역사회 기관 등과 연계, 학업능력과 학생 수요 등을 고려, 다양한 방과후 학교 강좌 개설, 민간 돌봄 서비스 시장 창출을 위한 인프라 구축을 주요내용으로 함.
	드림스타트 사업	모든 아동이 공평한 양육 여건과 출발 기회를 보장받을 수 있도록 하여 빈곤의 대물림을 막고 건강한 사회구성원으로 성장할 수 있도록 하는 취지로 2007년부터 시작됨. 시군구별 드림스타트센터에서 가정방문을 통한 사례관리가 이루어지며 빈곤아동의 성장, 발달에 필요한 필수 서비스를 제공하는 맞춤형 통합서비스 제공 사업임.
	지역사회 청소년 통합지원 체계(CYS-Net)	지역사회 청소년 통합지원 체계 확대 설치. ※교육과학기술부의 '학교안전통합시스템(Wee Project)'과 유사한 성격의 정책임.
	두드림존(토탈 자활지원서비스 체계) 확대·보급	자립지원 법적근거 마련을 위한 청소년복지지원법 개정 추진, 종합자립지원프로그램 두드림존(Do Dream Zone)을 연차적으로 확대하고, 매뉴얼·교구재를 보급하여 수시 운영을 지원.
	아동·청소년의 종합적 발달 지원	발달검사 및 발달장애 조기개입 사업을 전문적인 서비스 제공이 가능한 대학·관련 연구소 등을 중심으로 확대. 아동 정서발달 지원을 위해 36개 지자체에서 시행 중인 음악교육과 정서치료를 결합한 서비스를 표준매뉴얼 보급 등을 통해 전국적으로 확대. 청소년상담지원센터(전국 150여개소)를 활용, 인터넷·게임 중독 여부 진단 및 치료 사업을 전국적으로 확대.
	청소년종합지원센터 설치·운영 및 청소년 자원봉사활동, 동아리활동 활성화	청소년 활동 및 복지지원서비스를 통합적으로 제공하기 위해 시·군·구 또는 권익별로 청소년종합지원센터설치·운영. 우수 아동·청소년동아리 집중 육성. 민·관·시민사회 네트워크(사회협약 등)를 통한 자원봉사활동 터전 확대.

취약계층 아동 휴먼 네트워크 형성	소질과 적성에 근거한 역량 개발 지원, 다문화, 새터민 자녀, 소년소녀가장 등 네트워크 지원 필요성이 높은 멘티 우선 발굴·연계 추진. CEO·은퇴 전문가, 전문직 종사자, 재외동포 경제인 등이 참여하는 멘토 풀 구축.
무지개 청소년 센터 설립	하나원 하나둘학교에 전담교사를 파견하여 입국초기 북한이탈청소년의 심리·정서적 안정 및 개별적 맞춤형 지원. 북한이탈청소년 및 다문화청소년 지원센터 운영.

출처: 김인희(2010). 교육소외와 격차 해소를 위한 교육복지정책의 과제.

정샘: 기본적으로 교육복지를 강화하겠다는 취지는 매우 좋습니다. 다만 현장에서 보다 효율성을 높이려는 노력이 필요합니다. 우선 교육복지 사업에 있어 관련 부처 간 협조 체제가 미비합니다. 예를 들면 학습부진학생의 경우 지역아동센터에서 돌보는 경우가 있습니다. 학생의 입장에서는 방과후학교보다 지역아동센터에서 학습지도를 받는 것이 더 효율적일 수 있습니다. 왜냐하면 아동은 지역아동센터에서 더 많은 시간을 보내고 관계성도 형성되어 있기 때문입니다. 하지만 방과후학교 바우처를 지역아동센터에서 쓸 수는 없습니다. 한 아이를 중심에 놓고 보면 이와 같은 복지 지원이 다른 경로를 통해 내려오기보다는 하나로 통합되어 집행되는 것이 행정적으로도 효율적입니다. 그런데 정부 부처 사이의 칸막이 현상으로 인해 비효율성이 발생합니다. 보건복지부는 자신들의 영역을 고수하려고 하고 교과부는 교과부대로 학교를 통해 예산을 집행하려고 합니다. 이런 구조적인 문제가 복지행정의 비효율을 초래하는 원인이 되고 있습니다.

둘째, 교육서비스가 수요자의 필요와 무관하게 공급되어 비효율적인 경우가 있습니다. 학생의 입장에서는 A라는 교육서비스 지원이 필요한데 공급자 중심으로 B라는 프로그램이 주어지는 경우가 있습니다.

셋째, 학교 현장의 시스템 문제가 있습니다. 교복우 프로그램의 경우 지역 사회교육전문가를 통해 프로그램이 시행되는데, 학교 내부의 협조 체제가 잘 구축되지 않는 경우 비효율성과 부작용이 발생합니다. 지원 대상 학생들이 두드러지게 드러나는 문제가 생기기도 하고, 담당자의 숫자에 비해 관리해야 할 학생 수가 너무 많아 감당이 되지 않는 경우가 발생합니다. 업무가 명확하지 않고 업무 영역이 방대하다 보니 다른 상담교사나 사회복지사에 비해 업무가 과중하여 1년 단위로 교체되는 경우가 많아 사업의 연속성 측면에서 문제가 되기도 합니다.

넷째, 사각지대의 문제가 있습니다. 기준에 미달되어 지원을 받지 못하는 경우 지원을 받는 학생보다 불리한 경우가 발생합니다. 일종의 역차별이 될 수 있습니다.

다섯째, 사업 평가의 문제가 있습니다. 사업의 성과에 대한 정확한 평가 기준이 마련되어 있지 않습니다. 평가는 사업의 운영에 막대한 영향을 미치는데 학생들의 복지의 질과 무관하게 양적으로 드러나는 지표에만 근거하는 경우가 있습니다. 이 과정에서 잘 드러나지 않는 필요와 성과들은 배제되는 문제가 있습니다. 예를 들어 교복우 사업은 집중지원 학생들에게 얼마나 많은 돈을 지출하였는가가 평가에 들어가는데 고비용 프로그램의 경우 대상 아이들이 참여하기를 희망하지 않아도 의무적으로 참여하도록 만드는 과정에서 문제가 생기기도 합니다. 이러한 점을 감안하지 못하는 평가지표는 단위학교의 자율성을 저해하고 아동의 변화를 사업의 중심에 놓기 어렵게 합니다.

김쌤: 불리한 환경적 여건에 처한 학생을 도와야 한다는 전제는 있지만 각론 부분에서 좀 더 섬세한 접근이 필요하다고 생각되는군요. 또 교육 기회 균등을 저해하는 원인에는 어떤 것이 있습니까?

원인 3. 형식적 기회 균등의 조건 미비

정샘: 형식적인 형평성조차 지켜지지 않는 사례가 있습니다. 예를 들어 교과부의 국정감사자료(2009년)에 따르면 특목고에 대한 지원이 일반고에 비해 14.3배로 나타났습니다. 물론 특수한 필요가 있을 수도 있지만 우수한 학생에게만 많은 예산이 투입되는 것은 교육의 빈익빈 부익부를 심화시킬 수 있습니다.

김샘: 의무교육 체제 안에서 모든 학생에게 균등한 지원을 해야 한다는 관점에서 보아도 문제가 있는 것이군요.

정샘: 이와 관련한 문제가 보편적 지원의 수준입니다. 공적인 부담으로 충분한 지원이 되지 않을 때 사적인 경제력의 격차가 영향을 많이 미칩니다. 예를 들어 피아노, 태권도 등 교육적 수요가 있음에도 공적인 지원으로 뒷받침되지 않을 경우 사적인 부담으로 해결하는데, 이 때 빈부의 격차가 나타난다는 것입니다. 의무교육 체제가 갖추어졌다고 하지만 아직 사적인 부담 수준이 높은 편입니다. OECD 교육통계(2010)에 따르면 우리나라의 공교육비의 민간부담률이 GDP 대비 2.8%로 세계 1위(OECD 국가 평균 0.9%)입니다. 의무교육의 연한도 OECD 국가 평균인 16세에 비해 우리나라는 14세로 낮은 편입니다. 이는 공적 지원의 수준이 낮음으로 인해 사적인 교육 격차가 조장된다는 것을 의미합니다.

김샘: 공적 지원의 수준이 낮은 이유가 무엇일까요?

정샘: 교육을 바라보는 관점에 문제가 있습니다. 교육을 출세를 위한 사적 경

쟁의 게임으로 보기 때문에 그것을 위한 투자도 사적으로 해야 한다는 관점이 있는 것이 아닐까 합니다. 교육을 국민의 기본권으로 보고 가급적 공적으로 기본적 수준을 보장하려는 북유럽의 관점과 차이가 있습니다. 이런 관점이 형성된 것은 우리나라의 역사적 상황에서 기인한 것이겠죠.

원인 4. 학교 밖 아이들의 문제

김샘: 교육의 기회 균등과 관련하여 우리가 관심을 가져야 할 또 하나의 영역은 학교 밖 아이들의 문제입니다. 학교를 이탈한 학생 수가 연간 6~7만 명에 이릅니다. 이들은 국가로부터 아무런 지원을 받고 있지 못합니다. 이 또한 교육 기회 균등의 사각지대가 아닐까 합니다.

정샘: 학교를 이탈했다고 해도 마찬가지로 사회가 책임져야 할 아이들인데 공적 지원으로부터 소외되고 있는 것은 교육 기회의 균등에 어긋나는 것입니다. 이는 공교육의 개념을 공급자 위주로 정의하기 때문입니다. 학습자 중심으로 볼 때는 학교 안에 있거나 학교 밖에 있거나 공적 지원을 해야 마땅한 것이죠. 이것은 공교육의 정신에 대한 이해 부족과 행정 편의주의가 결합해서 생긴 것이라고 봅니다.

김샘: 이와 관련하여 비인가 대안학교 혹은 홈스쿨링에 대한 재정 지원이 이슈가 되고 있습니다. 국가로서는 재정 지원에 대해 소극적인 입장인데 재정 지원을 하게 될 경우 발생하는 문제점에 대한 우려가 작용하는 것 같습니다. 어떤 점이 문제가 될까요?

정샘: 국가 주도의 학교 체제가 아닌 민간 자율의 학교 체제가 널리 인정을 받게 되면 공교육 체제가 위기를 겪을 것으로 우려하는 시각이 있는 것 같습니다. 이 부분에 대해서는 학습자 중심의 교육 체제가 어떠해야 하는지에 대한 근본적 성찰을 요구하고 있습니다. 이에 대해서는 뒤에서 좀 더 자세히 다루도록 하겠습니다.

요약

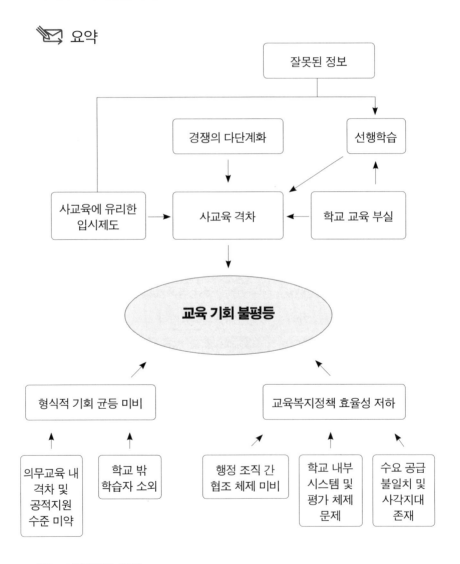

5. 자율과 책무

김샘: 마지막으로 자율과 책무의 원리에 대해 살펴보겠습니다. 학교가 학생과 학부모를 보지 않고 교육청의 지시와 통제에 따라 움직이고 있는 문제를 말했습니다. 이에 따라 학교가 경직되기도 하고, 무사안일한 모습을 보이기도 합니다. 단위학교가 자율적으로 혁신되지 못하는 원인들은 무엇일까요?

정샘: 학교의 행정 체제가 학생과 학부모를 중시하지 않고 교육청의 지시와 통제에 따라 움직이게끔 하는 구조를 갖고 있습니다. 그것은 크게 보아 승진제도와 학교평가 체제를 통해 작동합니다. 또 교사들의 관료주의는 학교의 관료적 속성에서 비롯된 측면도 있고, 교사들에게 충분한 자율성이 부여되지 않는 문제에서 기인합니다.

원인 1. 승진 제도와 학교 평가

김샘: 학교의 관료주의에 대해 먼저 알아보기로 하죠. 우선 승진제도로 인한 문제를 살펴볼까요?

정샘: 승진의 핵심 열쇠를 교육청이 쥐고 있습니다. 교육청은 교장과 교감에 대한 인사권을 행사합니다. 그 중에서도 핵심적인 것이 교감에 대한 평가권입니다. 교감의 승진에 필요한 평정권은 교장이 50%, 교육청이 50%를 갖고 있습니다. 교장은 웬만하면 만점을 주지만 교육청은 상대평가로 점수를 부여합니다. 교감의 입장에서는 교육청의 평가에 민감하게 반응할 수밖에

없지요. 물론 교육청에서는 나름대로 공정성을 기하려고 노력하겠지만 행정기관의 속성상 교육청의 지시에 얼마나 충실하게 반응하는가 하는 것이 중요한 평가 기준이 됩니다. 이 과정에서 단위학교가 필요한 것을 자율적으로 판단해서 실행하기보다는 교육청의 업무를 수동적으로 수행하는 역할을 하게 됩니다. 교육청이 하달하는 업무만 해도 일이 넘쳐나기 때문입니다. 이 모든 것을 매개하고 있는 것이 승진 점수입니다.

김샘: 교감에 대한 평가를 통해 학교를 통제한다는 것은 알겠습니다만, 일반 교사들도 그렇게 해야 하나요?

정샘: 상부 단위를 통제함으로 일반 교사들까지 규율이 됩니다. 그리고 승진 제도는 폭넓게 작용합니다. 이를테면 근무평정, 부장 경력이나 연수 실적, 연구 실적 등을 승진에 반영함으로써 일반 교사들을 관리합니다. 문제는 그러한 과정에서 비본질이 본질을 압도하는 경우가 많다는 것입니다. 예를 들어 교육의 질을 높이기 위해 연수를 받는 것인데 승진을 위해 연수 점수가 필요하기 때문에 수업을 소홀히 하게 되는 경우도 발생하는 것이죠.

학교 평가

김샘: 학교 평가를 통해서는 어떤 일이 발생합니까?

정샘: 학교 평가 또한 서류 중심의 형식적 평가가 문제가 됩니다. 평가위원 3~4명이 반나절 동안 학교를 방문해서 학교가 준비한 각종 서류로 나타나는 실적을 평가합니다. 이 때 중요한 것은 실적입니다. 물론 공시 자료에 의

거한 정량 평가를 하라고 하지만 실제로 평가위원들에게 실적을 나타낼 수 있는 자료 준비는 할 수밖에 없습니다. 실제로 어떤 효과를 가져왔는지보다는 무언가를 열심히 했다는 것을 증명하고자 하는 실적주의가 불필요한 업무를 양산합니다. 실제로 아이들과 상담하는 것이 중요한데 상담실적과 관련한 서류를 구비하느라 수많은 에너지를 허비하는 모순이 생깁니다.

김샘: 학교 평가 외에 교장 평가도 있지 않습니까?

정샘: 학교단위 성과급을 지급할 때 학교 간 평가를 실시하기도 하고, 교육청에 따라서는 학교장 평가를 별도로 시행하기도 합니다. 결국 이 모든 것의 핵심적 기준은 교육청의 방침을 얼마나 잘 준수하였는가 하는 것입니다. 이런 것들을 토대로 성과급이나 학교 예산 배분에 반영하는 식으로 통제를 하고 있습니다.

김샘: 교육청이 학교를 통제하는 기제는 승진제도, 학교 평가, 학교장 평가, 성과급을 위한 학교 평가 등이 있군요. 그런데 한편으로는 이렇게 생각해 볼 수 있습니다. 상급관청이 통제하는 것이 과연 나쁜가 하는 것입니다. 민주주의 사회에서 국민이 권력을 선출하면 그 권력은 국민의 뜻을 실현하기 위해 관료 체제를 작동시켜야 하는데 통제 수단이 없는 것은 문제가 아닌가 하는 것입니다. 한편으로 상급 관청이 개혁 의지가 있는데 통제 수단이 없다면 학교는 제멋대로 굴러갈 것이 아닌가 하는 점입니다.

정샘: 물론 관료 체제가 지닌 장점이 있습니다. 그것을 부정하고자 하는 것은 아닙니다. 관료주의의 부작용이 문제이지요. 그 관료주의의 부작용이란

이런 것입니다. 어떤 목적을 위해 조직을 만들고 규칙을 정하고 사업을 합니다. 그런데 하다 보면 조직을 위한 조직, 규칙을 위한 규칙, 실적을 나타내보이기 위한 사업을 하는 경우가 발생한다는 것입니다.

김샘: 왜 그런 문제가 나타날까요? 관료주의의 병폐는 우리가 익히 알지만 문제의 원인으로 관료 체제 전체를 지목하게 되면 대안으로는 그것을 없애야 한다는 것인데 그것이 아니라면 관료주의의 병폐, 특별히 교육청과 학교에서 나타나는 관료주의 문제의 특별한 원인을 발견해야 할 것 같습니다.

정샘: 가장 핵심적인 요인은 평가 기준의 문제입니다. 학교건 교육청이건 놀고 있지는 않습니다. 교육청은 매일 야근을 할 정도로 열심히 하고 있습니다. 그러한 열심이 긍정적인 방향으로 작동하는 면이 분명히 있습니다. 그런데 문제는 그러한 열심으로 인해 오히려 학교가 비교육적인 것을 위해 에너지를 소모하게 만드는 경우가 종종 발생한다는 것이죠. 왜 이런 문제가 발생하느냐 하면 실적주의 때문입니다. 어떤 사업이든 벌여서 추진하면 그것이 실적이 된다고 생각합니다. 실제로 그것이 어떤 효과를 가져오는지에 대한 정확한 평가가 없습니다. 아이들에게도 전혀 도움이 되지 않고, 교사들의 수업 에너지를 잡아먹고 문서만 양산하고 돈만 낭비하는 사업이 비일비재합니다. 그런 사업이 계속 추진될 수 있는 것은 관료주의 병폐인 것입니다. 또 관료주의가 일의 성과에 상관없이 업무를 늘리는 경향이 있습니다. 이 문제에 대해서 〈파킨슨의 법칙〉이라는 책에서 잘 밝혀놓았는데 저자로부터 잠시 들어보도록 하겠습니다.

파킨슨: 관료 체제는 실제 수행해야 하는 업무의 양과 무관하게 인원을 늘리

고, 그 늘린 인원으로 인해 불필요한 일이 발생하는 메커니즘을 갖고 있습니다. 예를 들면 A는 자신의 일이 많다고 생각하고 C와 D를 채용합니다. 다른 부서에 있는 B에게 협조를 구하는 것보다 부하를 늘리는 것이 자신의 지위에 유리하기 때문입니다. 그런데 C가 일이 많다고 불평을 하면 그에게 역시 부하 2명을 두라고 합니다. 형평을 위해 D에게도 똑같이 부하를 둡니다. 그 결과 E, F, G, H를 충원합니다. 결국 예전에 A 혼자 하던 일을 이제는 7명이 합니다. 어떤 서류가 접수되면 E를 통해 F에게 가고, F가 초안을 작성해서 C에게 제출하면, C는 D의 조언을 구하고, D는 부하직원 G에게 처리를 맡기고, G가 수정해서 D의 검토를 거쳐 C에게 전달이 되면 C가 수정해서 A에게 보고합니다. 그런데 A는 관리해야 할 직원이 많아져서 그것만으로도 충분히 머리가 복잡합니다. 그가 부지런할 경우 다시 검토를 한 결과 결국 맨 처음 F가 작성한대로 고칩니다. 결국 똑같은 결과가 예전보다 훨씬 더 많은 사람의 손을 거쳐 훨씬 더 많은 시간을 들여 만들어지는 것입니다. 그러면서 모두가 너무 과로를 하고 있다고 불평을 하며 만족합니다. 저는 수많은 행정조직을 분석하면서 한 가지 법칙을 발견했습니다. 실제 처리하는 일의 양과 상관없이 관료 조직의 인원은 증가하는 경향이 있다는 것입니다.

정샘: 관료 조직의 비효율성에 대한 예리한 분석입니다. 어떤 조직이건 성과를 남겨야 하는 것은 당연한 것인데, 그 성과라는 것이 정확히 판단이 되지 않거나 잘못된 기준으로 판단이 되기 때문에 문제가 생깁니다. 회사도 관료주의가 작동할 수 있습니다. 그러나 회사는 비교적 성과 판단이 분명합니다. 그리고 만약 실제적 성과에 별 도움이 안 된다고 판단된다면 손해를 감수하고 있을 이유가 없지요. 이에 비해 학교를 포함한 관료 시스템은 이러한 측면에서 정확한 평가 기준도 없고 책임을 지지도 않습니다. 책임을 묻는 구조

는 있는데 그것은 교육청이고 교육청은 자체 기준을 갖고 있습니다. 결국 학생이나 학부모가 만족하든 만족하지 않든 그것이 학교 운영이나 교육청 운영에 반영될 여지가 없습니다. 즉 구조적으로 학생과 학부모를 의식하지 않고도 얼마든지 운영이 되는 폐쇄적 시스템이라는 것이죠.

김샘: 하지만 교육감을 선출하는 체제는 크게 보아 성과에 따라 책임을 묻는 구조가 아닌가 합니다.

정샘: 그런 점에서 크게 보면 시민들에게 책임지는 구조가 마련되어 있습니다. 그러나 그것만으로 충분하지 않습니다. 교육청이 단위학교의 성과를 판단하는 준거가 무엇인가 하는 것이 중요합니다.

원인 2. 교사들의 관료주의: 수업의 자율성과 책무성의 부재

김샘: 관료주의의 문제는 관리자에게서 나타나기도 하지만 결국 교사들도 그 한 부분이 아닐까 합니다.

정샘: 학교를 지배하는 관료주의는 교사들 수준으로 침투합니다. 초임 교사 때는 열정을 가지고 있다가도 시간이 지나면서 관료주의와 타협하게 되는 경우가 많습니다. 왜냐하면 관료주의는 답답함을 주기도 하지만 그것은 개인으로 하여금 별 고민을 하지 않게 하고 현실을 정당화해 주기도 합니다. 예를 들어 학생과의 상담이 중요하다고 생각하지만 현실적으로 행정업무를 처리하는 것을 우선시하고 학생 상담은 뒤로 미루면서 어쩔 수 없는 것이라

고 생각합니다. 개인의 책임을 규칙과 조직의 문제로 감추어 버리는 역할을 하기도 합니다. 어떤 면에서는 관리자와 평교사의 관료주의가 역전되기도 합니다. 교장이 개혁적인 마인드를 갖고 무언가를 시도하려고 하면 평교사들이 오히려 반대하고 현재의 관행을 옹호하는 모습을 보이기도 합니다. 행정 위주의 관행이 어떤 면에서는 편리한 측면이 있기 때문에 편의주의에 의해 개혁적 시도가 좌절되기도 하는 것이죠.

김샘: 교사들이 관료화되었다고 진단할 수 있다면 그 원인이 무엇인지도 궁금합니다.

정샘: 교사들이 관료화되었다는 의미는 수동적이 되었다는 것과 상통합니다. 시키는 대로 최소한으로만 한다는 의미입니다. 이러한 현상은 사람에게서 자율성을 박탈할 때 나타나는 현상입니다. 스스로 기획하고 행동할 수 있는 자율성을 가지게 되면 사람은 적극적으로 행동하는 모습을 보입니다. 그러므로 교사들이 수동적이 되었다면 그것은 교사의 자율성이 얼마나 확보되었는지를 점검해야 할 것입니다.

김샘: 교사들이 자율성이 없다고 보는 이유는 무엇입니까?

정샘: 자율성은 여러 가지 차원이 있을 수 있는데 우리가 중요하게 생각하는 것은 교육활동에 있어 교사가 얼마나 교육적 소신을 갖고 수업을 기획하고 실천하는가 하는 것입니다. 다시 말하면 전문성을 발휘하는 자율성을 의미합니다. 이런 측면에서 교사의 수업기획력이 중요한데, 이와 같은 수업기획력이 발휘되지 않은 구조적 요인이 있다는 것입니다. 예를 들어 시험을 칠

때 교사별로 약간씩 다른 내용의 수업을 했으면서도 똑같은 문제로 평가합니다. 학년별로 등수를 내기 때문에 객관성을 유지한다는 명분 때문입니다. 그런데 이러한 구조 가운데서 교사들은 나름의 수업기획력을 발휘하는 데 어려움을 겪습니다. 그러면서 역으로 그러한 평가 체제 가운데서 자신의 수업이 획일화되고 수동적이 되는 것을 정당화하기도 합니다. 굳이 수업기획력을 발휘하지 않아도 되는 구조, 아니 오히려 수업기획력을 발휘하는 것을 어렵게 만드는 제도가 교사의 자율성과 전문성을 약화시키는 요인이 되었다고 보는 것입니다.

김샘: 한편으로는 그러한 구조적 한계에도 불구하고 교육적 소신과 열정을 가지고 전문성을 발휘하는 교사들도 있는데 왜 대다수는 그렇게 되지 못할까요?

정샘: 교사를 교사답게 만드는 것은 동료 집단의 분위기가 좌우합니다. 교사는 교직에 입문하여 재교육을 받음으로 진정한 교사로 성장하게 됩니다. 그런데 이 재교육은 단순히 연수받는 것을 통하여 이루어지지는 않습니다. 주위의 동료 집단이 어떤 문화를 갖고 있는가가 더 큰 영향을 줍니다. 그런데 과거 학교의 풍토가 자율성과 전문성보다는 관료주의적 분위기가 지배하고 있었고, 이 가운데서 교사들은 자기도 모르게 그러한 분위기에 동화되어 가게 됩니다. 이러한 문제를 극복할 수 있게 만들어 주는 것은 건강한 동료 집단의 존재 유무입니다. 학교 안에 있건, 학교 밖에 있건 서로 건강한 자극과 도전을 주고받을 수 있는 공동체가 있다면 열정과 사명감을 잃지 않고 더욱 성장해 갈 수 있는 것입니다. 그런데 승진을 선망하게 만드는 학교 풍토, 전문성을 발휘할 필요가 없는 학교 구조 속에서 교사들은 어느새 열정을 상실

하게 되어 갔던 것입니다.

김샘: 전문성을 발휘할 필요가 없는 구조라는 것은 수업에 있어 교사가 수업을 어떻게 하든 결과에 책임을 지지 않는 구조라는 의미로 이해됩니다. 최근 수업 평가를 위주로 하는 교원능력개발평가가 도입되었는데 이에 대해서는 어떻게 평가하십니까?

정샘: 아직 제도 운영 초기이기 때문에 이것이 어떤 결과를 갖고 오는지에 대해서는 좀 더 살펴볼 필요가 있습니다만, 대체로 승진을 위한 평가가 행정업무 중심이었다면 수업을 중심에 두고 학생과 학부모로부터 평가를 받는다는 것은 패러다임에 있어 큰 전환입니다. 다만 그 전환의 의미가 제도를 통해 충분히 구현되는가 하는 것이 문제일 것입니다. 그리고 구체적인 수준에 들어가서는 평가를 괜히 복잡하게 만들거나 무력화시키는 문제도 존재합니다. 이러한 문제들을 해결하는 것이 교사들의 수업 전문성과 책무성을 확보하도록 만드는 데 있어 필요합니다.

김샘: 정리하면 학교의 관료주의는 승진제도와 학교 평가를 통해 잘못된 기준으로 학교와 교사를 평가하는 데서 발생한다. 이는 관료주의의 속성인 문서 위주의 실적주의와 정확한 성과에 대한 평가 기준의 부재에서 발생한다. 또한 교사들에게 자율성을 발휘할 수 있는 여건이 마련되어 있지 않기 때문에 교사들의 관료화가 발생한다고 볼 수 있겠습니다.

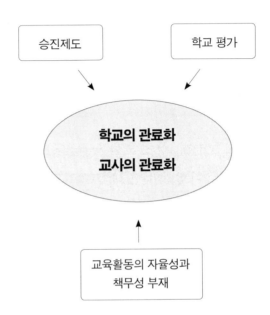

요약

승진제도

학교 평가

학교의 관료화
교사의 관료화

교육활동의 자율성과
책무성 부재

한국 교육, 좌표 찾기:

교육 개혁의 방향과 원칙

3교시.
한국 교육, 좌표 찾기:
교육 개혁의 방향과 원칙

1. 교육 개혁이 되지 않는 이유

김샘 : 지금까지 우리 교육이 갖고 있는 문제들을 다섯 가지로 나누어 살펴보았습니다. 이야기를 나누면서 실타래처럼 얽혀 있는 우리 교육의 문제점들의 갈래가 분명해져서 앞으로 우리 교육의 문제를 풀기 위해 어디에서 무엇부터 시작해야 할지가 분명하게 다가오는 것 같습니다. 그런데 한 가지 궁금한 것은 지금까지 나눈 우리 교육의 문제들이 어제오늘 생긴 문제가 아니라 오랫동안 누적된 과제라는 것입니다. 그렇다면 이러한 우리 교육의 문제들은 언제, 어떤 과정을 통해 형성된 것일까요? 문제의 뿌리를 알아야 해결책도 찾을 수 있지 않을까요?

정샘 : 우리 사회는 일제 강점기를 거치면서 조선 시대까지 내려오던 신분이 붕괴되는 경험을 했습니다. 이렇게 신분이 무너진 상황에서 신교육을 받았던 사람이 상류층 혹은 중산층으로 계층 이동을 하게 되었습니다. 이에 대한 학습 효과로 인해 소위 말하는 '개천에서 용 난다'는 신화가 생겨났고, 이는

전통적인 사농공상 사상과 맞물리면서 높은 교육열을 형성하게 됩니다. 그러니까 해방 이후 국가가 교육에 투자하거나 교육의 방향을 세우기도 전에 국민들이 알아서 학교를 세우고 자녀들을 좀 더 높은 상급 학교로 보내기 위한 열기가 형성됩니다. 그런데 이렇게 국민들 가운데 형성되기 시작한 교육열은 자녀들의 전인적인 성장이나 민주시민 양성과는 거리가 먼 것이었습니다. 엄밀히 말해서 교육열이라기보다는 출세열에 가까운 것이었죠. 그러니까 이러한 교육열이 강하면 강할수록 우리 교육은 왜곡될 수밖에 없는 구조를 가지고 있었던 거죠.

차라리 전두환이 그립다?

김샘 : 그렇다면 이러한 우리 교육의 문제를 해결하기 위해 국가는 어떤 노력을 했나요?

정샘 : 앞에서 말씀드린 것과 같이 해방 이후 국가 형성 과정에서 국가가 공교육의 철학과 방향을 잡으려는 노력은 거의 하지 못했습니다. 그저 국민들의 교육열을 따라가기 급급했을 뿐입니다. 그러다가 이 교육열이 과도해서 문제가 터져 나오자 그 문제를 해결하기 위해 중학교 무시험 전형(중학교 평준화), 고교 무시험 추첨 배정(고교 평준화), 과외 금지 조치 등 긴급 처방적인 정책을 시행했습니다.

김샘 : 하지만 박정희 대통령이 시행했던 중학교 무시험 전형(중학교 평준화), 고교 무시험 추첨 배정(고교 평준화) 정책은 우리 교육 개혁 역사상 40년 이상 지속된 가장 성공한 정책이라고 말하고 있지 않습니까? 전두환 대통

령이 전격 실시했던 과외 금지 조치도 비록 10년 후에 위헌 판결을 받아 사라지긴 했지만 사교육 문제를 단번에 해결했던 정책으로 평가받고 있지 않습니까? 그래서 요즘 사교육 문제가 워낙 심각하니까 사람들 사이에서 '차라리 전두환이 그립다'는 말이 나오기도 하잖아요?

정샘 : 박정희 대통령이 실시했던 중학교 무시험 전형(중학교 평준화), 고교 무시험 추첨 배정(고교 평준화), 전두환 대통령이 실시했던 과외 금지 조치는 분명히 우리 교육사에 남을 좋은 정책인 것은 분명합니다. 하지만 두 정책 모두 다 우리 교육이 나아갈 큰 방향에 대한 그림에 근거한 것이 아닌 국민들의 교육 고통에 대한 응급조치적인 정책 시행이었다는 것입니다. 그리고 또 하나 국민들의 의견 수렴이나 합의 과정 없이 독재 방식의 일방적인 정책 시행이었다는 것입니다. 물론 그러기 때문에 많은 반대를 물리치고 정책을 전격적으로 시행할 수 있긴 했습니다. 하지만 장기적인 관점에서 볼 때 이러한 독재적 방식으로 시행되었기 때문에 우리 교육에 꼭 필요하고 중요했던 정책이 오래 지속되지 못하고 중단되거나 혹은 제대로 정착되지 못하고 왜곡되는 길로 나아가게 되는 빌미가 되었습니다. 과외 금지 조치의 경우는 전두환 정권이 끝난 이후에 위헌 판결을 받으면서 오히려 사교육이 범람할 수 있는 토대가 되었습니다. 고교 무시험 추첨 배정(고교 평준화)의 경우 대도시 지역에서 출발했으나 전국으로 확산되지 못하고 미완의 상태에서 공방이 되다가 특목고와 자사고가 나오면서 누더기가 된 상황입니다.

김샘 : 그렇지만 많은 국민들은 박정희 대통령이나 전두환 대통령이 시행했던 방식의 교육 개혁에 대한 향수를 가지고 있는 것 같습니다. 어쨌든 이들은 전격적인 교육 개혁을 시행하지 않았냐는 것이죠.

정샘 : 바로 그 향수에 박정희 대통령이나 전두환 대통령 같이 독재 방식의 전격적인 교육 개혁이 갖는 문제가 숨어 있습니다. 즉 교육 개혁은 교육주체들 간의 충분한 논의와 합의 그리고 작은 실천을 통해 개혁의 풀뿌리 경험과 역량을 키워 가야 할 문제인데, 군부독재 정권들의 전면적인 교육 개혁은 국민들로 하여금 국가가 획기적인 대안을 제시해 줄 것을 바라게 만들었다는 것입니다. 물론 국가가 좋은 정책을 과감하게 도입하는 것은 필요합니다. 하지만 교육이라는 것은 국가가 좋은 정책을 도입하는 것 못지않게 국민들이 우리 교육이 나아갈 바른 방향에 대해 합의해 나가는 것과 교육 주체들 사이에서 교육 개혁에 대한 경험과 역량이 쌓여 가는 것이 매우 중요합니다. 이런 면에서 군부독재 정권에 의한 교육 개혁 경험들은 향후 교육 개혁의 추진에 있어 반면교사로 삼아야 할 부분입니다.

김샘 : 군부독재가 종식된 이후 문민정부가 들어서서는 군부독재 정권과는 또 다른 방식의 교육 개혁이 추진되었습니다. 흔히 5.31 교육 개혁이라고도 하지요.

정샘 : 예. 군부독재가 끝난 이후 교육 개혁에 대한 국민들의 열망은 대통령 직속 '교육개혁위원회'의 설치로 이어집니다. 문민정부에서 설치되었던 교육개혁위원회와 이후 참여정부에서 설치되었던 교육혁신위원회 등과 같은 위원회 방식의 교육 개혁이 갖는 특징은 학자와 전문가 그룹에 의한 개혁이라는 것입니다. 이러한 방식의 개혁은 이전 군부독재 정권이 민심을 얻기 위해 국민들이 제일 힘들어 하는 문제를 전격적으로 고치는 방식에 비해 많은 논의를 거치고 또 교육 본질에 대한 고려가 있다는 장점이 있습니다. 하지만 교육에 대한 많은 논의들이 국민적 합의를 거치는 방식으로 진행되는 것이

아니라 교육계 이해집단 간의 힘겨루기 방식으로 진행되기 쉽습니다. 그리고 이러한 방식을 통해 교육 개혁 정책이 결정된다고 하더라도 그 시행이 관료화된 교육 행정 시스템을 통해 시행되다 보니 그 과정에서 관료적인 왜곡이 이루어집니다. 그리고 학자들과 전문가들 사이에서 좋은 정책이 결정되었다 하더라도 학교 현장과 교육의 주체들은 이러한 개혁을 받아들일 준비가 되어 있지 않습니다. 그러다 보니 그 정책들이 본래의 의도를 잃어버리고 또 하나의 잡무로 작용하는 경우가 많습니다. 즉 위원회에서의 논의는 풍성하지만 결국 용두사미가 되거나 아니면 무언가 큰 그림은 그리지만 학교 현장에서는 큰 변화를 일으키지 못하는 경우가 많습니다.

김샘 : 그렇다면 앞으로 교육 개혁을 한다고 할 때 관료적인 행정시스템을 어떻게 개혁해서 그들이 제 역할을 하도록 할 것인가 하는 문제와 교육을 둘러싼 많은 기득권과 이해집단들을 어떻게 제어하며 균형을 잡아갈 것인가 하는 문제, 그리고 학교 현장에서 교육의 주체들이 어떻게 준비되며 각 단위에서 어떻게 자발적인 개혁을 만들어 갈 수 있게 할 것인가 하는 부분들이 고려되어야 할 것 같습니다.

정샘 : 맞습니다. 교육 개혁을 한다고 할 때 국가는 우선 국가가 하지 않으면 안 되는 일과 국가가 해서는 안 되는 일을 구분하는 것이 매우 중요합니다. 우선 국가가 집중해서 해야 할 일은 공교육이 나아갈 큰 그림과 방향을 제기하고 이를 국민들 속에서 합의를 이끌어 내는 일, 그리고 교육의 각 단위 즉, 시도교육청, 단위 학교, 교사, 학생에 이르기까지 각 단위별로 권한을 배분해 주고 그들이 그 일을 잘 감당하도록 지원하는 일, 교육의 인프라를 확충해 주고 교육에서 소외된 자들이 없도록 지원해 주는 일, 교육의 부정의를

해소하는 일 등이 될 것입니다.

김샘 : 국가가 모든 교육을 틀어쥐고 다 좌우하려고 하지 말고, 국가가 반드시 해야 할 일에 충실하고 나머지는 각 교육 단위에 과감하게 위임을 하고, 각 단위들이 그 역할을 감당하도록 지원하자는 말씀이군요. 그렇다면 각 교육의 단위에게 어느 정도의 권한을 줄 것이며, 또 이들이 그 역할을 잘 감당하도록 무엇을 지원하며, 어떻게 책무성을 물을 것인지가 관건이 되겠군요. 그렇다면 이와 관련하여 원칙이 필요할 것 같습니다. 이어서 우리 교육이 어떤 가치와 원칙을 지향해야 하는지에 대해 이야기해 보도록 하겠습니다.

2. 개혁의 방법론

지향점: 모두가 배움의 기쁨을 누리는 학교

김샘: 앞에서 우리는 우리 교육이 지향해야 할 가치를 배움의 기쁨, 평화적 관계, 소명의 발견, 교육 기회의 균등, 자율과 책무라고 밝혔습니다. 이와 같은 가치와 원칙에 대해 좀 더 논해 보도록 하죠. 이러한 가치와 원칙들 간의 관계는 어떻게 설정될 수 있을까요?

정샘: 우선 배움의 기쁨과 평화적 관계와 소명의 발견은 학생 차원에서 구현되어야 할 가치를 나타냅니다. 교육 기회의 균등은 이와 같은 가치가 실현될 수 있는 환경적 전제 조건을 의미합니다. 그리고 자율과 책무는 그것을 실현하기 위한 시스템이 갖추어야 할 내적 원리를 의미합니다. 도식적으로 표현하자면 이렇게 될 수 있겠죠.

김샘: 그 모든 것을 압축적으로 요약하면 무엇이라고 표현할 수 있을까요?

정샘: 한마디 슬로건으로 표현하자면 '모두가 배움의 기쁨을 누리는 학교'라고 하고 싶습니다. '모두'라는 말에는 교육 기회의 균등이라는 의미가 내포되어 있습니다. 일부만 행복한 것이 아니라 모두가 행복해야 합니다. '배움의 기쁨'은 교육과 학교의 본질을 의미합니다. 학교는 무엇보다 배움을 위한 것입니다. 그리고 배움은 본질상 기쁨을 줍니다. 그러한 기쁨이 없는 배움은 무엇인가 잘못된 것입니다. 또한 배움의 기쁨은 평화적 관계와 소명의 발견을 내포합니다. 왜냐하면 배움의 내용이 관계와 소명을 포함하고 있는 것이고, 평화적 관계나 소명의 발견을 전제하지 않으면 '기쁨'도 가능하지 않기 때문입니다. 배움의 기쁨은 최종적 도달점입니다. 마지막으로 '학교'는 우리 교육정책의 주 대상입니다. 학교 안에 학생과 학부모와 교사가 있습니다. 또 학교는 지역사회 속에 있습니다. 이들 간에 자율과 책무, 소통과 협력이 있어야만 학교가 제자리를 찾습니다. 그런 의미에서 '모두가 배움의 기쁨을 누리는 학교'가 우리의 교육정책의 목표를 잘 나타낸다고 하겠습니다.

김샘: '모두가 배움의 기쁨을 누리는 학교'가 교육 개혁의 이상을 잘 나타낸다고 봅니다. 그러한 이상을 위해 우리가 취할 수 있는 수단과 방법이 무엇인가 하는 논의로 넘어가 보겠습니다. 어떤 점이 중요할까요?

개혁의 핵심 수단: 평가 기준의 개혁

정샘: 우리 사회에서 교육은 사회적 경쟁의 핵심 수단이 되어 왔습니다. 그

래서 교육을 둘러싼 다양한 이해관계가 형성되고 고착되었습니다. 특별히 관료 집단이 교육 제도에 대한 많은 영향력을 행사하게 되었습니다. 그 과정에서 비본질이 본질을 압도하는 사태가 만들어지게 되었습니다. 고로 학교가 교육 중심이 아니라 행정 중심의 조직이 되어 버린 것입니다. 이런 상황에서 본질을 회복하고자 노력하는 시도들이 번번이 좌절되고 맙니다. 교육 개혁을 한다고 하지만 정작 중요한 몸통을 건드리지는 못했던 한계를 가지고 있습니다. 개혁을 주도하는 주체 자체가 관료 집단이기 때문에 그렇습니다.

김샘: 그렇다면 관료주의를 개혁하는 것이 중요한 과제일 것입니다. 무엇을 건드려야 할까요? 관료 체제 자체를 없애 버릴 수는 없는 것 아니겠습니까?

정샘: 핵심은 평가 체제입니다. 관료 체제의 오류 중 하나가 수단과 목적을 혼동하는 것입니다. 목적을 위해 필요한 수단 자체를 중시한 나머지 목적 자체를 잃어버리는 것입니다. 그러한 잘못은 잘못된 평가 체제에 기인하는 경우가 많습니다. 수단을 목적시하여 평가하는 것에서 오류가 발생합니다. 잘못된 평가는 잘못된 노력을 하게 합니다. 문서로 만든 실적을 중시하게 되면 학교는 문서를 만들어 내게 됩니다. 그러므로 학교의 성과를 무슨 기준으로 평가할 것인가에 대한 치밀한 사고가 필요합니다. 교육의 본질에 근접한 평가 기준을 만들어 내야 합니다.

김샘: 결국 평가 기준이 학교의 관료주의적 체질을 바꾸어 놓을 수 있다고 보는 거죠? 여기서 말하는 관료주의란 비단 행정 체제 속에서 작동하는 것만 아니라 수업에서 나타나는 현상도 포괄하는 의미로 이해됩니다.

정샘: 그렇습니다. 평가 기준은 다양한 국면에서 작용합니다. 학생을 평가할 때 어떤 기준으로 평가하느냐에 따라 교육의 방향이 달라집니다. 객관식 점수를 중시하면 객관식 점수를 올리는 교수학습 방법이 채택됩니다. 학생들의 의사소통 능력을 중시하면 의사소통 능력을 기를 수 있는 교수학습 방법을 모색하게 될 것입니다. 그런 면에서 대입에서의 평가 기준이 중요합니다. 교사를 평가할 때도 마찬가지입니다. 행정업무 능력을 중시하는 평가를 하게 되면 교사의 노력이 그 방면으로 집중되게 됩니다. 그런 점에서 교원 평가는 교사의 에너지를 어떤 방향으로 이끌 것인가 하는 점에서 매우 중요한 의미를 지니게 됩니다. 지금까지는 승진을 위한 근무 평정이 주된 평가였습니다. 성과급 평가가 도입되었지만 이 역시 대체로 행정업무 중심의 평가입니다. 이런 평가 체제 속에서 교사는 교육 본질의 가치를 잃어버리는 경우가 많습니다. 수업과 생활지도라는 교육 본연의 영역에서 얼마나 열심히 하는가 하는 것이 평가받지 못하고 주변부적인 것이 중심적 평가가 되어 왔기 때문에 교사의 관료화가 심화되었던 것입니다. 학교평가나 교장, 교감에 대한 평가 또한 마찬가지입니다. 더 나아가서 교육청 평가도 마찬가지입니다. 이 모든 평가에서 교육적 기준이 작용하여야 합니다. 고로 우리의 교육 개혁은 바로 이 평가 기준을 바로 설정하는 것에 초점을 맞추고 있습니다.

김샘: 하지만 모든 것을 평가할 수 있을까요? 정말 중요한 것은 평가의 대상이 되지 못하는 것 아닐까요?

정샘: 맞습니다. 모든 것을 측정하고 평가할 수 있다는 평가만능주의는 경계해야 합니다. 그러나 아무것도 평가할 수 없다는 평가무용론 또한 경계해야 합니다. 평가할 수 없는 것은 평가할 수 없는 것으로 인정하되, 잘못된 평

가로 인해 중요한 것이 훼손되지 않도록 하면서 학교와 교사와 학생의 노력을 교육의 본질에 가깝게 이끌 수 있는 평가 수단을 만들어 내야 합니다. 마치 한 국가의 상태를 평가할 때 GDP를 중시하느냐, 아니면 국민의 행복감을 중시하느냐 하는 것과 같습니다. 예를 들면 학업에 대한 흥미도와 같은 것입니다. 흥미가 배움의 모든 것을 설명하지는 못하지만 흥미는 배움에 있어 중요한 요소입니다. 배움에 대한 태도는 정보 그 자체보다 소중한 것이기 때문입니다. 만약 학업성취도 평가를 함에 있어 학업 흥미도를 조사해서 그것에 따라 학교를 평가한다면 어떤 결과가 생길까요? 아마도 무작정 학습자를 강제하는 현상은 줄어들 것입니다. 만약 학교를 평가함에 있어 '학생이 얼마나 존중받고 있다고 느끼는가' 하는 지표를 중시한다면 학교의 문화는 어떤 방향으로 나아갈 수 있을까요? 물론 그러한 평가지표가 갖는 한계도 분명히 있을 것이지만 이전과는 다른 방향의 노력을 가능하게 할 것입니다.

자율과 책무의 조화

김샘: 평가의 중요성을 잘 알겠습니다. 학생, 교사, 학교의 평가 기준을 바로 세우는 것이 교육 개혁의 핵심적 과제라는 것을 잘 알겠습니다. 그런데 이와 같은 평가 기준을 바로 세우는 것 못지않게 중요한 것은 스스로 알아서 할 수 있는 자율성이라고 생각합니다. 왜냐하면 목표와 평가 기준을 정했으면 그 목표에 도달할 수 있는 방법을 찾는 부분에 있어서는 해당 학교와 교사에게 자율성이 주어져야 하기 때문이죠. 아무것도 스스로 할 수 있는 자율성을 주지 않으면서 결과에 대해 책무성을 묻는 것은 모순입니다.

정샘: 그렇습니다. 평가의 문제는 자율성과 책무성의 조화를 요구하고 있습니다. 관료 체제의 문제는 평가 기준을 잘못 설정하는 것과 아울러 과정에 대한 지나친 통제가 있습니다. 그러한 통제 자체를 평가 체제가 강화하고 있기도 하죠. 얼마나 말을 잘 듣는가 하는 것이 평가 기준이 되기 때문입니다. 그러므로 평가 기준을 바로 세운다는 것은 바로 과정에 대한 지나친 통제를 없애는 것과도 일맥상통합니다. 수단과 방법의 문제에 있어서는 자율성을 부여하되, 성과에 대해서 평가하겠다는 원칙이 필요합니다. 마치 축구 감독에게 팀 운영권을 주되 결과에 대해서 책임을 묻는 것과 같은 것입니다. 만약 축구감독의 작전에 대해 협회가 일일이 간섭을 한다면 감독의 실력이 제대로 발휘될 수 없겠죠. 이처럼 학교와 교사의 자율성을 충분히 존중하는 것이 필요합니다. 과거 교육 개혁은 이 부분에서 실패한 점이 있습니다. 어떤 아이디어가 좋다고 해서 교과부나 교육청이 직접 학교에 지시하는 방식을 취해 왔습니다. A학교에 좋은 것이 B학교에도 좋다고 할 수는 없는데 획일적으로 내려오는 경향이 있습니다. 그러한 것들이 너무 많으면 학교는 수동적으로 따라가는 것만 해도 벅찹니다. 그리고 상급 관청이 지시하는 사업은 항상 실적 보고를 요구합니다. 단위학교로서는 교육청의 하부 기관이 되어 실행하고 보고하는 것에 주력합니다. 아무리 좋은 사업이라도 실행 주체의 자발성이 결여되면 본질은 사라지고 껍데기만 남는 경우가 허다합니다. 그러므로 교과부나 교육청은 학교에 대해 몇 가지 중요한 성과지표만 제시하되 과정에 대해서는 학교의 자율성을 최대한 확보해 주는 것이 필요합니다.

김샘: 교사 차원의 자율성과 책무성은 어떻게 확보될 수 있을까요?

정샘: 교사에게 가장 필요한 것은 사명감과 전문성입니다. 그와 같은 사명감

과 전문성을 높이기 위해서 자율성이 필요합니다. 자율성이 없는 곳에 사명감이나 전문성이 자라기 힘듭니다. 정해진 내용을 열정 없이 전달하고 획일적으로 평가하는 체제 속에서 교사의 역량은 성장하기 어렵습니다. 그러므로 교사가 수업의 전문성을 발휘할 수 있도록 충분히 자율성을 부여하고 또 그에 상응하는 책무성이 주어질 때 교사는 성장을 위한 동기를 갖게 됩니다. 교사의 자율성을 보장하는 것은 여러 차원에서 필요합니다. 교육 과정에 있어서는 수업 내용의 선택권과 평가권을 가져야 합니다. 그러한 권한이 주어져도 행정 잡무가 압도하고 있다면 자율성은 무용지물입니다. 교사가 학생들의 교육에 전념할 수 있도록 하는 것이 필수적입니다. 엄청난 예산을 투자한 교사의 시간을 행정업무에 쏟도록 하는 것은 국가적으로 엄청난 예산 낭비입니다. 그러므로 교사들을 행정 잡무에서 해방시키는 것은 매우 중요합니다.

자율과 규제의 조화

김샘: 이명박 정부에서 학교 자율화를 내세웠는데 그 당시 학교 자율화를 위해 지침 29개를 폐지한 것이 많은 논란이 되었습니다. 예를 들면 0교시를 금지하는 지침을 없애면서 학교가 무한경쟁으로 흘러가도록 방치했다는 비판을 받았습니다. 한마디로 전봇대를 뽑으라고 했는데 신호등을 뽑았다는 것이죠.

정샘: 자율과 책무의 대원칙 속에서도 세심한 고려가 필요한 영역이 있습니다. 자율은 무제한의 자유를 의미하는 것이 아니라 기본적인 룰을 필요로 합니다. 자유를 보장하기 위해서도 규제는 필요합니다. 자율과 규제 사이의 균형을 찾는 것이 중요합니다. 자율과 책무의 원리로 해결하기 어려운 지점에

규제가 필요합니다. 성과지표가 포괄하기 어려운 가치가 있습니다. 예를 들어 학생과 학부모의 포괄적 만족도를 중시한다고 할 때 그 속에서 소수자와 약자의 목소리는 묻혀 버릴 수 있습니다. 혹은 자율성의 미명 하에 부정부패가 발생할 수도 있습니다. 이러한 경우를 하나하나 세심하게 살펴서 적절한 규제를 하는 것은 필요합니다. 규제는 악이고 자율은 선이라는 이분법으로 접근하는 것은 위험합니다. 큰 맥락에서 자율과 책무의 원칙을 존중하되 그 가운데서 적절한 룰을 만들기 위한 노력이 필요합니다. 그것이 지나친 것인지 모자라는 것인지를 판단하는 지혜가 필요합니다.

힘의 균형

김샘: 규제를 통해서 문제를 해결하는 방법도 있지만 한편으로는 적절한 힘의 균형을 통해서 원천적으로 문제를 해결하는 방법이 필요하지 않을까 합니다. 예를 들면 학생의 인권을 보장하기 위해 0교시를 금지하는 규제를 할 수도 있지만 학생들의 의견이 중시되는 학교 구조를 만드는 것이 원천적인 해결책이 아닐까 합니다.

정샘: 민주주의는 적절한 견제와 균형을 통해 권력의 남용을 방지하는 것이죠. 학생이나 학부모가 학교 운영에서 소외되고 있다면 교육청이 일일이 지침을 통해서 간섭하기보다는 학생과 학부모의 힘이 적절하게 발휘될 수 있도록 하는 구조를 만드는 것이 우선입니다. 교장의 권한이 지나치게 커서 교사들의 자율성이 위축되고 있다면 교사들의 자율성을 키울 수 있는 구조가 필요한 것입니다. 이명박 정부의 학교 자율화의 문제점은 자율화라는 미명 하에 필요한 규제마저 무분별하게 폐지하는 것으로 이해했다는 것과 아울

러 자율권을 교육청이나 교장 수준까지 주고 실제로 학생, 학부모, 교사 수준까지는 자율권이 부여되지 않았다는 것입니다. 진정한 자율화는 학생, 학부모, 교사의 자율권이 보장되어야 하는 것입니다.

김샘: 어떻게 그러한 구조를 만들 수 있을까요?

정샘: 이 부분 역시 평가 체제와 관련이 있습니다. 성과로 평가한다고 할 때 그 성과 평가의 주체를 누구로 할 것인가가 중요합니다. 지금까지 교육청이 평가 권한을 쥐고 있었지만 그 평가의 권한을 학교 구성원이 나누어 가지는 것이 필요합니다. 대표적인 것이 교장공모제입니다. 교장을 임용하는 권한 다시 말하면 교장 후보에 대한 평가권을 교육청이 독점하는 것이 아니라 학교 구성원이 나누어 가질 때 교장의 권력은 학교의 것이 되는 것입니다. 또 학교를 평가할 때 학교 구성원의 판단이 중시되는 구조를 만들게 되면 학교는 학교 구성원의 것이 되는 것입니다. 이런 맥락에서 지금까지 학생의 목소리가 소외되었다면 학생의 의견이 중시되는 구조를 만들면 됩니다. 그렇게 하면 교육청이 일일이 이렇게 하라 저렇게 하라 지시하지 않아도 단위학교가 학생들을 존중하면서 문제를 해결하는 방법을 찾게 될 것입니다. 즉 평가 체제를 통해 학교 구성원의 힘의 균형이 적절하게 이루어질 수 있도록 하는 것이 중요합니다.

김샘: 근본적으로 관료 체제 자체마저도 벗어난 자율성을 확보할 수는 없는 것일까요? 즉, 학교가 국가의 관리 체제 안에 있어야 하는 것일까요? 학생과 학부모와 교사가 자발적으로 학교를 만들고 교육을 하면 어떤 문제가 있는 것일까요?

정샘: 자율성의 근원은 교육에 대한 학부모의 권한을 인정하는 것입니다. 국가는 그러한 자율성이 공적인 지원을 받을 수 있도록 기능해야 하는 것입니다. 그런데 지금까지는 공적인 지원을 국가가 관리하는 관료 체제를 통해 집행하다 보니 오히려 학생과 학부모의 자율성이 부정되는 경우가 발생하였습니다. 학생과 학부모의 자율성과 공적인 지원과 규제를 조화시키는 방법을 찾아야 합니다. 그 방법 중의 하나는 공적 지원을 학생과 학부모에게 직접 지원하는 방식을 통해 학생과 학부모의 자율성을 극대화하는 것입니다. 밥상을 차려 놓고 학생에게 무조건 먹으라고 하는 것이 아니라 학생에게 식비를 주고 좋아하는 식당에서 먹을 자유를 주는 것입니다. 물론 불량 식품을 파는 곳은 규제해야겠죠. 이처럼 교육청 혹은 학교 중심의 지원 방식을 넘어 학습자 중심의 지원 체제를 구축함으로써 학습자의 자율성을 극대화하는 것이 필요합니다. 그렇게 될 때 지역사회와 학교가 유기적으로 결합되는 효과도 기대할 수 있습니다. 학교냐 학교 바깥이냐가 중요한 것이 아니라 학습자에게 도움이 되는 모든 자원들이 학습자를 중심으로 효율적으로 결합하는 형태로 재편될 것입니다. 이를테면 방과후학교의 경우 학교 안의 자원과 학교 밖의 자원이 학교 안에서나 학교 바깥에서 학습자를 중심으로 효율적으로 결합될 수 있는 것이죠.

학생을 어떻게 볼 것인가

김샘: 학생도 자율성의 주체가 될 수 있을까요? 우리는 흔히 학생은 미성숙하기 때문에 성인인 학부모나 교사가 때로는 강제적인 방법을 동원하더라도 공부를 하도록 해야 한다고 생각하는 경우가 많은데요. 학생을 어떤 존재로 보는가에 따라 교육정책의 향방이 달라진다고 생각합니다.

정샘: 그렇습니다. 학생에 대한 관점이 많은 부분을 결정합니다. 학생에 대해서는 많은 명제가 있겠지만 우리가 중요하게 생각하는 것은 바로 학생은 배움을 좋아하는 존재라는 것입니다. 이것은 학생의 자율성의 근거가 되는 것입니다. 만약 학생이 배움을 싫어하는 존재라고 가정한다면 여러 교육 제도가 그에 맞게 설정이 됩니다. 배움을 싫어하기 때문에 강제적인 방식이 동원되어야 합니다. 시험을 통해 위협하고 압력을 가해야 공부하는 존재라고 생각해서 아이들을 경쟁이나 보상을 통해 움직이려고 합니다. 이런 전제 위에 학교와 교사의 여러 강제적인 제도와 행동이 정당화됩니다. 그러나 학생이 본질적으로 배움을 좋아하는 존재라고 가정한다면 강제적인 방식이 필요하지 않게 됩니다. 오히려 강제적인 방식을 통해 학생의 배움의 의욕을 꺾는 것이 문제가 됩니다. 교사의 역할은 아이들이 배움을 찾아 나갈 수 있도록 환경을 조성하는 것이 되어야 합니다. 아이들이 실패하는 것은 아이들이 배움을 싫어해서가 아니라 방법이 잘못되었기 때문입니다. 아이들의 타고난 배움을 향한 자발성을 잘 보호하고 기르는 것이 학교와 교사의 책임입니다. 이런 관점에서 교육 제도가 디자인되어야 합니다. 교육과정 선택권과 평가 체제, 진로 교육 등 많은 부분에서 이러한 원칙을 가지고 접근해야 할 것입니다.

김샘: 관료주의적 병폐를 해소하기 위해서 자율과 책무의 원리가 구현되는 것이 필요하고 이를 위해서는 학생, 학부모, 교사와 단위학교의 자율성이 충분히 확보되고 평가 체제가 제대로 정립되어야함을 잘 이해하겠습니다. 그리하여 단위학교의 자율적 혁신 역량을 강화함과 아울러 적절한 공적 규제도 필요함을 이해하겠습니다. 그런데 자율과 책무의 원칙이 포괄하지 못하는 과제도 있지 않을까요?

국가의 역할: 교육 기회의 균등

정샘: 크게 볼 때 자율과 책무라는 것과 더불어 균형을 맞추어야 할 것이 바로 국가의 책무입니다. 위에서 규제의 필요성을 잠시 언급했습니다만, 이처럼 자율과 책무가 포괄하지 못하는 영역이 있기 때문입니다. 마치 시장과 국가의 관계라고도 할 수 있습니다. 시장이 잘 작동하면 많은 문제가 해결됩니다. 하지만 아무리 시장이 잘 작동해도 해결하지 못하는 문제가 있습니다. 국가는 시장의 효율성을 보장하는 동시에 시장이 책임지지 못하는 영역을 책임져야 합니다. 그것은 사회적 약자의 문제입니다. 어떤 면에서 학교는 시장의 약점을 보완하는 제도입니다. 사실 부자들에게는 학교가 불필요할 수도 있습니다. 오히려 시장이 더 효율적인 역할을 할 수도 있지요. 그러나 가난한 사람들은 시장에서 불리합니다. 국가가 학교를 설립해야 할 이유는 시장이 책임지지 못하는 사람들을 위한 것입니다. 그러므로 학교는 다른 어떤 것보다 교육 기회의 균등을 위해 노력해야 할 의무가 있습니다. 물론 학교는 가난한 사람들만을 위한 것은 아닙니다. 국민 모두의 보편적 필요를 위해 존재해야 합니다. 그러나 그 틀 안에서 특별히 사회적 약자가 손해보지 않도록 배려하는 것이 필요합니다. 부모의 사회적 조건에 좌우되지 않고 타고난 능력을 마음껏 발휘할 수 있도록 만드는 것, 이것이 교육 개혁의 방향과 원칙이 되어야 할 것입니다.

김샘: 그렇다면 그와 같은 원칙이 적용되는 영역은 어떤 것일까요?

정샘: 가장 중요한 것은 많은 도움을 필요로 하는 아이들에게 많은 도움이 갈

수 있도록 하는 것입니다. 이러한 원칙에 의해 교육정책의 우선순위를 판단하는 것이 필요합니다. 겉으로 드러나는 전시 효과가 아니라 정말 필요한 곳에 자원이 배분되고 있는지를 면밀히 검토해야 합니다. 특히 교육 예산이 이와 같은 균형을 이루고 있는지를 잘 살펴야 할 것입니다.

김샘: 보편적 복지도 중요한 것이 아닐까요? 그 가운데서 사회적 약자의 복지 수준도 동시에 향상될 수 있지 않을까요?

정샘: 균형이 필요합니다. 학급당 학생 수를 줄이고, 교사들의 잡무를 해결함으로써 전체적인 교육의 질이 향상되는 것이 당연히 학습부진학생들에게도 큰 도움이 됩니다. 현실에 대한 면밀한 검토가 필요합니다. 한정된 예산을 학습부진학생에게 집중적으로 투자하는 것이 더 효과적인지 아니면 보편적인 교육 여건을 개선하는 것이 더 효과적인지를 살펴야 합니다. 그 효과성의 기준은 사회적 약자의 관점에서 판단해야 합니다. 사회적 약자의 복지 수준을 높이는 것이 판단 기준이 되어야 합니다. 학습부진학생에게 필요한 기본적 절대 수준이 있을 것입니다. 기본적인 수준이라는 것이 추상적이긴 하지만 존재합니다. 마치 최저생계비를 산출하듯이 학습부진학생에게 필요한 최소한의 지원 수준을 설정하고 그것을 확보하는 것에 교육 예산의 우선순위를 두어야 합니다. 그리고 긴급한 필요가 해결되면 보편적인 수준을 높이는 것으로 사회적 약자의 수준도 동시에 향상되도록 하는 것이 적절할 것입니다.

김샘: 교육 예산 외에도 교육 격차를 해소하는 또 다른 조건이 필요할 것 같습니다. 예를 들어 상대평가 체제 속에서는 격차를 당연시하는 풍토가 조성되기 때문이죠.

정샘: 그러므로 평가 체제에 있어 중요한 과제가 불리한 학생을 배려할 수 있는 평가 체제가 만들어져야 하는 것입니다. 진정한 절대평가체제가 정착되어야 합니다. 진정한 절대평가체제는 한 사람도 버려두지 않는 완전학습을 목표로 합니다. 이러한 구조적 체제가 갖추어질 때 교육 격차가 줄어들 것입니다.

교사의 사명감

김샘: 지금까지 자율과 책무의 원칙, 교육 기회의 균등의 원칙에 대해 강조했습니다. 그런데 여전히 무엇인가 중요한 것이 빠진 듯한 느낌이 있습니다. 과연 이와 같은 체제가 갖추어지면 우리가 원하는 교육이 이루어진다고 확신할 수 있을까요?

정샘: 미완의 과제가 있습니다. 바로 교사의 사명감과 전문성의 문제입니다. 사명감은 전문성에 우선합니다. 왜냐하면 전문성을 발휘하도록 하는 원동력이 사명감이기 때문입니다. 사명감이야말로 교사의 질에 있어 가장 중요합니다. 그런데 사명감은 자유의지의 영역입니다. 자율과 책무성의 원칙 하에서 책임감 있는 교사를 만들 수는 있지만 아이들을 사랑하는 교사로 만들 수는 없습니다. 즉 최소한을 하게 할 수는 있지만 마음을 담아서 최선을 다하는 교사가 되는 것은 별개의 문제입니다. 어쩌면 그것은 제도 바깥의 영역에서 결정되는 것일 수 있습니다. 제도가 할 수 있는 것은 다만 사명감을 가진 교사를 위축시키지 않는 것입니다. 제도와 정책을 펼 때 이것으로 모든 것을 할 수 있다는 제도만능주의를 버리고 바로 이런 한계를 인식하면서 접근해야 할 것입니다.

김샘: 그것은 학교 교육 전반에 대해서도 적용되는 것 같습니다. 아무리 수업의 질이 좋아져도 아이가 삶의 고난을 겪으면서 얻는 깨달음을 대체할 수는 없고, 교사의 질이 아무리 좋아도 부모의 역할을 대체할 수 없고, 학교 교육이 아무리 좋아져도 가정교육을 대체할 수는 없을 것 같습니다.

정샘: 한편으로는 아무리 부모가 잘해도 아이는 나름의 자율성을 가지고 신비롭게 자라는 것이겠죠. 더 넓은 삶의 영역이 있다는 것을 인식하고 학교와 교사의 한계를 인정하는 가운데, 제도와 정책의 한계를 인식하고 접근하자는 것이죠. 이렇게 본다면 제도 바깥의 자율적인 운동의 중요성이 부각됩니다. 교사들이 자발적으로 교육의 본질을 추구하기 위해 움직이는 운동은 제도와 정책이 할 수 없는 중요한 가치를 지니고 있습니다. 그런 점에서 좋은교사운동은 정책과 제도 이전에 교사들의 자발성에 근거한 운동을 추구합니다. 교사들의 사명감이라는 무형의 가치가 사실은 교육을 살리는 지름길이라는 확신을 갖고 있습니다. 사실 어떤 면에서 교육정책은 최악을 방지하자는 것입니다. 즉 최소한의 목표를 가지고 있는 것입니다. 최선은 제도에서 나오지 않습니다. 그것은 바로 살아 있는 교사들의 심장에서 나오는 것입니다. 비가 내리고 바람이 불어도 무너지지 않는 집을 만드는 것, 어떤 제도적 압력 가운데서도 교육의 본질을 지키는 살아 있는 교사로 바로 서는 것, 바로 그것이 좋은교사운동의 목적입니다. 그런 점에서 교육정책을 바로 세우는 것도 중요하지만 비제도적인 영역에서 의식 개혁과 실천 운동을 일으키는 것이 매우 중요하다는 점을 강조하고 싶습니다.

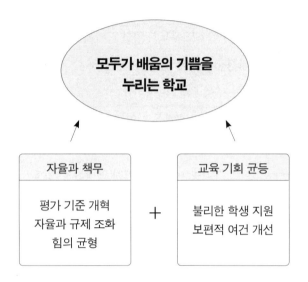

모두가 배움의 기쁨을
누리는 학교

자율과 책무

평가 기준 개혁
자율과 규제 조화
힘의 균형

＋

교육 기회 균등

불리한 학생 지원
보편적 여건 개선

4교시

한국 교육, 보물 찾기:

분야별 정책 대안

4교시.
한국 교육, 보물 찾기: 분야별 정책 대안

김샘: 지금까지 우리는 5대 가치에 바탕한 문제점들과 그 원인과 대안적 방향과 원칙에 대해 살펴보았습니다. 이번 시간은 구체적 정책으로 들어가 보는 시간을 갖도록 하겠습니다. 악마는 각론에 숨어 있다는 격언이 있습니다. 아무리 취지가 좋은 정책도 각론에서 뒤틀려버릴 수가 있습니다. 그러므로 정책대안을 만들 때는 매우 치밀한 사고가 필요합니다. 그리고 어떤 정책도 갑자기 새롭게 나오는 경우는 드뭅니다. 기존의 정책도 나름대로의 의미를 지니고 있었기 때문에 현실에서 작동이 되었던 것입니다. 그러므로 새로운 개혁을 말할 때는 기존의 정책이 지닌 의의와 그것이 지닌 한계를 정확히 파악하는 것이 필요합니다. 완전히 새로운 것을 만들려고 하는 욕심보다는 기존의 정책을 잘 손질해서 제대로 굴러가도록 만드는 것도 중요하다는 것을 인식하여야 합니다. 그리고 무엇보다 정책이 지닌 철학, 가치를 잘 이해하는 것이 필요합니다. 그것이 확실할 때 잘못된 방향으로 정책이 간다고 할 때도 쉽게 수정하여 원 궤도로 돌아올 수 있을 것이기 때문입니다. 자, 그럼 정책을 살펴볼 때 어떤 구분법으로 접근할 것인지 먼저 이야기해 보죠.

정샘: 정책을 나누는 구분법은 여러 가지가 있을 수 있습니다. 우리는 '모두가 배움의 기쁨을 누리는 학교'라는 슬로건에 맞추어 분류해 보려고 합니다. 첫째, '모두가'에 해당하는 정책들은 교육의 기회 균등과 관련이 깊은 정책입니다. 이를테면 교육복지정책이 주가 됩니다. 둘째, '배움의 기쁨'과 관련이 깊은 것은 수업의 질과 관련된 정책입니다. 이를테면 교육과정과 평가, 진로교육, 대입제도 등을 다루게 됩니다. 셋째, '학교'는 배움의 기쁨을 지지하는 환경적 조건과 관련이 깊은 것입니다. 학교 내부의 의사소통 구조나 시스템 등과 관련된 정책입니다. 마지막으로 이 모든 정책의 핵심적 역할을 하는 교원의 문제를 별도로 다루고자 합니다.

김샘: 5대 가치와 연결이 되는군요. 배움의 기쁨, 평화적 관계, 소명의 발견의 가치는 배움의 기쁨으로 수렴이 되는 것 같고, 교육의 기회 균등은 '모두가'에서 포괄하고, 자율과 책무의 원칙은 '학교'에서 포괄하는 것 같습니다. 그런데 구체적인 정책을 보면 하나의 정책이 여러 가치와 다 연결이 되어 있지 않을까요? 예를 들어 대입정책만 해도 교육의 질을 높이는 것과 관련되기도 하지만 한편으로는 사교육으로 인한 격차 해소와도 관련이 있습니다.

정샘: 그렇습니다. 정책을 하나의 가치로만 연결할 수는 없습니다. 그러나 이해의 편의를 위해서 관련성이 높은 정책들끼리 묶었습니다. 이와 같은 정책이 지니는 다중적 가치와 효과들에 대해서는 5교시에 별도로 분석할 것입니다.

김샘: 그러면 각 분야별로 살펴보도록 하겠습니다. 이번 시간은 각 분야별로 과제를 좀 더 깊이 연구한 정책위원들의 발표를 통해 풀어보도록 하겠습니다.

박선생은 2학기 국어 수업을 어떻게 할지 고심 중이다. 1학기는 교과서의 공통필수영역을 가르쳤지만 2학기는 교사의 재량으로 교과 내용을 선택할 수 있기 때문이다. 박선생은 아이들에게 2학기에 배우고 싶은 것이 무엇인지 물어보았다. 아이들의 대답은 제각각이었지만 1학기 때 잠시 소개했던 <나니아 연대기>에 흥미가 있는 것 같았다. 그래서 박선생은 좋은교사운동에서 펴낸 <나니아연대기로 수업하기>를 교재로 채택하였다. 평가에 대해서도 걱정이 없다. 교사별로 가르친 내용을 위주로 평가하면 되기 때문이다. 연말에 있는 학업성취도평가에도 별로 신경 쓰지 않는다. 예전에는 학업성취도평가를 가지고 학교별로 비교하면서 압력을 받았지만 이제는 아이들에게만 통지가 되고 학교에서 알아서 활용하면 되기 때문이다. 그리고 교육내용이 줄어든 탓에 아이들이 완전히 이해할 수 있도록 확실히 가르칠 수 있어 걱정할 것이 없다. 대신 학업흥미도 조사에는 신경이 쓰인다. 아이들이 배움에 대해 흥미를 유지하도록 하는 것은 훨씬 어렵기 때문이다. 하지만 수업을 할 때 배움의 기쁨을 의식하는 것은 필요한 것 같다.

조은이는 성적표가 나오는 날이지만 별 스트레스가 없다. 점수가 사라진 성적표에는 과목별 세부 성취기준에 대한 수준만 표기되어 있다. 물론 부족한 부분에 대해서는 신경이 쓰이지만 크게 걱정하지 않는다. 부족하게 나타난 부분에 대해서는 선생님이 다시 가르쳐주시고 그래도 이해를 못하면 특별지원선생님이 일대일로 개인 지도를 해 주시기 때문이다. 그래서 우리 반 아이들은 대부분 마지막 성적표에서는 기분 좋은 성적표를 받는다. 이렇게 되니 엄마가 학원가라는 잔소리를 하지 않으신다.

이중딩은 고등학교를 어디를 선택할지 고심 중이다. 영어통역사가 되고 싶은 중딩이는 외국어 중점 고등학교에 지원할까 싶다. 예전에는 성적으로 소수만 외고에 들어갔지만 이제는 선지원 후추첨이기 때문에 자신의 관심대로 선택할 수 있다. 물론 희망하는 학교에 가지 못할 수도 있지만 크게 걱정은 되지 않는다. 고등학교마다 선택과정을 많이 열어두어 마음만 먹으면 영어 공부를 많이 할 수 있기 때문이다. 사실은 1년 정도는 자유진로학교에 다니고 싶다. 마음껏 여행도 하고 책도 읽고 영어통역사 멘토와 연결되어 현장체험도 할 수 있기 때문이다. 대학 시험도 큰 문제가 없다. 공통필수과목은 기본만 하면 되고 내가 관심 있는 과목만 2개를 골라서 열심히 하면 되기 때문이다. 반 아이들 중 절반은 대학보다는 고등학교를 나와서 바로 취업하는 것이 더 좋다고 특성화 고등학교에 간다. 고졸 일자리가 많이 늘었고, 실력으로 승부하기 때문에 초임은 좀 적지만 시간이 지나면 대졸자와 같은 대우를 받을 수 있기 때문이다.

김샘: 배움의 기쁨을 누리는 학교는 다음과 같은 영역을 포함하고 있습니다. 1) 교육과정과 평가 2) 고교 체제 3) 대입제도 4) 진로직업교육체제입니다. 먼저 교육과정과 평가에 대해 살펴보도록 하겠습니다.

Part 1. 다양성과 자발성과 책임성이 보장되는 교육과정과 평가

1 **선택 교육과정 확대** : 교사와 학생의 교육과정 선택권 확대를 통해 다양한 관심과 필요를 반영하고 학생의 자발성을 높여 다양하고 질 높은 배움이 일어나도록 하자

오재길: 교육과정과 평가와 관련하여 중요한 정책은 첫째, 교육과정에 있어 교사와 학생의 선택권을 확대하는 것이 필요합니다. 둘째, 교사별 평가를 통해 교사의 수업기획력을 높이는 것이 필요합니다. 셋째, 성취기준에 의한 절대평가제를 도입하고 모든 학생이 일정한 수준에 도달할 수 있도록 하는 완전학습이 필요합니다.

김샘: 교사와 학생의 선택권을 확대한다는 것은 어떤 의미입니까?

오재길: 배움의 기쁨을 방해하는 교육과정의 문제는 첫째, 교육 내용이 학생의 발달단계에 맞지 않게 너무 많거나 어려운 데 있습니다. 둘째, 교육과정이 획일적이어서 학생이나 교사의 관심과 필요를 충분히 반영하지 못하는 것입니다. 이러한 문제를 해결하기 위해서는 첫째, 교육 내용이 학생의 발달단계에 맞게 재구조화가 되어야 합니다. 둘째, 학생과 교사의 교육 내용 선택권이 확대되어야 합니다. 이를 위해 교육과정의 공통필수내용을 축소할 것을 제안합니다. 즉 현재는 공통교육과정이라고 하여 10개 과목을 10학년에 걸쳐 배우게 되어 있습니다(2009 개정교육과정은 중3까지). 원칙적으로 교과서에 나와 있는 모든 내용을 모두가 다 배워야 한다는 개념입니다. 그런데 교과서의 내용이 많은데다가 어렵기 때문에 이를 소화하기 위해서 교사

와 학생이 고생을 합니다. 교과서의 내용을 모두가 똑같이 다 배우는 것이 아니라 공통필수의 내용은 줄이면서 교사의 재량과 학생의 선택에 따라 다양한 내용을 배울 수 있도록 하는 것입니다. 초중학교의 경우 현재 교과서 내용의 50%는 공통필수로 규정하고 50%는 교사와 학생이 선택할 수 있는 내용으로 만들자는 것입니다. 그리고 고등학교의 경우는 과목 간 선택권을 확대하는 것이 필요합니다.

공통필수 영역이 분명해야 선택의 자유가 있다

김샘: 공통필수의 내용과 선택 내용의 차이는 무엇입니까?

오재길: 말하자면 어떤 교과에서 모든 학생이 반드시 이해해야할 핵심 개념과 원리가 있는가 하면 학생의 흥미나 필요를 고려하여 교사가 선택적으로 가르칠 수 있는 다양한 내용이 있습니다. 공통필수의 내용은 모든 학생이 완전하게 이해하고 터득하도록 해야 하는 것입니다. 즉 모든 학생이 기본적으로 도달해야 할 목표 수준을 제시하는 것입니다. 그것은 평가와 관련이 있습니다. 평가를 하고 진급과 졸업과 입학의 자격을 부여할 때 인정하는 수준의 문제입니다. 말하자면 현재 중학교 수학의 내용 중에서 50% 내용만 공통필수로 모든 학생에게 가르치고 일정 수준에 도달할 수 있도록 하되, 나머지 영역은 교사나 학생의 선택에 맡기자는 것입니다.

김샘: 과목의 특성이 있을 것 같은데 일률적인 기준을 정할 수 있을까요?

오재길: 물론 비율은 하나의 예시이기 때문에 실제 교육과정을 재구조화할 때

는 과목 특성이나 학생 발달 수준이나 사회적 필요에 따라 조정이 있을 수 있겠지요. 하지만 이해관계가 달려있기 때문에 쉽지 않을 것입니다. 만약 현재 수준의 내용이 나름의 타협의 산물이라고 볼 때 이 구조를 일단은 유지하면서 전체적으로 교육 내용을 동일한 비율로 감축하도록 하는 것이 적절합니다.

김샘: 그렇다면 현재 교과서를 기준으로 볼 때 새로운 교육과정에 의하면 공통필수의 내용은 어떤 식으로 표현됩니까? 책을 그냥 절반을 자를 수는 없을 것 같은데요.

오재길: 교과별로 교육과정의 세부 항목이 규정되어 있습니다. 가령 그것이 100개라고 한다면 50%로 줄인다고 할 때 50개의 항목을 추려서 재구조화하는 것입니다. 그리하여 교과서를 만들 때 공통필수의 내용을 전반부에 배치하고, 교과서의 후반부에는 나머지 50개 항목을 제시할 수 있습니다. 이때 선택 내용이라는 것을 분명하게 표시해야 합니다. 왜냐하면 우리 문화에서 교과서를 절대시하는 풍조가 있기 때문에 공통필수와 선택 영역을 분명히 구분을 해야 선택 영역의 자유를 갖게 됩니다.

김샘: 하지만 편법이 있을 수도 있습니다. 공통필수의 내용에 지금까지 있던 내용을 압축적으로 집어넣는 수도 있을 것 같습니다. 예를 들어 국사의 경우 시대별로 세분화되어 있던 것을 하나로 통합해서 공통필수 항목으로 넣을 수도 있지 않을까요?

오재길: 사실 그러한 문제가 지금도 있습니다. 오죽하면 초등학교 사회 교과서가 고등학생 교과서보다 어렵다는 말도 있습니다. 왜냐하면 많은 설명이

필요한 항목의 설명을 줄이고 많은 항목을 열거하는 식으로 교과서를 만들었기 때문이죠. 그 이면에는 자기 학문 분야를 교과서에 넣어야 한다는 동기가 작용합니다. 결국 학생들과 교사들만 그러한 교육과정을 소화하느라 고생하는 것입니다. 이러한 문제를 해소하기 위해서는 현장 교사들의 목소리가 많이 반영되어야 합니다. 실제로 교실 현장에서 교과를 아이들에게 의미 있게 가르치기 위해서는 어느 정도 내용과 수준이 적합하다는 것을 말할 수 있어야 합니다. 그것은 얼마든지 만들어낼 수 있습니다. 물론 학자들과 함께 논의해야 하겠지만 실제 교실 현실을 토대로 교육과정을 구성할 수 있는 구조적 틀을 만드는 것이 중요합니다. 교실 현실을 토대로 교육과정을 구성한다고 할 때 우리가 참조해야 할 현실이 있습니다. 예를 들어 2008년 학업성취도 평가에서 중학교 수학의 경우 50점 미만이 전체의 48.9%였습니다. 이는 절반이 수학 내용의 절반도 이해하지 못했다는 것을 의미합니다. 이것은 학생이나 교사나 교육과정에 심각한 문제가 있다는 것을 의미합니다. 그런데 우리나라 학생들의 수학 수준은 세계적으로 상위권에 속합니다. 이는 결국 수학 교과서 내용이 지나치게 어려워 다수의 학생들에게 좌절감을 주고 있다는 증거입니다. 다른 과목도 사정은 비슷합니다. 이런 현실을 고려할 때 교육 내용의 공통필수 수준을 어느 정도 수준에서 정해야 할 것인지 윤곽이 잡힐 수 있을 것입니다.

선택하여 가르치고 선택하여 배운다

김샘: 공통필수의 내용은 교과의 핵심적인 내용으로 구성하되 그것은 모든 학생이 제대로 이해하고 터득할 수 있도록 설정하자는 뜻으로 이해가 됩니다. 공통필수의 의미에 대해서는 잘 알겠습니다. 그러면 다음으로 선택 내

용의 의미에 대해서 조금 더 알아보죠. 선택은 어떤 식으로 이루어집니까?

오재길: 선택 영역은 교사와 학생의 흥미와 필요를 존중하여 선택할 수 있는 것입니다. 단순하게 설명하면 현재 초등학교 교과서 내용의 50%는 필수적으로 가르치고 나머지 50%에 해당되는 내용에 대해서는 교사가 학생들의 흥미와 필요를 존중하여 자율적으로 다른 내용을 가르칠 수 있다는 것입니다. 물론 지금도 교과서 내용을 빨리 가르치고 나머지 시간을 자율적으로 활용할 수 있지만 교과 내용이 많으면 진도 나가기도 어렵고, 또 교과서대로 가르치지 않는다는 항의를 받을 수도 있습니다. 그렇기 때문에 공식적으로 50%의 교과 내용 선택권을 보장하는 것이 필요합니다. 이러한 선택적인 부분의 내용은 기본적으로 같은 교과서에 수록되어 선택할 수 있다는 개념으로 제시될 수도 있고, 아예 별책으로 선택할 수도 있습니다.

김샘: 초등학교의 경우는 교사에게 내용 선택권이 주어지는군요. 중학교나 고등학교의 경우는 어떻습니까?

오재길: 중학교나 고등학교의 경우 선택권을 과목 내에서 보장할 것인지 과목 간 선택권을 보장할 것인지의 문제가 있습니다. 중학교 과정의 경우 상황에 따라 유형을 선택할 수 있습니다. 예를 들어 중학교 1학년의 경우 교과서의 50%를 가르치고 나머지를 교사 재량으로 교육 내용을 구성할 수도 있고, 학생들이 선택할 수 있도록 아예 다른 과목을 개설할 수도 있을 것입니다. 예를 들면 1학기는 국어의 경우 국어 기본과정으로 할 수 있고, 2학기는 선택과정으로 소설 탐구라든지 하는 다양한 과정을 개설할 수 있습니다. 이 때 공통필수의 내용을 완전히 이해하지 못한 학생들을 위해 보충과정을 개설

하는 것도 필요할 수 있습니다. 이 경우 국민공통기본교과의 취지를 존중하면 중학교 3학년 혹은 고1까지는 과목 안에서 선택권을 교사에게 주는 방향으로 하고, 고등학교의 경우는 과목 간 선택권을 학생에게 주는 것이 적절합니다. 자신의 진로에 맞게 교과목을 자유롭게 선택할 수 있도록 하는 것입니다. 이 때 학년 구분을 뛰어넘어 과목을 선택하게 하는 것도 필요할 것입니다.

김샘: 고등학교의 경우 과목 간 선택을 하게 되면 반드시 이수해야 할 공통 필수 교육과정은 존재하는 것입니까?

오재길: 어느 정도의 공통필수과정은 있을 수 있습니다. 예를 들어 현재 교과 중에서 기본적인 수준을 공통필수로 정할 수 있습니다. 그리고 학교는 특성에 따라 특화된 선택과목과정을 많이 개설할 수 있습니다. 예를 들어 외국어 특화 고등학교는 외국어 교과를 많이 개설할 수 있습니다. 예체능 특화 고등학교는 예체능 과목을 많이 개설할 수 있습니다. 그래서 어느 정도 학교의 특성을 감안하여 학생은 학교를 선택할 수 있습니다. 이 부분은 뒤에 고교 체제부분에서 좀 더 다루겠습니다. 필수 학점은 과목별로 정해 두되 가급적 선택과정이 확보될 수 있도록 어느 정도의 한도 안에서 정할 필요가 있습니다.

김샘: 그렇게 되면 결국 수능시험이나 대학의 전형 기준에 따라 학생의 선택이 좌우되겠습니다. 현재의 수능은 국영수 중심이고 대학이 수능을 중시한다고 하면 결국 학생들의 선택은 국영수로 편중이 되지 않을까요?

오재길: 그러므로 교육과정의 선택권 확대는 대입 제도의 개선과 맥을 같이 해야 합니다. 대입제도에 대해서는 뒤에 다시 자세히 말하겠지만 대입제도

의 개선의 방향은 고등학교의 선택 교육과정이 제대로 반영될 수 있도록 해야 한다는 것입니다. 지나친 국영수 편중 현상을 극복하고 진로 중심 선택교육과정이 운영될 수 있도록 해야 합니다.

교사 수급의 문제와 선택권의 보장

김샘: 현재도 선택교육과정은 공식적으로 존재하지만 실제로 학생들의 선택권은 충분히 발휘되지 못합니다. 그 이유는 위에서 말한 수능시험에도 원인이 있지만 학교가 학생들의 수요에 맞추어 교과목을 개설하는 것이 현실적으로 어려울 수 있기 때문입니다. 결국 교사 수급에 한계가 있을 수밖에 없기 때문이죠.

오재길: 사실 그것이 가장 어려운 문제입니다. 학생들의 선택권을 뒷받침하기 위해서는 교사 수급문제를 해결해야 하는데 이는 두 가지 방향으로 해법이 있습니다. 하나는 교사를 확충하되 학생들의 수요에 탄력적으로 대응하기 위해 기간제 교사나 강사를 확보하는 방법입니다. 또 하나는 정규 교사들이 다양한 내용을 가르칠 수 있도록 부전공을 확대하는 것입니다. 어떻게 하든 현실적으로는 주어진 교사풀에 의해 학생들의 선택권도 제약을 받을 수밖에 없습니다.

그리고 학생들의 선택권을 확보하기 위해서는 원칙이 필요합니다. 즉 소수라 하더라도 수요가 있을 경우 일정 인원 이상이면 과목 개설을 원칙으로 하는 것입니다. 이 때 일정 인원은 지역과 학교 여건에 따라 달라질 수 있지만 교육청 별로 일정한 기준 마련이 필요합니다. 예를 들어 사회를 선택할 것인지 과학을 선택할 것인지 수요 조사를 했을 때 어떤 과목을 선택하는 인원이 10명 이상이면 이를 위해 교사(강사)를 배치한다는 원칙을 설정할 수 있습니다. 그리고 학급의 규모도 학교의 여건에 따라 다양하게 구성할 수 있도록 유연성을 부여해야 합니다. 즉 학생의 과목 선택권을 보장하기 위해 일정한 인원만 되면 교육청에서 책임지고 강사를 확보하도록 하고, 학교 여건에 따라 학급 규모를 소수부터 다수까지 운영할 수 있도록 하자는 것입니다. 중요한 것은 과목 개설의 선택권을 학교 차원에서 제약하지 않고 학생들의 선택권을 확보할 수 있도록 하는 것입니다. 물론 학교의 여건에 따라 어려움이 있을 수 있습니다. 그러나 도저히 교사 수급이 불가능한 경우를 제외하고는 학생들의 선택권을 최대로 확보하도록 노력해야 합니다.

김샘: 실현가능성은 어떻게 보십니까?

오재길: 초중학교의 경우 공통필수의 비중을 축소하는 문제는 당장이라도 가능하다고 봅니다. 물론 교과 내용을 둘러싼 이해관계를 돌파할 정치력이 있어야겠습니다만 그리 어려운 과제는 아닐 것입니다. 그러나 고등학교의 교육과정을 변화시키는 문제는 대입제도의 변화를 전제해야 되기 때문에 금방 이루어지기는 어려울 것입니다. 다만 그 방향성에 대해서 합의를 만들어 내는 것은 가능하다고 봅니다. 또 어려운 문제는 교사 수급의 문제입니다. 이러한 문제에 대해서는 정치적인 타협이 필요할 것입니다. 그것은 그것대로 추진을 하되 현재의 구조 가운데서도 교사의 수업기획력을 향상시키고 학생의 흥미와 필요를 존중한 다양한 교육과정이 운영될 수 있도록 하는 조건을 만드는 방법이 있습니다. 그것이 바로 교사별 평가의 개념입니다.

김샘: 교사별 평가란 무엇입니까?

문경민: 교사별 평가는 과목별 평가와 상대되는 개념입니다. 현재는 국어를
한 학년에 여러 교사가 반을 나누어 가르쳐도 시험문제는 공통적으로 출제
하는 방식이라면 교사별 평가는 한 교사가 4개 반을 가르쳤으면 그가 가르
친 학급을 대상으로 평가하도록 하는 것입니다. 교사별 평가의 개념은 참여
정부의 교육혁신위원회에서 제안되었지만 아직 현실화되지 못한 것입니다.

김샘: 왜 그것이 필요합니까? 참여정부 교육혁신위원회에서 교사별 평가를
주장하신 김민남 교수님께 들어보겠습니다.

김민남: 교육의 본질과 생명력이 살기 위해서는 교사의 수업기획력이 살아야
합니다. 교사의 수업기획력이 살기 위해서는 교사에게 교육과정 운영의 자율
권이 주어져야 합니다. 교육과정의 자율권은 평가에서 완성됩니다. 교사별
평가는 교육과정의 자율성을 보장하는 핵심적 장치입니다. 교사마다 다르
게 가르쳤는데 획일적으로 평가하게 되면 교사의 수업 자율성은 유명무실한
것입니다. 가르친 사람이 가르친 학생을 평가한다는 것은 교육학적으로 지극
히 당연한 원칙을 실현하는 제도입니다. 하지만 우리나라는 지금까지 교사
가 가르치지만 외부에서 주관하는 획일적 평가에 학생들을 내맡기고 교사도
그것을 추종해 왔던 것입니다. 대입도 그렇습니다. 수능이 주가 되고 내신은

부가 됩니다. 이것을 바꾸어야 합니다. 교사별 평가를 통해 수업기획력이 발휘될 수 있도록 하고 그 결과를 중시하는 구조로 바꾸어가자는 취지입니다.

김샘: 그런데 교사별 평가를 하게 되면 교사가 자의적으로 평가하는 문제도 있을 것 같습니다. 여전히 객관식 평가로 할 수도 있습니다. 교사별 평가는 교사의 자율성을 주기는 하지만 그 질을 보장하는 것은 아닌 것 같습니다. 오히려 질이 저하될 수도 있지요. 그에 걸맞은 책무성을 확보할 수 있는 장치가 필요하지 않을까요?

문경민: 교사별 평가가 자동적으로 수업과 평가의 질을 향상시키는 것은 아닙니다. 일차적으로는 수업기획력을 발휘하고자 하는 교사에게 자율적 여건을 열어주는 의미가 중요합니다. 평가의 질 저하 문제는 교사의 책무성을 높이는 장치로 보완될 수 있습니다. 교원평가도 시행되고 있고, 수업공개도 되고 있으며, 평가의 기준과 내용을 공개하도록 되어 있습니다. 또 절대평가제가 정착하게 되면 평가의 질에 대한 검증장치가 따르게 될 것입니다. 학업성취도 평가가 보완적인 역할을 할 수 있을 것입니다. 또 교과프로젝트 전형이 일반화되면 고교 교사의 수업과 평가의 질에 대한 관심도 높아지므로 책무성도 높아질 것입니다.

김샘: 그런데 지금까지 교사별 평가가 시행되지 않은 이유는 무엇입니까?

문경민: 그것은 학년 단위 평가를 기초로 하는 상대평가제가 시행되었기 때문입니다. 학급별로 평가단위를 묶어도 되지만 그렇게 되면 1등급의 숫자가 확보되기 어렵다는 현실적 조건도 작용했습니다. 그러나 이제 절대평가제

가 되면 이러한 문제는 줄어듭니다. 물론 절대평가제 속에서도 교사별 평가를 하지 않을 수 있습니다. 그것은 교사별로 출제하는 것이 번거롭기 때문입니다. 초등의 경우 교사별 평가를 가로막는 제도적 제약이 없는데도 불구하고 교사별 평가가 되지 않고 있는 것은 교사의 의식과 관행 때문입니다. 교사들 사이에 교사의 수업기획력 발휘를 위한 자율성 확보가 중요하다는 인식이 필요합니다. 또 교사별로 평가할 경우 같은 과목의 평가 기준의 차이를 어떻게 설명할 것인가 하는 의문도 있었습니다. 그러나 그것은 문제가 되지 않습니다. 공통적 성취 기준은 존재하지만 그 기준을 성취했는지를 확인하는 방법은 교사마다 다를 수 있기 때문입니다. 아무튼 교사별 평가는 돈 들이지 않고도 교사의 자율성과 책무성을 강화함으로써 교육의 질을 높일 수 있는 좋은 방안입니다. 다만 교사별 평가라는 여건만으로 해결되는 것은 아니고 교사들의 수업기획력 향상을 위한 노력이 전제되어야 하고, 평가를 의미 있게 하기 위한 올바른 성취기준의 정립과 책무성의 확립 등 제반 여건이 충족되어야 의미가 살아날 것입니다.

김샘: 지금까지 선택 교육과정의 확대와 교사별 평가를 살펴보았는데 어떻게 보면 무학년 학점제와 개념상 통하는 것 같습니다.

문경민: 무학년 학점제는 과목 간 선택권을 확보하는 장치입니다. 학년을 뛰어넘어 다양한 과목을 선택할 수 있도록 하는 것이 필요합니다. 그리고 그 안에서 가르친 교사가 가르친 학생을 평가하는 교사별 평가가 이루어져야겠지요. 그러므로 무학년 학점제는 앞서 말한 선택교육과정의 확대와 교사별 평가를 모두 포괄하는 개념이 됩니다. 그것이 지향해야 할 방향입니다.

3 **성취 기준 중심의 절대평가**: 학생 간 점수 경쟁의 상대평가 체제를 벗어나 성취 기준 달성을 목표로 하는 완전한 절대평가제를 통해 모든 학생이 완전학습에 이르도록 돕자

김샘: 절대평가가 필요한 이유는 무엇입니까?

김진우: 오늘날 시험의 가장 큰 문제점은 그것이 상대평가라는 것입니다. 변별을 목적으로 하는 상대평가가 학교를 움직이는 기본적인 기제가 되었기 때문에 온갖 문제가 발생하였습니다. 1등과 꼴찌를 나누는 체제 속에서 꼴찌는 좌절하고 1등은 불안해하며 이러한 스트레스는 공부를 싫어하게 만드는 중요한 요인이 되었습니다. 그리고 어차피 꼴찌가 생기는 것이기 때문에 꼴찌에 대해 책임지고자 하는 의식이 희박해졌습니다. 그리고 정확한 변별을 위해 객관식 시험이 지나치게 비대해지게 되었습니다. 그러므로 이러한 문제점을 해결하기 위해서는 절대평가 체제로 전환해야 합니다.

김샘: 교과부는 이미 절대평가 체제로 전환한다고 하지 않았습니까?

김진우: 내용을 들여다보면 여전히 상대평가적인 요소가 강합니다. 즉 석차를 없애는 대신 점수와 평균과 표준편차를 병기하도록 함으로써 개인의 상대적인 위치를 나타내고 있습니다. 이것은 절대평가의 취지에 맞지 않는 것입니다. 절대평가의 취지를 달성하기 위해서는 총괄적인 점수를 제외해야 합니다. 핵심은 성취기준을 중심으로 영역별 성취수준을 표기하는 것입니다. 예를 들면 국어 점수를 80점으로 표시하는 대신 국어의 하위 영역 중에

서 짧은 글을 읽고 핵심을 요약할 수 있는 능력에 대해 5등급 척도의 평가를 할 수 있습니다. 이렇게 되면 그 과목에서 성취해야 할 목표가 무엇인지 자신이 어떤 부분에서 부족한지를 파악할 수 있게 되고 이에 근거하여 보완도 할 수 있게 됩니다. 이런 방식이 완전히 새로운 것은 아닙니다. 초등학교에서는 이와 같은 식으로 성적표를 내고 있습니다. 다만 현재보다 좀 더 자세한 정보를 담는 것이 필요합니다.(예시 참조)

문제는 중학교입니다. 중학교 내신은 특목고 입시를 위해 활용되기 때문에 여전히 상대적 점수로 환산할 수 있도록 하고 있습니다. 중학교 단계부터 벌써 점수화된 상대평가 체제로 넘어가 버리는데 이를 절대평가체제로 확립해야 합니다.

[독일 초등학교 국어 평가 기록방식]

국어(3,4학년)		미흡		보통		우수	
		3학년	4학년	3학년	4학년	3학년	4학년
말하기	자신의 독자적인 생각을 표현할 수 있다.						
	사실적이고 논리적으로 묘사할 수 있다.						
	창의적으로 설명할 수 있다.						
	암기하여 표현력 있게 말할 수 있다.						
쓰기	문장을 쓸 수 있다.						
	문장을 논리적으로 작성할 수 있다.						
	단어를 적절히 선택할 수 있다.						
	완전한 문장을 서술할 수 있다.						

	자신의 고유한 문장을 만들어 낼 수 있다.					
바로 쓰기	연습한 받아쓰기를 잘할 수 있다.					
	사전을 이용할 수 있다.					
	바르게 쓰기 규칙을 적용할 수 있다.					
	자신의 고유한 문장을 올바로 작성할 수 있다.					
읽기	문장을 읽고 이해할 수 있다.					
	문장을 표현력 있게 읽을 수 있다.					

출처: 김창환(2008). 「인재 강국 독일의 교육」.

절대평가 : 변별이 아닌 완전학습을 위한 도구

김샘: 절대평가 체제의 의의는 상대적인 비교를 지양함으로써 경쟁적 상황으로부터 배움의 본질과 기쁨을 확보한다는 측면도 있지만 한편으로는 모두가 절대적인 수준에 도달해야 한다는 의미가 내포되어 있는 것 같습니다.

김진우: 그렇습니다. 절대평가 체제는 완전학습의 이념과 결합되어야 합니다. 교육의 목표는 모두가 탁월한 수준에 이르도록 하는 것입니다. 학생을 변별하는 것이 목표가 아니라 모든 학생들이 배움의 기쁨을 누리도록 하는 것이 목표입니다. 만약 시험을 보았는데 점수가 표준정규분포곡선을 이루고 있다면 상대평가 체제에서는 훌륭한 평가라고 할지 모르지만 절대평가 체제에서는 완전학습이라는 목표에 도달하지 않았기 때문에 문제라고 인식해야 합니다. 모든 학생이 A학점을 받아야 성공적인 것입니다.

김샘: 예전에도 절대평가를 했을 때 점수 부풀리기가 문제가 되었습니다. 앞으로도 그러지 말라는 보장이 없는데요. 모두가 A학점을 받는다고 할 때 그러한 결과가 대입에서 무시될 수도 있을 것 같습니다.

김진우: 선발 구조를 전제할 때는 절대평가의 취지를 살리는 것이 어려울 수도 있습니다. 그러므로 완전한 절대평가 체제는 입시와 거리가 먼 초중학교에 완전하게 적용이 되어야 합니다. 고등학교 내신 성적의 경우는 변별의 필요를 감안해서 일정한 타협이 필요합니다. 평균과 표준편차를 통해 어느 정도 가공하는 것이 불가피한 선택일 수 있습니다. 물론 이 경우에도 단순한 점수 산출을 넘어 교과의 목표와 성취 기준에 따른 다양한 정보를 담는 것이 필요합니다. 어쨌든 입시의 맥락에서는 총괄적인 평가 점수가 필요할 수는 있습니다. 그러나 초중학교까지 그러한 형태로 되어서는 안 됩니다. 그러므로 중학교 과정의 절대평가를 위해서는 고교 입시 문제의 해결이 필요합니다. 고입 단계에서는 선발의 개념을 없애는 대신 근거리 배정 혹은 선지원 후추첨 방식으로 전환해야 합니다. 고교단계가 현실적으로 어렵다면 중학교 단계만큼이라도 입시 경쟁으로부터 교육의 본질을 지킬 수 있도록 해야 합니다. 그리고 한편 A학교와 B학교의 학점이 같은 가치를 지니는지에 대해서는 감독이 필요합니다. 실제로 학생의 성취를 정확하게 평가하고 있는지에 대해서 교육청이나 교육과정평가원에서 감독하고 컨설팅을 통해 질적인 면에 대한 관리를 해야 합니다.

김샘: 결론적으로 절대평가의 취지를 달성하기 위해서는 필요한 것이 무엇일까요?

김진우: 첫째, 교육과정의 목표와 영역과 성취기준에 대해 교사들이 정확히 숙지하고 있어야 합니다. 사실 교사들이 교과의 목표와 성취기준을 잘 모르는 경우가 많습니다. 왜냐하면 지금까지는 성적과 석차만 산출하면 되기 때문이었습니다. 그러나 절대평가는 평가 항목과 성취 기준을 정확히 숙지하는 것이 매우 중요합니다. 어떤 능력을 평가해야 하는지, 그것을 평가하기 위해서는 어떤 방법이 필요한지, 나타난 결과를 어떻게 해석해야 하는지에 대해 잘 알고 있어야 합니다.

둘째, 이러한 관점에서 평가를 하자면 현재처럼 일제히 객관식으로 치르는 시험이 아니라 평상시의 수업에서 수행 평가를 시행해야 합니다. 예를 들어 도덕과목에서는 '비폭력 대화'를 실천할 수 있는가 하는 것이 중요한 성취기준이 될 수 있습니다. 이것을 평가하자면 기존의 시험 문제로만 평가하기는 어렵습니다. 이를 위해 비폭력 대화 일지를 작성하도록 한다든지, 직접 실습을 통해 평가하는 것이 타당할 것입니다.

셋째, 지금처럼 중간, 기말고사라는 형식은 최소화되어야 합니다. 그것은 변별을 목적으로 하는 시험에 적합합니다. 모두가 같은 조건에서 실력을 겨룬다는 의미가 강한 것이죠. 그러나 모두가 완전학습에 도달하는 것을 목표로 한다면 시험은 하나의 확인 방법에 불과합니다. 어쩌면 미리 평가 기준을 가르쳐주고, 그것을 잘 준비하도록 한 다음 그것을 성취하였는지를 확인하는 것이 시험일 수 있습니다. 그리고 시험을 본 결과 아직도 미흡하다면 다시 준비해서 시험을 볼 수도 있습니다. 그러므로 절대평가와 완전학습에 걸맞은 평가가 되려면 일제히 시험을 보는 체제보다는 수시로 수업 시간을 통하여 형성 평가를 하는 것이 적절합니다. 즉 합격할 때까지 평가한다는 개념으로 보아야 합니다.

4 **학업성취도 평가 개선** : 학업성취도 평가 결과를 비교하는 것을 지양하여 비교육적 과열 경쟁을 방지하고, 학업흥미도를 조사함으로써 배움을 좋아하도록 하는 노력을 기울이게 하자

김샘: 절대평가와 완전학습의 관점에서 학업성취도 평가는 어떻게 보아야 할까요? 학업성취도 평가로 인해 학교 간 학력 경쟁이 격화되어 학습 고통이 커졌다고 비판하는 목소리가 있는가 하면 학업성취도 평가로 인해 학력 격차 해소에 도움이 되었다고 보기도 합니다.

김진우: 학업성취도 평가의 목적은 다섯 가지가 있습니다. 첫째는 학생들의 학습 상태를 국가 전체적으로 진단하여 교육정책을 수립하는 데 필요한 정보를 얻기 위한 것이고, 둘째, 이를 기초로 학습부진학생에게 필요한 지원을 하기 위한 것이고, 셋째, 교과에서 달성해야 할 성취 기준에 대한 국가적 표준을 정립하기 위한 것이고, 넷째, 학생과 학부모에게 학생의 학습에 대한 정보를 제공하기 위함이고, 다섯째, 학교와 교사의 책무성을 강화하기 위함입니다. 첫째와 둘째와 셋째 목적을 위해서라면 표집 평가를 해도 되지만 넷째 목적을 위해서는 전집 평가가 필요하고, 다섯째 목적을 위해서 평가 결과를 공개한 것입니다. 문제는 다섯째 목적에서 발생합니다. 학교와 교사의 책무성을 강화하는 것은 한편으로는 필요하지만 그 기준이 학생들의 시험 점수가 되고 있기 때문에 시험 점수에 연연한 비교육적인 현상도 빚어지는 것입니다. 시험 점수는 교육의 여러 국면의 하나에 불과한 것인데 그것이 지나치게 강조될 경우 다른 것들이 위축될 우려가 있는 것입니다.

김샘: 그렇다면 학업성취도 평가는 어떻게 해야 할까요?

김진우: 세 가지 방면에서 개선이 필요합니다. 첫째, 평가의 영역을 더욱 다양화해야 합니다. 국·영·수·사·과 5개 과목에 한정해서 그것도 지필평가로만 평가할 수 있는 영역을 평가하고 있기 때문에 그것이 지나치게 강조되고 있습니다. 그러나 전인교육의 관점에서 볼 때 더욱 중요한 영역이 있습니다. 체력도 중요하고, 태도도 중요합니다. 특히 학업 흥미도는 중요합니다. 왜냐하면 당장의 정보 습득보다 중요한 것이 교과에 대한 흥미를 갖는 것이기 때문입니다. 지식에 대한 태도가 부정적으로 형성이 된다면 장기적으로 큰 손해입니다. 그러므로 당장이라도 시행 가능한 것은 이런 것입니다. 학업성취도 평가에 교과에 대한 흥미도 조사를 넣는 것입니다. 만약 점수는 높은데 흥미도는 떨어졌다고 하면 그것은 심각하게 간주되어야 합니다. 아울러 체력이나 도덕성 등도 중요한 평가 항목이 됩니다. '학업'성취도 평가에서 '학업'은 교육과정의 전반적 목표를 반영해야 합니다. 둘째, 결과를 비공개로 합니다. 학생과 학부모에게는 개별적으로 통지를 하고, 교육청 간 학교 간 비교를 가능하게 하는 정보는 비공개로 합니다. 다만 교육청과 학교에 정확한 정보를 제공하고 필요한 지원을 해서 학습부진학생에 대한 대책을 세우도록 합니다. 셋째, 학교와 교사의 책무성을 묻는 것은 학교평가에서 학생과 학부모의 학교 만족도를 조사하는 장치를 통해 다른 방식으로 해결하는 것이 좋습니다. 그것이 학업성취도 평가의 부작용을 줄이고 학교와 교사의 건강한 책무성을 높이는 방법입니다.

Part 2. 교육의 다양성과 평등성이 보장되는 고교 체제

> **5** **고교 입학 또는 고입 전형 선지원 후추첨제 전면화** : 성적순 선발로 인한 고교 서열화를 완화하여 조기 입시 경쟁 과열을 막아 학생들의 학습 고통을 줄이고 중학교 교육과정 운영을 정상화하자

김샘: 다음으로 고교 체제에 대해 알아보겠습니다. 배움의 기쁨을 방해하는 요인 중에 고입 선발 경쟁의 압력을 지적했는데요. 고교 다양화는 이명박 정부의 중요한 교육정책이었습니다. 이에 대해서 어떻게 평가할 수 있을까요? 이주호 장관은 〈평준화를 넘어 다양화로〉라는 책에서 우리나라 교육의 문제점을 획일화와 관료주의에서 찾고 있습니다. 그리고 그 원인을 평준화로 지목합니다. 평준화는 교육과정을 획일화하고 학교 행정을 관료적 지배 하에 두었다는 것이죠. 이를 깨기 위해서는 다양한 학교가 출현해야 한다고 주장했습니다.

김수길: 우리나라 교육이 획일화, 관료화되어 있다는 문제의식에는 공감합니다. 그러나 그 원인을 평준화 체제에서 찾는 것은 원인 분석이 잘못된 것입니다. 평준화 체제는 제도적으로 말하면 고교 무시험 배정을 의미합니다. 고등학교를 진학할 때 시험을 쳐서 선발 배정하는 것이 아니라 근거리 추첨 배정을 한다는 것이죠. 이것은 우리나라의 입시과열 현상을 생각할 때 매우 필요한 조치였습니다. 중학교 단계의 조기 입시 경쟁을 완화하여 아이들의 고통을 완화하며 초중학교 교육과정을 정상화하기 위해서 필요합니다.

그러나 무시험 배정이 반드시 교육과정의 획일화로 귀결되지는 않습니

다. 고등학교마다 다양한 교육과정이 존재할 수 있습니다. 물론 근거리 강제배정으로 될 경우 다양한 교육과정에 대한 개인의 선택권이 주어지지 않는다면 그에 따른 불만이 있을 수 있습니다. 그러므로 근거리 강제배정의 방식을 완화하여 일정 범위 내에서 개인의 선택권을 존중하되 시험이 아닌 방식, 즉 추첨으로 배정하는 것은 합리적입니다. 100%의 선택권을 존중하기는 어렵지만 제한된 범위 내에서 학생과 학부모의 선택권을 보장하는 현실적 방법이 될 것입니다.

이 때 선택이 교육과정의 다양성보다는 학교의 우열에 따른 선호로 결정되는 측면이 있습니다. 이 문제를 해결하기 위해서는 고교가 수직적 우열 체제가 아닌 수평적 다양성 체제로 변화되어야 합니다. 학교의 우열 현상은 사실상 선발 효과에 의한 경우가 많습니다. 우수한 학생을 모집했기 때문에 우수한 학교가 된다는 것입니다. 그러므로 이런 선발 효과를 없애고 수평적 다양성을 확보하는 것이 필요합니다. 만약 수평적 다양성을 확보하였는데도 특정한 학교에 수요가 몰린다면 이는 공급을 확대함으로 해결하여야 합니다. 만약 외고를 선호하는 학생이 많다면 외고를 많이 설립하면 됩니다.

다양한 교육과정 속에서 재능을 꽃 피우게

김샘: 그렇다면 선발의 방식은 선지원 후추첨 방식이 적절하다고 할 수 있겠는데 교육과정의 다양화는 어떻게 이끌어낼 수 있을까요?

김수길: 교육과정의 다양화는 평준화 체제에서도 얼마든지 가능합니다. 앞서 교육과정의 선택권을 확대하는 방안에 대해 제시했습니다. 진로 중심의 개인 맞춤형 선택교육과정이 운영될 수 있도록 입시와 교육과정 체제를 바

꾸면 됩니다.

김샘: 그렇다면 현재 자사고와 마이스터고, 특성화고, 기존의 외고와 과학고 등의 다양한 형태가 있는데 어떻게 정리되어야 할까요?

김수길: 인위적으로 외고를 폐지한다든지 하는 방식은 적절하지 않습니다. 그 것은 교육과정을 다양화하겠다는 맥락과도 어긋나고요. 그것은 그대로 다양 성을 유지하도록 하고 수요가 많다면 더 만들어야 합니다. 다만 학생 선발에 있어서 성적으로 선발하는 것만 막으면 됩니다. 그렇다면 학생 선발의 효과 때문에 부풀려진 학교 프리미엄이 줄어들게 되고 굳이 관련 관심이 없는데도 불구하고 대학 진학에 유리하다는 이유로 진학하는 것이 줄어들게 될 것입 니다. 이렇게 되면 현재 대학입시를 왜곡하고 있는 문제도 줄어들게 됩니다.

김샘: 대학 입시를 왜곡하고 있다는 것은 무슨 뜻인가요?

김수길: 특목고 때문에 내신 중심의 대입 전형이 자리를 잘 잡지 못하고 있 습니다. 일반고와 외고의 내신을 다르게 평가해야 한다는 주장 때문입니다. 그리고 절대평가는 결국 외고를 유리하게 하려는 것 아닌가 하는 의심을 사 고 있습니다. 입학사정관제도 특목고를 우대하고 확보하려는 전략이 아닌 가 하는 의심을 받고 있습니다. 이와 같은 논란이 대입전형의 논의 지형을 왜곡하고 있습니다. 만약 성적에 의한 학교 우열이 사라지고 내신의 가치가 어느 정도 동등화된다면 대입전형이 훨씬 수월하게 만들어질 수 있을 것입 니다. 아울러 특목고로 인해 유발된 사교육이나 경쟁과열 현상도 해소될 수 있을 것입니다.

김샘: 문제는 특목고만은 아닌 것 같습니다. 특성화고도 내신으로 선발하는 체제입니다. 비록 성적 기준이 높지 않아서 큰 문제가 되지는 않았지만 그래도 인기 있는 특성화고의 경우 내신이 좋아야 합니다. 결국 이런 학교도 선발 효과를 누리지 않을까요?

김수길: 특성화고도 모두 선지원 후추첨 제도에 들어와야 합니다. 성적에 상관없이 관련 분야에 관심이 있다면 입학을 허가해야 합니다. 현실적으로 수요 공급이 맞지 않는 경우가 발생할 수 있지만 이는 공급으로 문제를 풀어야 합니다. 소수의 우수한 학생을 선발하여 가르치겠다는 발상을 벗어나야 합니다.

김샘: 예체능에 특기가 있는 학생이나 과학에 소질이 있는 학생들을 위한 특목고가 필요하지 않을까요?

김수길: 예체능이나 과학뿐 아니라 요리나 목공도 모두 중요합니다. 같은 틀 안에서 생각해야 합니다. 특별한 관심이 있는 학생을 위해 고등학교 교육과정이 다양화 특성화되면 됩니다. 물론 영재교육은 필요합니다. 영재들이 자신과 맞지 않는 교육과정이나 체제로 인해 힘들어하고 재능을 꽃피우지 못하는 경우가 있기 때문입니다. 하지만 영재라고 하여 반드시 특별한 학교에 모을 필요는 없습니다. 그렇게 되면 영재학교에 입학하기 위한 또 다른 경쟁과 사교육이 발생할 수 있기 때문입니다. 필요하다면 학교 안에서나 밖에서 별도의 교육과정을 운영하면 됩니다. 모든 학생은 특별합니다. 그러므로 개인의 특성에 맞는 교육이 필요합니다. 영재도 그 중의 하나로 보아야 합니다. 학습부진아도 마찬가지입니다. 학습부진아만 모아 놓는 학교가 아니라 일반 학교에서 충분한 지원을 받을 수 있도록 하면 됩니다. 그리고 이와 같

은 학생을 위해 학교가 충분히 준비되지 않았을 경우는 별도의 영재교육센터를 통해 교육하는 방법도 생각할 수 있습니다.

김샘: 그런데 선지원 후추첨제 하에서는 어떤 분야의 탁월한 재능이나 열정을 가진 학생이 탈락할 가능성도 있지 않을까요?

김수길: 만약 특별한 재능이나 열정이 있는데도 탈락할 수 있는 경우를 감안하여 특별 전형을 마련하면 됩니다. 이 경우 입학사정관제와 같이 특별히 심사하여 해당 분야에 특별한 재능을 보이거나 열정이 남다를 경우 특별 전형으로 우선 선발하는 것은 인정할 수 있습니다.

> **6 자율형 사립고 폐지** : 공립학교와 사립학교 모두 교육과정의 자율성은 보장하되 학생선발권은 통제하고 공적 지원을 균등하게 함으로써 교육의 다양성과 평등성을 확보하자

김샘: 자사고를 둘러싸고 많은 논란이 벌어졌습니다. 교육과정의 자율화, 다양화를 내세우면서 자사고를 추진하였는데 한편에서는 귀족학교라고 비판을 받기도 했습니다. 사회배려자를 일정 비율을 확보한다고 했지만 정작 사회배려자는 이 학교에 다니기가 쉽지 않고, 다른 학생이 사회배려자 전형으로 편법 입학한 경우도 있었습니다. 입학 자격을 둘러싸고 특혜 논란도 벌어졌고요. 또 하나의 특목고 위상을 갖는 학교가 될 것으로 내다보기도 했는데 서울의 경우는 성적 상위 50% 이내에서 선지원 후추첨제도를 통해 어느 정도는 완화했지만 지방은 그 기준이 더 높은 경우가 대부분입니다. 학생들의

등록금 부담도 문제가 되고 재단이 얼마나 자립 능력이 되느냐 하는 것도 문제가 되는 것 같습니다. 아직도 논란이 계속되는 가운데 과연 자사고의 장래는 어떻게 되어야 할까요?

김수길: 기본적으로 자사고도 일반고와 마찬가지로 공적 지원을 해야 합니다. 국민의 교육적 기본권에 기초하여 모든 학생들에게 동등한 수준의 지원이 가는 것이 마땅합니다. 교육 과정의 자율성을 이유로 지원을 하지 않는다는 것은 넌센스입니다. 자율성은 모든 학교에 최대한 주어져야 하는 것이지 그것을 주는 대가로 지원을 하지 않는다는 것은 맞지 않습니다. 교육과정의 자율성과 공적 지원은 맞바꿀 대상이 아닌 것입니다.

김샘: 사실 자사고가 원했던 자율성은 교육과정의 자율성 이전에 학생 선발의 자율성이라고 보아야 하는데 이 부분은 허용이 될까요?

김수길: 학생 선발의 자율권은 제한되어야 합니다. 이는 학교를 서열화하고 입시 경쟁을 유발할 수 있기 때문에 고등학교 단계에서는 허용되어서는 안 됩니다. 자사고도 일반 학교와 마찬가지로 근거리 배정이나 선지원 후추첨 제도의 적용을 받아야 합니다. 학생 선발은 공적 통제를 받되 학교 운영의 자율성은 보장하고, 모든 일반학교에도 동일한 자율성을 주어야 합니다. 단지 운영 주체가 다를 뿐이죠.

김샘: 건학 이념에 따른 학생 선발은 보장되어야 하지 않는가 하는 의견이 있습니다. 종교계 학교의 경우 건학 이념에 동의하지 않는 학생을 배정하는 것도 문제고 학교의 입장에서도 그것을 무조건 받아들여야 하는가 하는 의

문이 생길 수 있습니다.

김수길: 건학 이념에 동의하는가를 기준으로 학생의 선택권을 보장하는 한편 학교의 학생 선택권도 일정 부분 보장하는 것은 필요합니다. 즉 학생에 대해서는 특정 학교를 기피할 수 있는 기피 선택권을 보장할 수 있습니다. 한편 학교의 입장에서는 입학생의 조건을 건학 이념에 근거하여 일정 조건을 요구할 수 있습니다. 이를테면 종교 교육을 필수로 이수해야 한다든가 하는 것을 요구할 수 있습니다. 다만 종교 의식을 강요한다든지 하는 것은 지양되어야 합니다. 종교 기관이 아니라 교육 기관이기 때문에 본인의 종교적 신념과 자유는 존중되어야 합니다. 종교적 자유를 존중하는 가운데 건학 이념에 대한 교육은 이수하도록 하는 정도가 적절한 타협안이 될 것입니다. 한편 종교의 자유는 공립학교에서도 보장되어야 합니다. 이를테면 종교 활동 동아리의 자유가 보장되어야 합니다. 또한 학생들의 자발성에 근거한 종교적 활동의 자유도 보장되어야 합니다. 요컨대 학생들에게 종교 활동을 강요하는 것도 비교육적이지만 자발적인 종교적 활동을 억압하는 것 또한 비교육적이라는 것을 인식해야 합니다.

Part 3. 고교 교육과정의 정상화와 교육 기회 균등을 보장하는 대입제도

김샘: 대학입학제도는 중등교육의 정점에서 교육과정을 지배하고 있습니다. 대학입학제도에서 무엇을 어떻게 평가하느냐에 따라 중등교육의 내용이 좌우되기 마련입니다. 그러므로 대학입학제도가 바로 서야 중등교육이 산다고 해도 과언이 아닐 것입니다. 대입제도는 다소 체제가 복잡하기 때문에 정책 대안을 논하기 전에 먼저 배경을 살펴보고 정책 대안을 논하는 것이 좋겠습니다. 먼저 대입제도가 지녀야 할 원칙은 무엇일까요?

안상진: 대입제도가 지향해야 할 원칙은 첫째, 배움의 질이 높아져야 합니다. 배움의 질이 높아진다는 것은 대입을 준비하는 과정이 무의미한 점수 따기 경쟁이 아니라 의미 있는 배움이 이루어지도록 해야 한다는 것입니다. 둘째, 사회적으로 기회 균등의 원칙에 부합해야 합니다. 기회 균등의 원칙에 부합한다는 것은 대학입학제도가 사회적 격차를 심화하지 않고, 경제적 여건상 불리한 위치에 있는 학생에게도 공평한 기회를 주어야 한다는 것입니다. 셋째, 모집단위(전공)에 대한 적합도, 즉 전공에 대한 기초적인 능력과 준비 정도 및 전공에 대한 관심과 열정 등 지적 측면과 정의적 측면에서 대학 교육에 타당한 학생이 선발되는 것 또한 매우 중요합니다.

대학입학제도의 전반적 구조

김샘: 대입제도가 워낙 복잡해져서 우선 현재의 대학입학제도에 대한 이해가 선행되어야 할 것 같습니다. 현재의 대학입학제도에 대해서 간단한 설명을 바랍니다.

안상진: 현재의 대학입학제도는 수시전형의 확대에 따라 복잡한 형태로 바뀌고 있습니다. 간단히 설명드리면 전형 유형은 크게 일반전형과 특별전형으로 구분됩니다. 일반전형은 특별한 자격조건 없이 고교 졸업(예정)자인 학생들이 지원할 수 있는 전형을 의미합니다. 특별전형은 크게 정원 내 특별전형과 정원 외 특별전형으로 구분되고, 정원 내 특별전형은 대학 독자적 기준 전형이나 특기자전형 등으로 다시 구분됩니다. 하지만 모든 대학이 동일 기준으로 분류하지 않고, 각 대학의 기준과 모집구분에 따라 분류를 달리하여 명확하게 구분하기 어렵습니다.

대학 독자적 기준에 의한 특별전형은 대학의 교육목표와 일정 전형 기준에 의해 학생을 선발하는 방법으로 대학의 기준에 따라 학교장·교사 추천자, 기타 추천자, 학생회임원(리더십), 입학사정관, 교과성적우수자, 선·효행상수상자전형 등 그 유형이 매우 다양합니다.

특기자 특별전형은 수학, 과학, 어학, 예체능 등 어떤 특정 분야에 남다른 특기를 가진 학생을 우선적으로 선발하기 위한 전형입니다. 특기자 특별전형은 대부분 수시모집에서 실시되고 있으며 정시에서는 소수의 대학에서 실시하고 있습니다.

대입제도 따로, 고교 교육과정 따로

김쌤: 현재의 대학입학제도에서 나타나는 문제점은 어떤 것들이 있었나요?

안상진: 가장 큰 문제점은 대학입학제도가 고등학교 교육과정을 왜곡시키고 있는 것입니다. 고등학교에서 배워야 할 것과 대학입학제도에서 중시하는 것이 서로 맞지 않다보니 고등학교 교육과정이 유명무실화된 것이지요.

예를 들어 문학을 전공하고 싶은 학생들이 문학 공부를 하는 것보다 수학 공부를 더 열심히 해야 하는 문제가 발생하는 것입니다. 명목상 고등학교 교육과정을 진로 중심으로 선택교육과정을 운영한다고 하지만 실제로 학생들의 선택을 좌우하는 것은 대학수학능력시험이기 때문에 진로 중심의 다양한 교육과정이 운영되고 있지 못하는 것입니다. 또 대학수학능력시험 체제에 대비한 수업이 교육적으로 의미 있는 과정이 되지 못하고 있습니다. 물론 대학수학능력시험은 과거의 학력고사에 비해 많이 진보했습니다. 단편적 지식보다는 원리에 대한 이해나 사고능력을 묻고 있습니다. 그러나 문제는 그럼에도 불구하고 객관식 지필고사가 평가할 수 있는 영역은 제한되어 있다는 것입니다. 예를 들어 발표 능력, 토론 능력을 대학수학능력시험에서는 평가할 수 없습니다. 그렇지만 대학수학능력시험이 대학입학제도에서 차지하는 비중이 높기 때문에 학교는 대학수학능력시험에 대비한 공부에 치중하게 됩니다. 이렇게 될 경우 고등학교 교육과정은 대학수학능력시험의 한계에 갇히게 됩니다. 예를 들면 고등학교 수학의 경우 2학년에 교과서 진도를 다 끝내고 3학년에는 문제집 풀이 위주로 수업을 진행하게 되는 것이죠. 대학수학능력시험 과목에 안 들어가는 과목은 두말할 것도 없죠.

둘째, 한 가지 전형에서 다양한 전형 요소를 요구하기 때문에 수험생의 부담이 커진다는 것입니다. 2013학년도 수시전형별 전형요소를 정리해 보니 다음 표와 같았습니다.

전형 종류 (수)	학생부	수능시험 (최저학력 기준)	논술 고사	면접	서류 (활동)	적성 고사	기타
논술형 (38)	38	31 : 높은 수준	38	1	-	-	-
적성형 (22)	20	7	-	-	1	22	-

면접형 (34)	34	6	–	34	16	–	–
학생부형 (16)	16	16 : 높은 수준	–	–	–	–	–
특기자형	대부분 대학수학능력시험성적과 관계없이 지원 자격을 만족하면 서류나 구술면접, 학생부로 선발						
입학사정관형 (54)	54	–	–	47	51	1	9

예를 들어 논술형 수시전형을 운영하는 38개 대학은 전형요소로 '학생부 +31개 대학에서 높은 수준의 대학수학능력시험 최저학력기준+논술'을 전형 요소로 정하였습니다. 따라서 논술전형을 준비하는 학생은 기본적으로 내신 성적을 관리하고 논술 준비를 하며 대학수학능력시험까지 잘 받아야 하는 것입니다.

셋째, 대학 교육의 '적격자' 선발이 이루어지려면 대학입학전형의 대학수학능력시험 및 내신 반영 방식이 모집 단위의 특성에 따라 달라질 필요가 있습니다. 하지만 대부분의 대학입학전형에서 대학수학능력시험 성적을 반영하는 방식은 모집 단위의 특성과는 무관합니다. 예를 들어 상위권 대학의 전형을 보면 경제/경영학부에서 수리 영역이 중요한 비중을 차지하는 것은 이해한다고 해도 수리 영역과 별 상관이 없는 인문계, 사회과학계, 국제문화계에서조차 수리 영역의 반영 비율이 가장 높은 것은 상식적으로 납득이 가지 않습니다. 이는 모집 단위의 특성은 무시하고 난이도가 높은 수리 영역의 비중을 높여 상위권 학생에 대한 변별력을 높이겠다는 의도라고 볼 수밖에 없습니다.

사교육을 부르는 논술 전형

김샘: 좀 더 구체적인 문제점을 살펴보도록 하죠. 논술 전형은 어떻습니까? 상위권 대학을 중심으로 시행한다고 하지만 파급력은 꽤 큰데요. 학생들의 종합적 사고능력을 기르는데 도움은 된다고 하지만 사교육에 의존하는 경우가 많다고 하지요?

안상진: 무엇보다 논술형 수시의 문제는 아직 일선 학교에서 충분히 논술 대비 훈련을 받지 못하는 경우가 많아 개인적으로 준비하거나 대학수학능력시험 이후 단기간의 고액 사교육에 의존할 수밖에 없는 구조입니다. 특히 수리 논술의 난이도가 지나치게 높습니다. 각 대학들은 논술 출제의도에서 고등학교 교육과정 내에서 출제되며 학교 교육을 충실히 받으면 충분히 해결할 수 있는 문제를 출제한다고 밝히고 있지만, 실제 문제의 난이도는 교육청에서 별도의 수리 논술팀을 구성하여 수학교사들이 모여서 문제를 풀어야 할 정도로 어려운 문제가 출제되고 있으며, 논술시험을 출제하는 수학을 전공한 대학교수들조차 풀기 어려운 수준이라는 평가가 일반적입니다.

또한 대학수학능력시험 최저학력기준을 충족시키지 못한 상태로 논술 준비에만 매달리면 일반 선발의 대학수학능력시험 최저학력기준도 충족하지 못해 시험 응시 자체가 불가능해질 수 있고, 일반선발에 들어간다 하더라도 높은 경쟁률을 감당해야 합니다. 따라서 논술전형에 지원하기 위해서 우선적으로 해야 할 일은 논술 실력을 쌓는 것이 아니라 대학수학능력시험 성적을 일정 수준 이상 올려야 하는 문제점이 나타나고 있습니다.

부담스러운 입학사정관제

김샘: 입학사정관제의 문제점은 무엇일까요? 너무 다양하고 복잡하게 보이는데요.

안상진: 입학사정관제 전형을 준비하는데 가장 어려운 점은 단기간에 준비할 수 없다는 것입니다. 즉 이 전형을 준비하려면 1학년 때부터 뚜렷한 진로 계획을 가지고 그것과 관련된 다양한 활동을 해야 합니다. 거기에 봉사 활동, 동아리 활동, 리더십 활동, 교과면에서 자기주도학습 등 어느 만큼 준비해야 할 지는 제한이 없습니다. 그러나 그 모든 활동에도 내신 성적이 좋지 않으면 나머지 활동들은 의미가 없을 수도 있으니 성적 관리도 필수입니다. 이렇게 꼼꼼히 준비한 자료를 포트폴리오 형식으로 잘 만들어야 하고, 자기소개서, 학업계획서, 추천서 등의 서류도 잘 준비해야 합니다. 그런데 그 서류들의 양식이 학교마다 달라서 자신이 지원하고자 하는 학교의 수만큼 개별적으로 준비해야 합니다. 학생들의 입장에서 서열화된 점수 위주의 대학수학능력시험과 내신이 차지하는 비중이 여전히 높은 상황에서 비교과 영역을 중시하는 입학사정관제 전형의 도입과 급진적인 확대는 기존의 국영수, 문제풀이 중심의 학습 부담은 그대로 유지하면서 입학사정관 전형에서 요구하는 다양한 요소들에 대한 대비까지 해야 하는 부담을 증가시키고 있습니다. 특히 본격적인 준비를 해야 하는 시기인 8월은 1학기가 끝나고 예전에는 대부분의 학생들이 대학수학능력시험을 대비하며 가장 열심히 공부하였던 시기입니다. 이 시기를 입학사정관제 전형을 준비하는 학생들은 자기소개서를 쓰고, 다양한 활동을 모아 포트폴리오로 만드는 등 매우 바쁘게 보냅니다. 이런 영향으로 입학사정관제 전형을 준비하는 학생들은 대학수학능력시

험을 체계적으로 준비하기가 매우 어렵습니다. 그래서 더욱 대학수학능력시험 최저학력기준이 없는 입학사정관제를 통과하기 위해 올인을 하게 됩니다. 입학사정관 전형이 어려운 또 다른 이유는 전형이 너무 광범위하게 퍼져 있다는 것입니다. 전형의 종류만 하더라도 학생부 중심 전형, 추천 전형, 기회균형선발 전형, 특기자 전형, 서류 중심 전형, 지역우수인재 전형 등 그 종류가 너무 많고 게다가 대학마다 종류가 다양해서 이 전형이 입학사정관 전형인지 확인하려면 일일이 대학의 모집요강을 꼼꼼히 확인해야 하고 전형요소 등도 천차만별입니다. 이렇게 된 이유에는 단기간에 입학사정관제를 정착시키려고 무리한 확대를 유도한 교육과학기술부가 있고, 그에 발 맞추어 기존에 이미 있었던 전형에 입학사정관이라는 형식만 덧씌우고 인원을 확대한 대학의 책임도 있습니다.

[입학사정관제의 도입과 확대]

년도	정부지원 대학	지원 예산	도입 대학	학생(비율)
2008	10	20억	10	350
2009	40(계속10, 신규30)	157억	41	4,555(1.2%)
2010	47(선도15, 계속23, 신규9)	236억	90	24,622(6.5%)
2011	60(선도29, 우수21, 특성화10)	350억	118	36,896(9.6%)
2012	60(선도30, 우수20, 특성화10)	351억	122	41,250(10.8%)
2013	미정		121(수시) 24(정시)	43,138(11.5%)

출처: 2011학년도 입학사정관제 전형 분석(권영길 의원실)

말로 치는 본고사, 구술 면접

김샘: 구술 면접은 어떻습니까?

안상진: 대학에서는 수시모집 특기자 전형 1단계 또는 2단계 전형(대부분은 2단계)에서 영어면접, 수학/과학 구술시험과 같은 난이도 높은 대학별 고사를 대학마다 다양한 방식으로 실시하고 있어, 이런 전형 역시 심각한 사교육 유발요소로 작용하고 있는 상황입니다. 특히 서울대의 특기자 전형을 비롯하여 수학/과학 교과지식을 묻는 각 대학의 구술시험 형태의 대학별 고사는 사실상 말로 치는 본고사라고 평가되고 있습니다. 또한 대학마다 실시하는 방식과 출제되는 문제 등이 다르고, 구체적인 방식과 기출문제 등이 잘 공개가 되어있지도 않기 때문에 준비하는 수험생 입장에서는 수준 높은 난이도로 인한 어려움과 함께 정보에 대한 부족을 겪을 수밖에 없습니다.

구술시험 형태의 면접은 논술고사 또는 지필 본고사라는 이름이 직접적으로 붙지 않았지만, 학생이 미리 외부와 차단된 공간에 들어가서 시험지를 받고 정해진 시간 동안 문제를 푼 다음 채점관(전공 교수) 앞에서 면접 및 구술 과정을 겪는 방식의 시험이기 때문에 사실상 본고사라고 할 수 있습니다. 각 대학이 모집요강에서 밝히고 있는 면접 방식을 보면 이런 사실은 명확해집니다.

주요 11개 대학을 대상으로 수시전형에서 구술면접시험으로 학생들을 선발하는 비중을 조사한 결과, 서울대(52.53%)를 비롯하여 연세대(21.21%), 시립대(14.07%), 서강대(13.33%) 등 여러 대학이 상당한 인원의 학생을 교과지식을 묻는 시험 형태의 구술면접시험을 통해 선발하고 있는 것으로 밝혀졌습니다. 특히 가장 많은 인원을 선발하는 서울대 특기자 전형의 난이도는 정규교육과정 수준을 훨씬 상회하는 것으로 평가되고 있습니다. 이 전형 합격자 절반 가까이를 과학고 학생이 채우고 있으며, 일반고 학생이 합격하는 경우도 중학교 시기에 과학고를 준비한 경험을 바탕으로 상당한 정도의 선행학습이 이루어진 학생들이 대부분인 것으로 알려져 있습니다. 강남에는 서울대 특기자 전형을 전문으로 하는 학원이 존재하고, 이 학원 재원생의 90% 정도는 과학고 학생이라고 합니다. 또한 이 학원에서 사용되는 학원교재를 입수하여 분석한 결과, 상당수의 문제가 대학교 수학 과정 수준을 다루고 있었습니다. 가장 우수하다고 평가받는 과학고 학생들조차 따로 학원을 다니면서 대학교 과정의 수학을 미리 연습하고 봐야만 하는 시험이라면 어떤 이유를 내세운다고 해도 시험의 정당성을 찾기는 어려울 것입니다. 물론 11개 모든 대학의 구술면접시험이 고교의 교육과정 수준을 벗어난다고 단정 지을 수는 없습니다. 하지만 최소한 이런 방식의 대학별 고사의 전반적인 난이도가 매우 높다는 것은 분명한 사실입니다. 구술면접시험을 준비하는 상위권 학생들은 정규 수업과 평가가 아닌 방과 후 수업이나 많은 경우 사교육에 의존하여 시험을 대비하고 있는 것이 현실입니다.

학생과 학부모, 교사가 느끼는 부담

김샘: 현재의 대입제도를 통해 학생들이 느끼는 부담은 어떤가요?

안상진: 수시전형의 비중이 늘어나면서 부담 또한 같이 늘었다고 보아야 합니다. 한때 죽음의 트라이앵글이라는 말이 유행했는데 최근에는 여기에 입학사정관제 전형까지 늘어나서 면접과 스펙까지 준비해야 한다는 의미로 이범 씨는 이를 죽음의 펜타곤이라고 부르기도 합니다. 최근에는 적성 전형

이라는 것도 생겨 아이큐 검사 비슷하게 해서 선발하는 경우도 있는데 학생들은 요행을 바라고 응시하는 경우가 많아 경쟁률이 비정상적으로 높아지는 경우도 있습니다. 아무튼 전형 방법이 복잡해지고 평가 요소가 많아질수록 학생들의 심리적 부담은 늘어나는 것입니다. 아울러 이를 통해 사교육이 침투하기도 하고요.

또 주요 대학의 수시전형에서 학교 밖 스펙(서류)이 당락을 좌우하는 핵심 요소로 활용되고 있습니다. 대학에서는 수시전형의 서류평가로 공인어학성적이나 올림피아드 수상 실적 등을 비롯하여 수험생의 우수성을 증명할 수 있는 학생부 이외의 각종 자료를 요구하고 있습니다. 이는 특기자 전형에서는 물론이고 학생부 중심 전형에서도 마찬가지입니다. 이러한 서류 전형의 문제점은 학교 정규 교육과정을 통해서 이루어지는 것이 아니라 개인이 별도로 준비해야하기 때문에 수험생에게는 상당한 부담으로 작용합니다. 또한 학교 교육과정의 수준을 뛰어넘는 높은 수준의 서류 제출 요구는 수험생에게 이른 시기부터 사교육에 의존할 수밖에 없도록 만들고 있습니다. 이는 수험생의 부담뿐만 아니라 학교교육 정상화의 관점에서도 결코 바람직하다고 볼 수 없습니다. 경제적인 부담 또한 무시할 수 없습니다. 수시 전형이 늘어나고, 정시모집의 기간도 다르게 하면서 학생들의 응시 횟수는 부모의 지갑의 두께에 비례한다는 말이 있듯이 이 모든 것이 학부모들의 부담이 되고 있습니다. 2013학년도부터는 수시응수횟수가 6회로 제한되면서 응시료의 부담은 많이 줄어들 것으로 예상은 됩니다.

김샘: 고등학교 교사의 부담은 어떤가요?

안상진: 학교에서 진학 담당, 특히 3학년 담임 교사가 느끼는 부담도 매우 다

양합니다. 먼저 전형이 매우 복잡해짐에 따라 학생 지도에 많은 어려움을 겪습니다. 특히 학생들이 적성평가나 논술을 체계적으로 준비할 수 있는 여건이 되지 못하기 때문에 학생들의 수시전형 지도에 더 많은 부담을 느끼고 있습니다. 또한 입학사정관제를 지원할 때에는 각종 서류와 추천서를 준비하기 위해 투입해야 하는 시간 또한 적지 않습니다. 물론 학생들의 진로를 위해서라면 수고를 아끼지 말아야겠지만 수많은 학생들의 추천서를 써 주는 것이 쉽지 않습니다. 특히 같은 입학사정관 전형이라도 각 학교의 추천양식이 다르고 준비하는 서류의 종류가 달라서 학생마다 학교마다 전부 다르게 준비해야 하는 어려움이 있습니다.

대학입학제도 개선의 방향

김샘: 그러면 이와 같은 문제점들을 해결할 수 있는 대안적 방향에 대해 논의해 보죠. 그 전에 이와 관련하여 우리 논의의 범위를 벗어나긴 하지만 대학의 서열 체제를 개혁하기 위한 '좋은대학 100 플랜' 정책이 제안된 바 있습니다. 이 내용이 무엇인지 간단히 알아보도록 하겠습니다.

김승현(사교육걱정없는세상 정책실장)**:** 아무리 대입제도를 개선한다고 해도 전체 대학의 4% 정도 밖에 되지 않는 일부 상위권 대학에 들어가기 위한 경쟁이 존재하는 한, 입시경쟁과 사교육비 지출을 해결하는 데에는 한계가 있을 수밖에 없습니다. 고로 궁극적으로 학생과 학부모가 진로와 적성에 따라 선호하는 '좋은 대학'의 숫자를 단계적으로 전국에 100개까지 육성하여 입시경쟁과 사교육비 부담의 핵심 원인이 되는 대학 서열 체제를 완화하고 고등교육의 경쟁력을 제고하자는 것입니다. 이 때 국공립대학을 중심으로 네트워크를 추진한다는 점에서 기존의 진보진영 안과 유사하지만 공모방식을 통하여 적극적으로 사립대학을 네트워크에 포함시키려고 한다는 측면에서 차이가 있습니다. 좋은 대학 100플랜에서는 사립대학을 배제하는 것이 아니라 공모과정에서 국공립대학과 동등한 경쟁을 하도록 하고 공모에서 요구하는 조건을 만족하는 경우 국공립대학 수준의 지원을 하게 됩니다. 또한 진보진영의 안은 사실상 대학을 평준화하는 안인데 고등교육이 점차 확대되는 상황에서, 그리고 지식기반사회로의 진전이 심화되는 상황에서 개인과 사회는 대학교육에 다양한 요구를 하고 있으며 이를 수용하기 위해서는 대학 또한 전문화/다양화/특성화하는 방향으로 혁신이 되어야 합니다. 이 때 역할과 기능을 달리 하는 대학 간의 서열화가 되지 않도록 노동시장 진출 단계에서의 적극적인 보완과 지원 정책이 병행되어야 할 것입니다. 산업사회시대 대학 진학을 학업성취도가 우수한 엘리트만이 진학하던 시대, 이런 시대에서는 대학평준화안이 설득력을 가질 수 있겠지만 현대 사회에서의 대학은 다양성이 확대되는 쪽으로 나아가야 합니다. 따라서 좋은 대학의 기준역시 일률적인 성적 수준에 따른 잣대가 아니라 다양한 기준이 적용될 수 있으며 개인마다 자신의 진로와 적성에 따라 좋은 대학은 달라질 수 있습니다.

김샘: 알겠습니다. 대학 체제 개혁은 초중등교육에 미치는 영향이 크기 때문에 매우 중요하게 다루어야 할 것입니다만 여기서는 고등교육 체제 개편은 제외하고 대입제도를 다루도록 하겠습니다. 대입제도 개편의 방향은 어떻게 되어야 할까요?

안상진: 기본적으로 대학입학제도는 내신을 중시하는 방향으로 가야 합니다. 고등학교 과정에서 배운 것들을 전반적으로 충실하게 확인하는 것이 학

생에 대한 정확한 판단을 가능하게 한다고 할 수 있습니다. 그리고 그렇게 될 때 고등학교 교육도 정상화가 될 것입니다. 이를 위해서는 대학수학능력 시험은 과목마다의 최소한의 공통 필수적인 성취기준을 확인하는 시험, 즉 자격고사화 하는 것이 바람직합니다. 그리고 논술이나 구술, 적성과 같은 대학별고사는 현재 내신이나 대학수학능력시험으로 확인하기 어려운 부분을 보완적으로 파악할 수 있는 자료로 활용되고 있습니다. 그러나 그 폐해가 매우 커서 대학수학능력시험 Ⅱ가 만들어져서 논술형으로 시험이 이루어진다면 대학별고사는 폐지되는 것이 맞다고 봅니다. 결론적으로 내신을 어떤 식으로 반영하는가 하는 것은 대학이 자율적으로 결정하도록 하되 기본적으로 내신을 중시하는 방향성을 존중하여 고교 교육과정과 대학 입시가 내용적으로 연계성을 가지도록 사회적 타협을 하여야 할 것입니다.

7 교과 프로젝트 전형 : 고교는 프로젝트 수업을 활성화하고 대학은 이를 대입 전형 자료로 활용함으로써 고교 교육의 질을 높이자

김샘: 이와 관련하여 2008 대학입학제도 개선 방향이 내신을 중시하는 방향으로 갔었는데 결과적으로 성공하지 못했다고 볼 수 있습니다. 대학은 내신의 실질반영률을 낮추는 방향으로 대응했고, 대학수학능력시험 등급제도 5등급이 아닌 9등급으로 가면서 변별의 기능은 그대로 유지되다가 결국 그마저도 점수제로 회귀하였습니다. 그리고 또 다른 변별력 확보를 한다는 명목으로 논술이 도입되면서 수험생의 부담과 혼란은 가중되었는데요. 그 문제에 대해 이범 씨의 분석을 들어보도록 하겠습니다.

이범: 2008 대학입학제도 개선의 방향을 내신 위주로 잡은 것은 애초에 주소를 잘못 찾은 것이었다고 봅니다. 우리나라 내신제도는 친구와 동료들을 경쟁상대로 삼아야 하는 상대평가인데, 이건 교육학적으로 전혀 정당화할 수 없는 제도입니다. 서양에서는 전혀 찾아볼 수없는 제도지요. 체감 경쟁 강도가 높기 때문에 학생들의 부담감이 컸습니다. 또한 교사별 자율성이 인정되지 않고 교육 과정에 대한 국가의 통제 및 평가에 대한 학교단위의 통제(학년별 일제고사제도, 학업성적관리위원회의 사전심의 등)가 심각한 수준이어서, 수능보다 비교육적인 문항들이 속출하거든요. 저는 대입정원의 일정 비율을 내신 위주로, 혹은 내신 성적으로만 선발하는 것은 나름의 가치가 있을 수 있다고 봅니다. 장기적인 학업성실성을 검증할 수 있고, 지역안배 효과도 발생하니까요. 다만 내신이라는 요소를 '보편화'하려는 시도는 불가능할 뿐만 아니라 바람직하지도 않다고 생각합니다.

김샘: 현재의 내신에 대한 신뢰가 그리 높지 않은 것 같습니다. 이런 상황에서 내신을 중시해야 한다는 것은 어떤 의미를 지닐까요?

안상진: 현재의 내신은 대학수학능력시험의 모조품이라 할 수 있습니다. 객관성에 얽매여서 모든 아이들을 줄 세우는 것은 대학수학능력시험이나 내신 시험이나 다를 것이 없습니다. 오히려 대학수학능력시험은 전국의 학생들을 동일한 시험으로 줄을 세우니 오히려 더 객관성이 높다고 볼 수도 있습니다. 문제의 질적 수준으로 보아도 수능시험의 질이 더 높지요. 이런 상황에서 내신의 비중을 높이자는 것은 이해하기 어려운 주장일 것입니다. 오히려 학교가 수업에 대한 학생들의 관심을 붙들어두기 위해 점수를 미끼로 활용한다는 비판을 받을 수 있습니다.

우리가 대학수학능력시험보다 내신을 중시해야 할 정당한 이유는 대학수학능력시험의 한계를 넘어 수업을 통해 교육의 본질에 맞는 교육활동을 한다는 것에서 찾아야 합니다. 대학수학능력시험은 고등학교의 수업을 암기식, 문제풀이 위주의 공부로 치중하게 만듭니다. 이런 한계를 탈피하고 학교 수업을 통해 학생의 전인적인 성장을 담을 수 있으려면 수업이 변해야 하고 평가가 달라져야 합니다. 즉, 대학수학능력시험을 통해 평가하고자 하는 기본적인 것들을 배제할 이유는 없지만 수업은 그 이상이어야 한다는 것입니다. 예를 들면 학생들의 종합적 사고 능력을 함양할 수 있는 프로젝트 수업을 할 때 그것을 통해 학생의 다양한 능력을 발휘할 수 있고, 그것을 의미 있는 자료로 활용할 수 있는 것입니다. 즉 내신을 중시하자는 것은 고등학교 수업을 교육 본질에 맞게 살리자는 의미가 있는 것입니다. 그렇게 될 때 대학입학전형에서 내신을 중시하는 의미가 살아날 것입니다.

김샘: 문제는 현재의 내신이 그렇게 되지 않은 상황에서 대학입학전형에서 내신을 중시하라고 하는 것이 맞지 않는다는 것일 텐데요. 반대로 고등학교에서는 대학이 내신을 중시하지 않는데 대학수학능력시험의 압력을 극복하고 굳이 질 높은 수업을 할 동기가 생기지 않는다고 할 수 있고요. 어떻게 보면 닭이 먼저냐 달걀이 먼저냐 하는 논리 싸움일 수도 있겠습니다.

안상진: 그렇기 때문에 동시적인 타협이 필요합니다. 이를 위해 고교와 대학이 연계하여 새로운 수업의 모델을 만들고 이를 대학입학전형에서 활용할 수 있도록 하는 약속이 필요합니다. 대학은 대학 입장에서 원하는 인재를 선발할 수 있으니 유익하고, 고등학교는 교육 본질에 맞는 수업을 함으로써 고교 교육의 정체성을 찾을 수 있으니 유익합니다. 한 마디로 질 높은

교육을 위한 협약이 되는 것입니다. 입학사정관제는 이러한 전형을 실시하는 데 적절합니다.

김샘: 조금 더 구체적으로 설명을 해 주시죠.

안상진: 저희가 제안하는 것은 '교과 프로젝트' 전형입니다. '교과'의 의미는 비교과가 아닌 교과를 중시하자는 것입니다. 입학사정관제가 주로 비교과 영역에 치중하다보니 정작 중요한 교과에서 질 높은 수업을 견인하는 효과가 부족했습니다. 교육과정의 몸통이라 할 수 있는 교과 수업이 살아야 의미가 있는 것입니다. '프로젝트'라는 의미는 질 높은 수업의 하나의 모델이 되기 때문입니다. 프로젝트 수업의 형태는 다양하지만 과거의 문제 풀이식 수업을 넘어서 학생의 종합적인 사고 능력, 수행 능력을 이끌어낸다는 의미를 담고 있습니다. '교과 프로젝트 전형'이란 이처럼 프로젝트 수업을 통해 발견되는 학생의 종합적 능력을 평가하여 그 결과를 대학입학전형에 중요한 자료로 삼고자 하는 것입니다. 그러려면 프로젝트 수업의 결과를 적절하게 해석할 수 있는 과정이 필요합니다. 그 역할을 입학사정관이 담당하는 것이 옳다는 것입니다. 이와 같은 교과 프로젝트 전형을 대학마다 일정 비율 이상을 채택하도록 한다면 고교에 수업의 혁신을 위한 분명한 신호를 줄 수 있을 것입니다. 시범적으로 교육과정의 혁신을 선도하는 고등학교와 이를 전형에 활용하고자 하는 대학을 몇 개 엮어서 운영하는 것이 필요할 것입니다. 그렇게 함으로써 이 전형을 통해 고등학교 교육과정이 질이 높아진다는 증거를 가질 때 전국적으로 확산할 수 있을 것입니다.

김샘: 그러자면 내신의 형식도 많이 달라져야 할 것 같군요.

안상진: 그렇습니다. 단순히 국어 80점과 같은 표현으로는 이 내용을 적절히 표현하기가 어렵죠. 그렇다고 교사별로 주관적인 서술형으로 평가하는 것이 대학에서 활용하기가 쉽지 않을 것입니다. 교과 프로젝트 전형을 통해 달성하고자 하는 영역별 능력과 그 성취 기준을 약속된 형식을 통해 표현하는 것이 필요할 것입니다.

김샘: 이 부분은 절대평가와 맞물리면서 어떤 식으로 표현하는 것이 적절한가에 대한 연구가 필요하겠습니다.

안상진: 사실 절대평가는 점수나 석차를 넘어 성취기준에 따른 목표를 얼마나 달성하였는가를 표시하여야 합니다. 그런데 고등학교 내신의 경우는 선발을 위한 자료로 활용된다는 점에서 절대평가의 순수한 형태를 유지하기는 쉽지 않을 것입니다. 그러므로 타협책으로 등급과 평균과 표준편차를 제공함으로써 대입의 전형자료로 활용될 수 있는 형태로 어느 정도의 가공이 필요할 것이라 봅니다.

8 대학수학능력시험의 Ⅰ, Ⅱ 분리 : 수능의 성격을 이원화하여 진로 중심 맞춤형 교육과정을 활성화하자

김샘: 궁극적인 지향점은 비슷하지만 어떤 단계를 밟아 나가는 것이 적절한지에 대한 의견 차이들이 있는 것 같습니다. 이와 관련하여 대학수학능력시험 분리 방안도 의미 있게 검토할 수 있을 것 같습니다. 어떤 내용인지 설명을 부탁드립니다.

안상진: 한국교육개발원에서 발표했던 고교-대학 연계형 대학입학제도 중 장기 종합방안을 살펴보면 대학수학능력시험을 Ⅰ, Ⅱ로 분리하여 대학수학능력시험 Ⅰ을 자격고사처럼 시행을 하고, 대학수학능력시험 Ⅱ는 자신이 진로와 전공을 고려하여 선택한 2-3개 과목을 좀 더 심화하여 논술형으로 평가하자는 내용이 담겨 있습니다. 즉, 질 높은 내신 중심의 대학입학전형이 정착되기 이전 과도기에는, 선택교과에 대한 '논/서술형 대학수학능력시험 Ⅱ'를 도입하여 보완적인 전형자료로 활용하자는 것으로 대학수학능력시험 Ⅱ는 계열별 선택교과에 대한 논/서술형 평가(절대평가 5등급)로 이루어지며, 계열별로 대학이 필수교과를 지정하여 개별 수험생은 지원하려는 모집단위(전공)와 관련이 높은 두 개 영역에만 응시할 수 있도록 하는 것입니다.

[대학수학능력시험II 시험 체제(예시)]

교시	영역	출제 범위
1	인문 선택	국어*, 화법, 작문, 독서, 문법, 문학, 한국사, 동아시아사, 세계사, 도덕, 철학, 논리학, 심리학, 교육학, 종교학 등
	수리 선택	수학*, 수학Ⅰ, 수학Ⅱ, 미적분과 통계기본, 적분과 통계, 기하와 벡터
2	사회 선택	사회*, 한국지리, 세계지리, 법과 정치, 경제, 사회·문화
	과학 선택	과학*, 물리Ⅰ/Ⅱ, 화학Ⅰ/Ⅱ, 생명과학Ⅰ/Ⅱ, 지구과학Ⅰ/Ⅱ

※ 각 대학은 모집단위(전공)별로 필수교과를 지정하여, 1교시와 2교시에서 각각 한 과목씩 최대 2과목만 반영

김샘: 대학수학능력시험 Ⅱ는 본고사의 위험성이 있는데요. 이런 분리가 의미 있다고 보시는 이유는 무엇입니까?

안상진: 그 이유는 첫째, 학생들이 진로 중심으로 교과를 선택할 수 있도록

유도하는 것입니다. 먼저 학교의 교육과정을 파행적으로 만들었던 대학수학능력시험Ⅰ이 자격고사화 되면 난이도가 낮아지고 시험에 대한 부담이 매우 적어질 것입니다. 또한 대학수학능력시험Ⅱ를 통해 학생들은 자기 적성과 진로에 따라 과목을 택하므로 모집단위에 대한 학생의 능력을 타당성 있게 평가할 수 있습니다.

둘째, 현재의 많은 부작용을 낳고 있는 대학별 고사를 폐지할 수 있습니다. 대학별로 논술을 보는 이유가 전공 적합도를 보기 위함이라고 하는데 그러한 수요를 대학수학능력시험Ⅱ로 해결할 수 있기 때문입니다.

셋째, 질 높은 고등학교 수업을 견인할 수 있습니다. 이렇게 대학수학능력시험Ⅱ가 운영된다면 일선 학교는 그 시험을 대비하기 위해 논술형 수업을 할 수 밖에 없게 됩니다. 자연스럽게 질 높은 내신으로의 변화를 유도하는 것입니다.

김샘: 대학수학능력시험Ⅰ은 어떻게 되어야 합니까?

안상진: 입학 경쟁을 완화하고 의미 있는 교육 경쟁으로 유도하기 위해서는 대학입학전형에서 절대적인 비중을 차지하면서 고등학생의 일상과 고교 교육에 결정적인 영향력을 행사하고 있는 대학수학능력시험Ⅰ의 성격을 애초의 도입 취지대로 자격고사 성격의 시험으로 전환하는 것이 필수적입니다. 이는 고교 단계에서 공통필수로 이수해야 하는 교과를 대상으로 하고 난이도는 현행보다 낮출 필요가 있습니다.

이렇게 대학수학능력시험의 과목 수와 반영 범위 및 난이도를 낮춰 대학입학전형에서 대학수학능력시험이 차지하는 비중을 줄이는 것은 고교와 대학이 교육적 기능을 회복하는데 여러 측면에서 긍정적 효과를 갖습니다. 무엇보다 고교 교육 정상화의 전제 조건이 됩니다. 대학수학능력시험의 영향력이 축소된 환경에서 비로소 고교 교육은 수능 준비를 위한 문제풀이 중심의 수업에서 벗어나 다양한 수업과 평가 방식을 시도할 수 있는 여지를 확보할 수 있으며, 학생들은 대학수학능력시험 준비를 위한 학습 부담과 대학수학능력시험의 유·불리 여부에 따라 과목을 선택하는 부담으로부터 탈피할 수 있게 됩니다.

김샘: 대학수학능력시험Ⅱ는 어떻게 되어야 합니까?

안상진: 대학수학능력시험Ⅱ의 결과는 질 높은 내신이 정착되는 과도기 동안 사용되고, 시행 후 일정 시간이 지난 후에는 자격고사 대학수학능력시험과 질 높은 내신으로 100% 선발하는 것이 좋다고 봅니다. 대학수학능력시험Ⅱ는 논/서술형 평가를 통해 학교 교육의 변화를 유도하는 역할을 하지만, 국가단위 시험의 특성상 패턴화되고 유형화되면서 생기게 되는 부작용을 고려하여 과도기에 사용하는 시험으로 위상을 한정하는 것입니다. 따라서 질 높은 내신이 정착된 뒤에 대학수학능력시험Ⅱ는 대학입학전형 자료로서의 부담이 없는 학업성취도 평가로 역할을 변화시키거나 폐지하는 것으로 방향을 잡을 수 있습니다.

김샘: 수능Ⅰ에 논술 시험이 포함되는 것은 어떻습니까?

안상진: 필요하다고 봅니다. 중고등학교에서도 종합적 사고 능력을 신장시키기 위한 서논술형 평가를 확대하는 추세입니다. 그런데 수능 시험이 선다형으로만 출제된다면 이 방향과 모순이 됩니다. 지나치게 어려운 논술의 경

우는 사교육 수요를 자극해서 문제가 될 수 있습니다만 기본적인 수준의 논술형 평가는 중등교육의 질을 향상시키는 역할을 할 수 있을 것입니다. 다만 학교 교육이 이를 충분히 소화할 수 있을 정도의 속도 조절이 필요합니다. 그리고 채점의 공정성을 위한 장치도 충분히 마련되어야 할 것입니다.

> **9 대입 모집단위별 전형 요소 특성화** : 대학의 전공에 맞는 전형 요소 반영을 특성화하여 고교 선택과정을 정상적으로 운영하도록 하고, 대학은 전공 적합성이 높은 학생을 선발하도록 하고, 학생의 입시 부담을 줄이자

김샘: 대학수학능력시험의 변화는 잘 알겠습니다. 그런데 이런 변화가 완성되기까지는 오랜 시간이 필요하다고 봅니다. 현재의 대학입시제도를 개선할 수 있는 현실적인 정책은 뭐가 있을까요?

안상진: 대학입학제도에서 대학수학능력시험과 내신의 반영에 있어서 대학의 모집단위별로 반영교과의 종류 및 범위, 그리고 반영 비율을 달리하는 것이 필요합니다.

김샘: 모집단위별로 반영을 특성화하는 것이 어떤 효과가 있을까요?

안상진: 이 제도는 고교 단계에서 적성과 진로(전공) 계획에 따른 과목 선택을 활성화하는 효과와 함께 국영수를 비롯한 학습 부담을 줄여주는 효과를 기대할 수 있습니다. 학생들이 대학수학능력시험 영역을 선택할 수 있다고 하지만 대학이 입학 전형에서 모든 영역을 잘하는 학생을 뽑겠다는 욕심을

버리지 않으면 좋은 대학을 바라는 학생은 모든 영역에 응시해야 하고, 이는 다시 고등학교가 모든 과정을 이수시켜야 하는 악순환이 반복됩니다. 반대로 모집단위별 대학수학능력시험반영 특성화가 보편적으로 이루어지면 학생들은 대학수학능력시험에서 모든 영역에 응시할 필요가 없게 되고 학교의 교육과정도 보다 탄력 있게 경로형 교육과정을 운영할 수 있게 됩니다.

김샘: 그렇다면 자신의 진로와 관련이 없는 교과는 내신에서도 무의미해져서 학생들의 집중력이 떨어지지 않을까요?

안상진: 그래서 반영비율과 범위 등에 있어 모집단위별 특성화는 되어야 하지만 기본적으로 고교에서 이수한 전 교과가 대학입학전형에 반영되는 것을 원칙으로 할 필요가 있습니다. 현실적으로 대학입시에서 반영되지 않는 과목들은 소홀히 다루어지는 것이 현실이기 때문입니다. 대학수학능력시험이 애초의 도입 취지에서 벗어나 교과목별 학업성취도 평가의 성격으로 변질된 것에는 대학수학능력시험에 포함을 시켜야지 해당 교과 교육의 정상화에 기여할 수 있다는 판단도 작용했다고 볼 수 있습니다. 탐구 과목과 제2외국어 등의 축소가 예상되는 대학수학능력시험 개편안과 관련한 논쟁 역시 이와 관련이 있습니다. 대학수학능력시험에서 제외하면 현실적으로 교실에서 수업 진행이 안 된다는 것입니다. 하지만 이런 문제들은 대학입학전형에서 절대평가 내신이 차지하는 비중이 높아지고 비율의 차이는 있을 수 있지만 고교에서 이수하는 전 교과가 반영된다면 해결될 수 있습니다.

김샘: 그 필요성에 대해서는 공감을 합니다. 그러면 구체적으로 수학 과목에 적용한다면 어떤 변화가 예상되나요?

안상진: 수학을 기준으로 본다면, 전공별로 필요한 수학 과목이 다양할 것입니다. 어문 계열과 같이 수학이 필요하지 않은 전공, 경상 계열과 같이 기본적인 수학에 미적분학과 확률과 통계가 필요한 전공, 자연 계열 중에서도 의대, 생명과학 등과 같이 기본적인 수학만 필요한 전공, 건축공학이나 토목공학과 같이 모든 수학교과가 필요한 전공 등 모집단위의 특성에 따라 지원자격으로 요구하는 수학 과목이 달라질 필요가 있습니다. 이렇게 되면 지금과 같이 모든 학생들이 고등학교에서 똑같이 많은 수학 공부를 할 필요가 사라지고 지금 교육과정의 취지와 같이 맞춤식 선택형 교육과정이 운영될 수 있습니다. 이를 통해 많은 학생들의 수학 부담이 줄어들 것입니다. 또한 고교 단계에서 적성과 진로(전공) 계획에 따른 과목 선택을 활성화하는 효과와 함께 국영수를 비롯한 학습 부담을 줄여주는 효과를 기대할 수 있습니다.

김샘: 그렇군요. 그러면 당장이라도 시행이 가능합니까?

안상진: 이런 변화는 지금 당장 필요한 것이지만 문제는 준비 여건이 되어 있지 못하다는 것입니다. 특히 대학의 모집단위별로 필요한 교과를 연구하여 정하는 일은 매우 중요합니다.

김샘: 구체적으로 수학 과목은 2014학년도 입학생부터 교육과정이 바뀌어 2017학년도 대학수학능력시험부터는 새로운 형태로 바뀌어야 합니다. 그렇다면 모집단위별 반영 특성화가 이루어질 수 있도록 제도가 개선될 수 있는 아이디어가 있을까요?

안상진: 각 모집단위별로 필요한 수학 과목의 종류가 정해진다면 이에 따

라 대학수학능력시험도 개선될 수 있습니다. 예를 들어 수리영역의 기본을 수학Ⅰ+수학Ⅱ로 넣고 선택 과목을 2번 선택할 수 있게 만드는 것입니다.

종 류	수학 과목	
필 수	수 학 Ⅰ, 수 학 Ⅱ	
선 택 1	미적분학 Ⅰ, 미적분학 Ⅱ	
선 택 2	확률과 통계	기하와 벡터

이런 형태로 운영된다면 예를 들었었던 어문계열은 수학 시험을 보지 않을 것이고 경상 계열은 필수와 선택1을 보고 선택2에서 확률과 통계를 볼 것이고 의대, 생명과학 계통은 필수만 보고 공대는 필수와 선택1, 선택2에서 기하와 벡터를 보도록 할 수 있습니다.

김샘: 자, 그러면 지금까지 대입제도에 대해서 논의를 했는데, 대입제도는 하루아침에 바뀔 수 없는 것이고, 다른 정책들과 연결 고리가 많기 때문에 이를 전체적으로 보여 줄 수 있는 로드맵이 있으면 좋겠습니다.

안상진: 다음의 도표로 설명하겠습니다.

대학입학제도 개선 로드맵

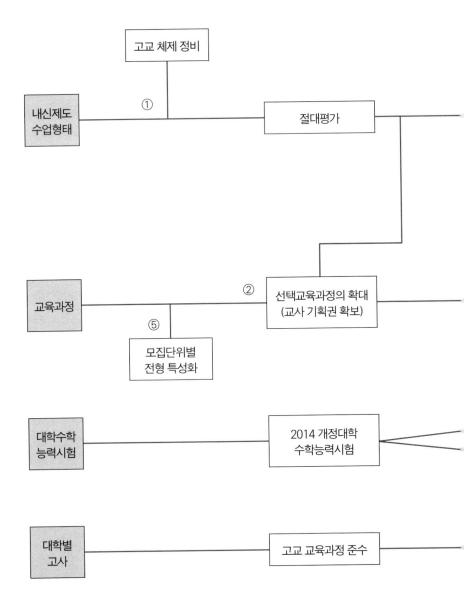

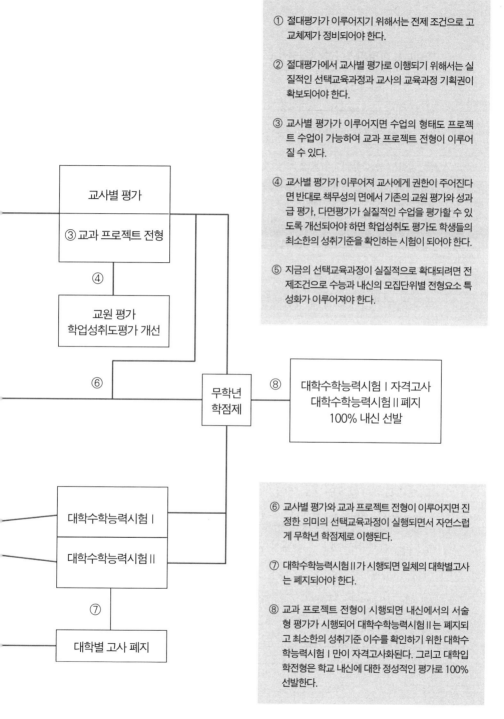

① 절대평가가 이루어지기 위해서는 전제 조건으로 고교체제가 정비되어야 한다.

② 절대평가에서 교사별 평가로 이행되기 위해서는 실질적인 선택교육과정과 교사의 교육과정 기획권이 확보되어야 한다.

③ 교사별 평가가 이루어지면 수업의 형태도 프로젝트 수업이 가능하여 교과 프로젝트 전형이 이루어질 수 있다.

④ 교사별 평가가 이루어져 교사에게 권한이 주어진다면 반대로 책무성의 면에서 기존의 교원 평가와 성과급 평가, 다면평가가 실질적인 수업을 평가할 수 있도록 개선되어야 하면 학업성취도 평가도 학생들의 최소한의 성취기준을 확인하는 시험이 되어야 한다.

⑤ 지금의 선택교육과정이 실질적으로 확대되려면 전제조건으로 수능과 내신의 모집단위별 전형요소 특성화가 이루어져야 한다.

교사별 평가
③ 교과 프로젝트 전형

④

교원 평가
학업성취도평가 개선

⑥

무학년
학점제

⑧ 대학수학능력시험 I 자격고사
대학수학능력시험 II 폐지
100% 내신 선발

대학수학능력시험 I

대학수학능력시험 II

⑦

대학별 고사 폐지

⑥ 교사별 평가와 교과 프로젝트 전형이 이루어지면 진정한 의미의 선택교육과정이 실행되면서 자연스럽게 무학년 학점제로 이행된다.

⑦ 대학수학능력시험 II가 시행되면 일체의 대학별고사는 폐지되어야 한다.

⑧ 교과 프로젝트 전형이 시행되면 내신에서의 서술형 평가가 시행되어 대학수학능력시험 II는 폐지되고 최소한의 성취기준 이수를 확인하기 위한 대학수학능력시험 I 만이 자격고사화된다. 그리고 대학입학전형은 학교 내신에 대한 정성적인 평가로 100% 선발한다.

Part 4. 소명의 발견을 돕는 진로직업교육 체제

김샘: 대입제도를 살펴보았는데 진학과 더불어 또 하나의 큰 영역이 취업을 하는 것입니다. 넓게 보아 진학이든 취업이든 모두 진로교육의 영역에 속하는 것입니다. 그런데 상대적으로 진로교육에 대한 관심은 부족했던 것 같습니다. 앞 시간에 진로진학상담교사 배치를 통해 진로교육을 위한 여건은 좋아졌다고 할 수 있지만 여전히 제대로 된 진로교육을 위한 인프라는 부족하다고 지적을 했습니다. 이를 해결할 수 있는 방안은 어떤 것이 있겠습니까?

홍인기: 현재 자치구별로 직업체험센터가 운영되고 있습니다. 서울의 경우 강동구, 노원구, 금천구와 교육청이 협약을 맺고 진로직업체험센터를 설립하기로 하였습니다. 이와 같은 노력이 확대되어야 합니다. 사회적 인프라와 학교가 결합되어 학생들의 경험을 넓힐 수 있도록 적극 지원해야 합니다. 직업체험 교육 프로그램을 제공하는 기업에 대해서는 세제 혜택과 같은 사회적 지원을 하는 것도 고려해 볼 수 있습니다. 재능 기부와 같은 개념으로 기업이나 개인이 학생들의 교육을 위해 자원을 기부하는 것을 사회적으로 장려하고 하나의 캠페인으로 열어가는 것도 좋을 수 있습니다. 이를 위해서 학교 측에서는 직업체험을 정규시간을 통해서 할 수 있는 여지를 열어두어야 합니다. 현재 전문계고에 한해서 현장 실습을 허용하고 있는데 가능하면 중학교 단계에서도 직업 체험이 가능하도록 하는 것이 필요합니다. 마치 미국의 메트 스쿨처럼 인턴십 프로그램을 정규교육과정의 중핵으로 운영하는 것도 필요합니다.

10 자유진로학교 설립 : 정규 교육과정을 벗어나 자유롭게 진로를 탐색할 수 있는 시간과 여건을 마련함으로써 학생들로 하여금 꿈을 찾도록 하자

김샘: 아무래도 기존의 학교가 인턴십 프로그램을 전격적으로 소화하기는 쉬울 것 같지는 않습니다. 보다 새로운 틀은 없을까요? 청소년기는 때로 방황의 시간도 필요한데요. 방황을 통해 세상을 좀 더 넓고 깊게 이해할 수도 있지 않겠습니까?

홍인기: 학생들의 진로탐색을 위한 절대 시간과 여건을 확보하기 위하여 가칭 '자유진로학교'를 설립할 것을 제안합니다. '자유진로학교'는 덴마크의 '애프터스쿨'과 비슷한 개념입니다. 덴마크에서는 정규교과과정이 아닌 다양한 체험활동을 자유롭게 할 수 있도록 애프터스쿨을 운영하고 있습니다.

학생은 기존의 학교 틀을 벗어나 보다 자유로운 상태에서 자신의 진로를 탐색하고 싶을 때에 '자유진로학교'에 등록할 수 있습니다. 진로탐색학교의 교육과정은 매우 다양하고 자유롭게 운영될 수 있습니다. 모든 교육과정은 교사의 도움을 받아 자기주도적으로 결정할 수 있습니다. 혼자서 먼 곳을 여행을 할 수도 있고, 도서관에서 책만 읽을 수도 있습니다. 팀을 구성해서 공동 작업을 할 수도 있습니다. 장인을 찾아서 조수 역할을 하면서 일을 배울수도 있습니다. 이처럼 자유로운 시간과 공간 속에서 자신의 꿈을 탐색하고 시도해 볼 수 있는 기회를 갖게 되는 것입니다.

애프터 스쿨

덴마크에서 실시하고 있는 학교제도이다. '애프터스쿨'(Efterskole 또는 After school)이라 불리고 우리말로는 자유 중등 기숙학교로 번역한다. 덴마크의 자유학교와 사립학교는 초창기 7년 과정의 학교 교육을 제공했다. 이후 교육과정에 대한 필요성을 느낀 지역 모임과 단체의 주도로 기숙형태의 자유중등학교가 전국에 세워졌다. 주로 시골에 사는 14세에서 18세 청소년들에게 8학년과 9학년 과정의 자유교육을 제공했다고 한다. 이러한 역사적 배경에서 시작된 애프터 스쿨은 공립학교에서 10학년까지 교육을 제공하는 요즈음에도 2만여 명(같은 시기 학생들의 약 30%)의 학생들이 260여 개의 자유 중등 기숙학교를 다니고 있다. 학교에 싫증이 나면 새로운 분위기의 학교에서 가정에서 벗어나 공부를 한다. 주로 고등학교에 진학하기 전 여유 있는 시간을 가지면서 자아를 찾고 진로를 탐색하기를 원하거나 친구들과 깊은 우정을 나누기를 원하는 학생들이 선택을 한다. 교육 과정은 주로 음악, 미술, 체육 등 감성 교육과 단체 활동이 주를 이룬다. 그리고 어떤 학교들은 8학년이나 9학년 과정을 함께 개설하기 때문에 8, 9학년 학생들이 이용하기도 한다. 이 학교의 또 다른 장점은 십대들과 부모들이 겪는 많은 갈등을 피할수 있다는 점이다. 물론 지역 공립학교와 똑같은 과목을 공부할 수 있고, 똑같은 시험을 치를 수 있다. 공립학교 졸업생들처럼 상급학교 과정에 들어갈 수 있다는 뜻이다. 자유중등학교의 주된 수입원은 국가 재정지원금이지만, 학교 운영비의 15% 정도는 부모와 학생들이 부담한다.

김샘: 학교 운영 주체는 누구이며, 재정은 어떻게 운영이 됩니까?

홍인기: 공립으로 운영할 수도 있고, 위탁 운영도 가능합니다. 기존의 청소년센터와 같은 기관이 이와 같은 역할을 겸할 수 있습니다. 재정은 1인당 공교육비에 준하는 금액이 운영비로 지원됩니다. 운영비의 내용은 급식이나, 지도교사 인건비, 프로그램 운영비 등으로 지출됩니다. 특별한 건물 형태를 갖지 않을 수도 있습니다. 중요한 것은 지도교사와 학생의 일대일 혹은 일

대다의 만남이 이루어지는 것입니다. 장소는 자유롭게 정할 수 있습니다.

김샘: 학사 관리는 어떻게 합니까?

홍인기: 진로탐색학교도 교육과정은 자유롭지만 학생이 성취한 것에 대한 인증은 필요합니다. 개인적인 포트폴리오를 만들 수도 있고, 자격증을 획득할 수도 있습니다. 혹은 아무 것도 눈에 보이는 성과는 없지만 학생이 경험한 것들에 대해 학생과 교사가 기록과 자료를 남겨 이력을 관리할 수 있습니다. 만약 일반 학교로 갈 경우 그 학교에서 자유진로학교의 교육과정 중에서 학점으로 인정할 수 있는 영역을 소정의 검증을 거쳐 인정할 수도 있습니다.

11 전문계고 산학관 협력 체제 구축 및 고졸 채용 확대 : 전문계 고교와 기업의 유기적 협력 관계를 통해 직업교육의 현장성을 강화하고 고졸 채용을 확대하자

김샘: 직업교육에 있어 중요한 영역이 전문계고 과정입니다. 전문계고 과정이 제대로 운영되기 위해서는 무엇이 필요할까요? 이성주 선생님의 설명을 들어보겠습니다.

이성주: 전문계고의 경우 산학협력이 매우 중요합니다. 산학협력의 의미는 세 가지입니다. 첫째, 직업 현장에 필요한 기술을 위한 교육과정을 학교에 운영하는 것입니다. 둘째, 학생들의 직업체험이나 실습을 위한 인프라를 사회가 제공하는 것입니다. 셋째, 학생들의 취업을 위한 협력체제를 마련하는

것입니다. 스웨덴의 경우는 협회 차원에서 취업지원관을 두어 이 사람이 학교를 돌아다니면서 필요한 인력을 채용하기도 하고 다양한 협력 관계를 만들어 내고 있습니다. 이처럼 우리나라도 직종별 협회나 회사 차원에서 이러한 노력을 기울여야 하는 것입니다. 그리고 실습을 내실 있게 할 수 있도록 지원하는 것이 필요합니다. 실습의 질을 보장하도록 요구하는 한편 정부 차원의 보조금을 지원한다면 회사에서도 좀 더 적극적으로 실습을 지원할 수 있을 것입니다.

김샘: 그러한 산학협력 체제 운영에 있어 장애물은 무엇이고 대안은 무엇이라고 보십니까?

이성주: 고교단계에서 산학협력이 필요하다는 것에는 산업체, 학교, 정부 모두 동의합니다. 그러나 대기업은 인력 수급이 용이하기에 무관심한 편이고, 중소기업은 하고 싶어도 여건이 안 되는 경우가 많습니다. 산업체는 당장 눈에 보이는 이익이 없기에 다소 무관심한 편입니다. 2008년 OECD 직업교육훈련 관련 연구에서 우리나라는 노동시장의 시그널이 공급자에게 전달되지 않고, 공급자가 편의성과 훈련의 용이성에 따라 공급한다는 지적을 받았습니다. 연구에서 '고용주들과 노동조합들이 대표가 되어 체계적으로 직업교육훈련에 관한 문제에 대하여 자문할 수 있는 틀을 만들 것'을 권고한 것을 고려하여야 합니다. 이제는 공고한 산학관 협력 체제 구축을 통해 산업구조 및 기술변화를 적시에 반영하는 교육이 이루어지도록 함으로써 기술 불일치(skill mismatch), 직업 불일치(job mismatch) 현상을 완화하여야 합니다. 이를 위해 사문화되어 있는 직업교육훈련촉진법 제 19조 직업교육훈련협의회 구성 및 운영에 대한 사항을 활성화할 필요가 있습니다. 이를 위

해 직업교육훈련협의회가 내실 있게 운영되도록 관련 법규와 예산으로 뒷받침하여야 합니다.

고졸 채용 확대

김샘: 무엇보다 중요한 것은 전문계고 졸업생이 취업할 수 있는 일자리인 것 같습니다. 이명박 정부에서 이 부분에 성과가 있었던 것 같습니다. 앞으로 어떤 방향으로 정책이 필요할까요?

류지성: 첫째, 기업과 고졸 인력 간 일자리 매칭을 위한 전담 조직 신설이 필요합니다. 둘째, 직업기초능력 및 즉시 활용할 실무능력을 강화해야 합니다. 이를 위해서는 학교와 기업이 협력하여 취업약정을 한 학생을 대상으로 맞춤형 교육과정을 운영하는 것이 필요합니다. 셋째, 전문계고 졸업생의 지속적인 고용가능성을 제고하기 위해 자격인증제도를 도입해야 합니다. 즉 고교 졸업장과 더불어 전공분야 능력을 인정하는 자격인증시스템을 구축하여 채용시 반영하고 장기적으로 학력-자격-학습경험 등이 상호호환이 가능하도록 국가자격체계를 구축해야 합니다. 넷째, 다양한 직무 분야에서 고졸자가 지원 가능한 직무를 발굴하고 고졸 공채를 확대 실시하여야 합니다. 다섯째, 병역미필자에게 불리한 채용 조건을 개선하여야 합니다. 여섯째, 고졸 입사자에게 공정한 성장의 기회를 부여하여야 합니다. 일곱째, 재직자 특별전형을 확대하고 정부 차원의 지원을 강화하는 것이 필요합니다.

김샘: 그와 같은 대책들은 학교만으로는 되지 않고 범사회적인 협력이 필요할 듯합니다. 가장 시급한 것은 학교와 산업체와 정부의 긴밀한 협력을 가능

하게 하는 틀이 만들어지고 활성화되는 것이라는 생각이 듭니다.

12 직업교육 교사 자격증 체제 개선 : 교사 교육을 내실화하여 직업교육 전문성을 높이자

김샘: 직업교육에 있어 하나의 문제점이 교사 역량에 대한 것입니다. 앞에서 교사 자격증이 해당 분야의 전문성을 높이지 못하는 문제를 갖고 있다고 했습니다. 전문계고 교사의 역량을 강화할 수 있는 대안은 무엇일까요?

이성주: 첫째, 전문교과 교사들의 산업체 장·단기 연수도 필요하지만 양성 단계부터 내실화하는 것이 급선무입니다. 일차적으로는 전문교과 통합표시 과목을 개선하여야 합니다. 공업 분야는 통합표시과목을 분리하고 일부 과목만 부분적으로 통합(전자·통신, 기계·자동차)하는 것이 필요합니다. 통합표시과목 소지자에 대한 경과조치의 일환으로 통합표시과목 연수를 받은 교원은 통합표시 전의 원 전공과목은 전공과목으로 하고, 전공이 아닌 다른 과목은 부전공과목으로 처리하고, 통합표시과목을 소지하고 졸업한 자나 교직이수 중인 학생은 원전공영역이 아닌 경우 기본이수 영역을 14학점 이상 이수하였을 경우에 한해 부전공과목으로 처리할 수 있습니다. 또한 수산·해양분야는 통합표시과목을 전부 분리하고 공업 분야와 같이 경과조치를 두어야 합니다. 관련 설문조사(공립고 공업계 교원의 약 5,500명 중에서 약 24%인 1,298명이 설문에 참여)에서 교원의 82%, 교직이수 대학 공과대 교수의 76%가 통합표시에 반대 의견을 지니고 있어 통합표시 개선에 대한 공감대는 형성되었다고 볼 수 있습니다.

둘째, 공고한 산학 협력 체제 구축을 통한 교사들의 산업체 연수 내실화가 필요합니다. 현재는 산업체 연수라 할지라도 산업 현장에서 다양한 체험과 기술을 익히기보다는 산업체 견학 위주입니다. 산업체 입장에서는 조업에 지장이 있기 때문에 교사들의 산업 현장 체험에 인색한 것이 현실입니다. 이를 개선하기 위해 시·도교육청과 공동으로 특성화고 등 교원의 현장직무연수 수요와 고용노동부·지식경제부의 기업참여 현장직무연수 프로그램을 토대로 특성화고 등 교원에 대한 현장직무연수 계획을 수립·실시하는 것이 필요합니다. 특성화고 등 교원이 현장직무연수에 적극 참여하는 한편 기업의 참여를 유도하기 위해 행·재정적 지원이 마련되어야 합니다.

최선생은 얼마 전만 해도 학교폭력 사건으로 가해자와 피해자 사이에 끼여 아주 골치가 아팠다. 가해 사실을 인정하지 않으려는 학부모와 손해 배상을 꼭 받아야겠다고 주장하는 피해자 학부모를 설득하느라 진이 빠졌다. 하지만 교육청에서 파견된 중재 전문가의 도움으로 가해자 피해자 대화 모임을 통해 이 문제가 깔끔하게 해결되었다. 이제 평상시에는 회복적 서클을 통해 많은 문제를 해결하고 학급의 분위기도 좋아졌다.

김선생 학급은 학교 신문 동아리 학급이다. 언론에 관심을 갖고 있는 학생들이 지원하여 만든 동아리가 학급이 된 것이다. 매일 아침 저녁으로 모여서 회의도 하고, 엠티도 가고, 동아리 활동을 하면서 친해지기 때문에 예전 형식적인 조종례를 하던 학급에 비해 훨씬 재미있게 돌아간다. 인원도 20명이기 때문에 아이들이 눈에 다 들어온다. 상담도 잘 된다. 한편 전 교사가 담임을 하기 때문에 교사들끼리 화합도 잘 되는 편이다. 행정업무는 행정 전담직원이 거의 다 맡아서 하기 때문에 신경 쓸 일이 없다. 게다가 교육청 유발 업무 총량제를 실시한 이후 교육청 하달 업무가 대폭 줄었다. 예전에는 학교평가가 있으면 서류를 준비하느라 야근도 많이 했지만 이제는 그럴 필요가 없다.

새로 온 교장 선생님은 평교사 출신으로 학교 혁신의 의지가 높고 교사들이 하고자 하는 것이라면 웬만하면 다 지원해 주려고 노력을 한다. 앞으로는 교장공모제가 대세가 된다고 한다. 고로 승진 점수 때문에 연수를 받거나 하던 일들은 많이 사라졌다. 학교 전체적으로 수업과 상담과 학급활동에 전념하는 분위기가 조성되었다.

박선생은 요즘 바쁘다. 학생들과 학부모들의 설문조사 결과와 건의 사항을 정리해서 학교 평가회에 보고해야 한다. 학교 평가회는 최대 소통의 장이다. 학생회 대표, 학부모 대표, 교직원 대표들이 모여 설문조사 결과를 두고 난상 토론을 벌인다. 목표는 명확하다. 어떻게 하면 학생과 학부모들이 행복해질 수 있는가 하는 것이다. 해마다 학생과 학부모의 학교 만족도를 조사해서 공개하기 때문에 최대한 학생과 학부모의 목소리를 존중하고 문제를 해결하기 위해 노력하는 분위기가 조성되어 있다. 얼마 전 복장 규제로 많은 회의를 한 결과 학생들이 자율적인 규칙을 만들었고, 전체 투표에서 80%의 찬성으로 통과되었다. 이후로 복장 문제를 두고 학생들과 다투는 일이 거의 없다. 학생들의 태도도 예전보다 훨씬 좋아졌다.

김쌤: 이제 학교의 구조에 대해 살펴보도록 하겠습니다. 배움의 기쁨과 평화적 관계와 소명의 발견이 일어날 수 있는 학교의 구조는 어떠해야 하는 것일까요?

정쌤: 크게 보면 첫째 학교 내부의 의사소통구조가 제대로 정립이 되어 있어야 합니다. 문제가 없는 학교는 없습니다. 그러나 학교 구성원들끼리 의사소통을 통해 문제를 해결할 수 있는 역량을 갖추고 있는가 하는 것이 중요합니다. 둘째, 효율성을 갖추어야 합니다. 교사들의 역량이 온전히 발휘될 수 있도록 하는 구조를 갖추는 것이 중요합니다. 셋째, 단위학교의 자율성이 보장되어야 합니다. 교육청으로부터 지나친 간섭과 통제를 받는다면 단위학교의 자율적 혁신 역량이 발휘되지 못할 것입니다.

Part 1. 통하는 학교: 소통과 협력의 평화적 관계

13 갈등 중재 전문가 파견제 : 훈련된 갈등 중재 전문가를 파견하여 학교 폭력 및 갈등 문제를 평화적으로 해결하도록 학교를 돕자

김샘: 먼저 통하는 학교가 되기 위해 어떤 구조가 필요할까요?

박숙영: 먼저 학생 간 혹은 교사 학생 간 갈등이 발생하였을 때 이 문제를 어떻게 해결하는 것이 좋을지에 대한 대안이 필요합니다. 그리고 일상적인 의사소통이 잘 될 수 있는 구조 마련이 필요합니다.

박숙영: 학교폭력이 발생했을 때 이를 교육적이고 평화적으로 해결할 수 있는 소통의 과정이 필요합니다. 우리는 이를 '피해자 – 가해자 대화 모임'이라고 부릅니다. 좀 더 구체적으로 '피해자 – 가해자 대화 모임'을 통해 학교폭력에 대한 새로운 접근법을 확산시키고자 노력하시는 이재영 소장님의 이야기를 들어보도록 하죠.

이재영: 학교폭력 문제 중에 법적인 다툼으로 비화되는 경우를 보면 학교폭력 문제를 다루는 관점과 절차에 문제가 있다는 것을 잘 알 수 있습니다. 한 아이가 다른 아이에게 피해를 입힌 경우 법적인 관점은 사건을 객관적으로 규명하고 책임 소재를 가리는 것에 집중합니다. 이 과정에 가해자는 사실을 축소하려고 하고, 피해자는 피해를 부풀리는 가운데 2차적인 관계의 파괴가 일어납니다.

가해자가 피해자의 고통을 공감하고 진심으로 사과하거나 화해하는 작업은 뒷전으로 미루어집니다. 피해자의 진정한 욕구는 보상 이전에 진심어린 사과를 받고 싶고 재발 방지를 약속받고 싶은 것인데 이러한 과정은 무시되고 딱딱한 규정과 판결이 이를 대신하게 됩니다. 결국 어떤 판결이 나도 어느 쪽에서도 만족하지 않습니다. 서로 더욱 미워하게 되고 피해의식이 더욱 깊어집니다. 법적 다툼 이전에 학교에서 문제를 처리하는 과정에서 이러한 문제가 잘 다루어진다면 법정 다툼까지 오지 않아도 되겠죠. 하지만 학교에서도 문제를 접근하는 시각이 별로 다르지 않습니다. 문제 행동이 무엇인지를 규칙에 비추어 확인하고 그에 상응하는 벌칙을 내리면 된다는 식입니다. 그러나 그러한 벌칙이 문제행동을 교정하는 수단이 되지 못한다는 것이 문제입니다. 최근에는 벌을 더욱 강화해야 한다는 목소리가 높아지고 있지만 그것도 문제가 있습니다. 벌이 강화된다고 해서 예방 효과가 늘어날지는 의문입니다. 오히려 엄벌은 또 다른 2차적 문제를 가져올 수 있습니다. 보복의 심리를 높여줄 수도 있고, 사회적 낙인감을 받은 학생은 또 다른 문제행동을 일으킬 가능성이 높아진다는 것이죠. 진정한 해결은 가해자와 피해자가 평화적 관계를 회복하는 것입니다.

피해자 – 가해자 대화 모임 사례

학교폭력 신고가 들어와 전문 중재자는 피해자와 가해자를 따로 만나서 각자의 입장을 들었다. 이후 대화모임을 위한 일정을 정하고, 모두에게 연락을 취했다. 대화모임이 열리는 날, 가해자와 그 부모, 피해자와 그 부모, 그리고 학교 관계자로 학생부장교사가 참석했다. 전문 중재자는 대화모임을 위한 몇 가지 당부를 부탁하고 서로의 마음을 이야기할 수 있도록 했다. 피해자 측은 일어난 일로 인해서 병원진료를 받았던 일과 정신적으로 힘들고 괴로웠던 자신의 경험을 얘기했다. 가해자는 자신은 장난이었고 다른 뜻은 없다고 말했다. 그리고, 가해자 부모는 평소 싸우다가도 잘 지내는 것 같아서 큰 문제로 여기지 않았다고 말했다. 대화 과정 중에 당사자들의 격한 감정으로 긴장되는 순간이 있었는데, 그 때마다 전문중재자가 개입해서 그의 감정을 알아주고 그 분노 뒤에 진정한 의도를 찾아서 상대에게 전달해 주었다. 이런 과정은 긴장될 수밖에 없는 대화과정을 안전하게 지속될 수 있도록 해주었다. 3시간동안의 대화를 통해 어떤 피해가 발생했는지 직면하고, 각자의 의도는 무엇이었는지 알게 되었다. 마지막으로 전문 중재자는 피해를 회복하기 위해 할 일과 같은 일이 반복되지 않기 위해 각자가 할 수 있는 일과 상대에게 제안하고 싶은 말을 하도록 했다. 가해자는 치료비 지불과 일어난 일에 대해 사과를 하기로 했다. 그리고 피해자는 자신의 의사표현을 즉시 그리고 분명하게 전달하기로 했다. 그리고 둘은 모두 일주일에 한 번씩 학교 상담교사와 학교생활에 대해 상담하는 시간을 갖기로 했다. 학교는 학생들이 약속을 이행하는 과정을 참고하여, 학교폭력자치위원회에서 사건을 처리하기로 했다.

박숙영: 위에서 말한 절차를 위해 필요한 것은 대화 모임을 진정한 소통으로 이끌 수 있는 전문가가 필요합니다. 현재 학교에 학교폭력상담사를 배치하고 있는데 이 제도를 가해자 - 피해자 대화 모임을 지원할 수 있는 쪽으로 활용하는 것이 적절합니다. 이 전문가는 평상시 학교에 고정적으로 배치되는 것보다는 교육청 단위에서 인력풀을 구성하고 있다가 학교가 요청할 경우 파견하는 식으로 운용되는 것이 좋습니다. 왜냐하면 중재자의 위상은 학

교에 소속되기보다는 독립적이고 중립적인 지위를 갖는 것이 좋기 때문입니다. 학교의 직원화가 될 경우 신뢰성을 확보하는 데 어려움이 있을 수도 있습니다. 때로는 학교 교사도 갈등의 한 축이 될 수 있기 때문에 학교로부터 독립적인 지위가 필요합니다. 평상시에는 학교 안에서 담임 교사를 중심으로 폭력 예방 활동과 상담이 이루어지는 것이 적절합니다.

화해를 가로막는 학교폭력 대책

김샘: 최근 교과부에서 발표한 학교폭력 대책에 대해서는 어떻게 생각하십니까?

박숙영: 몇 가지 문제가 있습니다. 첫째, 학교폭력으로 인한 처벌 기록을 생활기록부에 남기는 문제는 현장에서의 문제 해결을 더욱 어렵게 만들기 때문에 반드시 철회되어야 합니다. 생활기록부에 폭력과 관련한 징계 기록이 있을 경우 학생의 장래에 심각한 불이익이 있을 수 있기 때문에 가해자 입장에서는 순순히 잘못을 시인하고 뉘우치기보다는 가해 사실을 부인하고 은폐하고자 하는 동기가 강하게 작용합니다. 화해를 위해서는 사실을 인정하고 사과하고 용서하는 과정이 필요한데 생활기록부 기재 문제가 걸려 있게 되면 그것이 매우 어렵습니다. 그러므로 생활기록부 기재 문제는 무조건 의무화하는 것이 아니라 피해자의 의지에 따라 기록할 수도 있다는 정도로 열어 두는 것이 좋습니다. 일단 기록을 하고 나중에 삭제할 수도 있다는 것은 별로 좋은 방법이 못 됩니다.

둘째, 학교폭력과 관련한 각종 보고와 출장, 형식적 교육실적을 요구함으로 인해 업무가 늘어나 오히려 학생 지도에 어려움을 겪고 있는 현장의 문제가 있습니다. 그러므로 공문을 줄이고 효과 있는 교육을 위한 프로그램과 예산 지원이 필요합니다.

셋째, 중2 중심으로 실시되고 있는 복수담임제의 경우도 실효성이 없이 예산 낭비만 됩니다. 학생과 관련한 업무를 분담한다는 것은 학생에 대한 통합적 이해와 접근을 오히려 어렵게 하고, 때로는 이로 인해 학생에 대해 소홀해지는 경우도 발생하게 됩니다.

> **14** 학생행복지수 도입, 학생회 지도교사 학교운영위원 위촉, 학생회 학칙 심의권 부여 : 학생들을 존중하고 소통할 수 있는 풍토를 만들자

김샘: 학교에서 학생들의 의견이 제대로 존중되지 못하고 있는 경우가 많습니다. 많은 것을 건의하지만 한 마디로 묵살당하는 경우가 많은데요. 학생들의 인권을 보장하기 위해 학생인권조례를 제정하기도 했지만 이를 둘러싼 논란이 계속되고 있습니다. 이런 문제를 풀 수 있는 방법은 무엇일까요?

임종화: 제도보다 중요한 것은 의식과 문화입니다. 서로를 존중하는 태도를 가지고 있다면 굳이 조례나 규칙이 필요 없겠죠. 그런 점에서 조례는 상징성을 지니고 있는 일종의 선언이라고 보고 실제로 학교 현장에서 학생들의 의견이 존중될 수 있는 여건을 만드는 것이 중요합니다. 이를 위해 첫째, 학생행복지수를 만드는 것이 필요합니다. 학생행복지수는 학생들의 행복감을 수치화하는 것입니다. 학교평가를 함에 있어 학생행복지수를 중요하게 반영하는 것도 한 방법이 됩니다. 학생행복지수가 만들어지게 되면 학교가 이를 의식하고 학생들의 행복을 높이는 방향으로 노력하게 될 것입니다. 그렇

게 되면 학생들을 존중하는 의식과 문화가 조성되는 데 도움이 될 것입니다.

둘째, 학생회가 활성화되기 위해 지도교사를 자율적으로 위촉하도록 하는 것이 필요합니다. 학생회가 활성화되기 위해서는 지도교사의 역할이 중요합니다. 만약 학생회 지도교사가 학생회에 대해 부정적이라면 학생회가 활성화되기 어렵습니다. 학생들이 스스로의 힘으로 문제를 해결하는 것은 현실적으로 쉽지 않습니다. 학생의 입장에서 교사들과 대등하게 의사소통을 하는 것이 쉽지 않기 때문입니다. 그러므로 학생회를 적극적으로 지원할 수 있는 지도교사를 배치하는 것이 중요합니다. 이를 위해서는 학생회가 지도교사를 자발적으로 위촉할 수 있도록 하는 것이 필요합니다. 다른 업무 배정에 앞서 학생회 지도교사는 학생회가 위촉하는 교사를 우선 배정할 수 있도록 할 수 있습니다. 그리고 학생회 지도교사는 학교운영위원회에 포함되도록 하여야 합니다. 일부에서는 학생이 학교운영위원으로 참여하도록 하자고 주장하지만 현실적으로 학생이 학교운영위원회에 참여하는 것이 어렵습니다. 법리적으로도 미성년자인 학생이 학교운영의 책임을 행사하는 것이 적절한가에 대한 이견도 있을 수 있습니다. 그러므로 학생회 지도교사가 중간에서 학생들의 의견을 대변하고 협의하는 역할을 할 수 있도록 하는 것이 적절합니다.

셋째, 학교 학칙을 정하는 과정에서 학생 투표 절차를 제도화하는 것입니다. 즉 학생들과 관련되는 어떤 규정을 정하는 데 있어 논란이 되는 부분이 있다고 할 때 이를 학생 투표에 부쳐서 과반수 의견으로 결정하는 것입니다. 예를 들어 두발 규정을 만든다고 한다면 학생들의 과반수의 동의를 얻어야 하는 것입니다.

김샘: 하지만 개인의 자유를 과반수로 결정하는 것은 정당하다고 볼 수 있을까요? 예를 들어 개인의 종교선택의 자유를 무시하고 다수결로 결정할 수

없는 것 아니겠습니까? 혹은 반대로 학생이 결정하는 것이 옳다고 볼 수 있는지에 대해서도 논란이 있을 것입니다.

임종화: 물론 개인의 천부적 권리로 인정되는 부분을 다수결로 결정할 수는 없습니다. 이런 부분은 민주적 절차로 해결할 문제가 아니라 헌법적으로 판단할 부분입니다. 즉 두발에 대한 규정 자체가 위헌인지 아닌지를 가려야 하는 것입니다. 만약 위헌이 아니라면 그것을 단위학교에서 결정하는 것이 옳은지 교육청 단위에서 결정하는 것이 옳은지 혹은 전국적 단위에서 결정하는 것이 옳은지에 대한 판단이 있어야 합니다. 만약 단위학교에서 결정하는 것이 옳다고 판단했다면 단위학교에서 학생들이 결정할 것인지, 학부모가 결정할 것인지, 교사들이 결정할 것인지, 학교장이 결정할 것인지에 대한 절차가 규정되어야 합니다.

현재 이와 같은 의사결정방식에 대해 합의된 기준이 없습니다. 포괄적으로 학교장에게 권한이 부여되어 있지만 세부적으로 누가 어떻게 결정할 것인지에 대한 구체적인 기준이 없습니다. 새로 개정된 초중등교육법 시행령과 학교규칙운영매뉴얼에는 학생, 학부모, 교원의 의견을 듣고 학교운영위원회에서 심의하여 학교장이 결정하도록 되어 있습니다만 의견 수렴이라는 것이 모호합니다. 두발 규제에 대해서는 학생과 학부모 그리고 교사들 간의 의견 차이가 큽니다. 과연 누구의 의견을 존중할 것인지를 판단하기란 쉽지 않습니다. 다만 교육적 견지에서 보자면 비록 학생들에게 전적인 결정권을 줄 수는 없다 하더라도 적어도 학생들이 동의하지 않는 규칙을 강제하는 방식은 비교육적이라고 봅니다. 그것은 규칙에 대한 존중심을 기르는 것이 아니라 오히려 규칙을 무시하는 태도를 기르게 됩니다. 적어도 과반수의 동의는 얻을 수 있는 규칙이 정당성을 부여받을 수 있을 것입니다. 그런 점에서 학생들의 투표 결과 과반수로 결정한다는 규칙이 필요합니다. 만약 학생들이 반대하여도 반드시 필요한 규칙이라고 판단한다면 그것을 일방적으로 결정하는 것이 아니라 대화와 토론을 통하여 학생들을 설득하는 작업을 해야합니다. 그 과정이 바로 교육이라는 것을 인식하는 것이 필요합니다. 그렇게해서 만들어진 규칙이라면 학교 구성원들에게 권위를 가지게 될 것입니다. 이를 학생과 학부모와 교사가 공유하고 숙지하여서 학교 규칙이 존중될 수있는 문화를 만들어야 할 것입니다.

김샘: 하지만 교육은 옳고 그름의 기준이 있는 것인데 학생들이 원하지 않더라도 지키게끔 해야하는 것도 있지 않을까요? 그리고 미성년자에게 결정권을 부여한다는 것도 좀 문제가 있을 것 같습니다.

임종화: 물론 진리의 문제를 다수결로 결정할 수는 없습니다. 그리고 교사는당연히 전문적 권위를 가지고 학생들에게 옳고 그름을 가르치고 지도해야합니다. 그런데 생활 규정의 문제는 진리의 문제라기보다는 공동체적인 약속의 문제입니다. 이와 같은 약속은 당사자들의 욕구와 자유를 존중할 필요가 있습니다. 한편 어떤 규칙이 아무리 정당하다고 하더라도 당사자의 동의가 없이 강제로 주어질 때 그 의미가 상실되고 부작용이 발생됩니다. 비록 미성년자들이지만 아이들이 가진 자발성을 존중하고 설득할 때에 보다 교육적으로 의미를 갖게 될 것입니다.

15 학교 민원 시스템 설치 : 학부모의 건의에 대한 책임 있는 답변을 하도록 하여 학부모의 불만을 줄이고 학교 개선을 촉진하자

김샘: 학교가 불친절하다고 느끼는 학부모가 많은 것 같습니다. 이를 개선할 수 있는 방법은 있을까요?

임종화: 일상적으로 학교가 학생과 학부모들의 목소리를 경청하는 구조와 절차가 필요합니다. 이를 위해 '학교 민원 시스템'을 제안합니다. 이를테면 관공서에 민원을 제기하면 이에 대해서 관청에서는 처리 결과를 알려주는 것처럼 이러한 민원 시스템을 학교 단위에 설치하자는 것입니다. 홈페이지에 학교 민원 코너를 만들어서 민원을 받고 학교에서는 책임 있는 답변을 하도록 하는 것입니다. 학부모가 좀 더 수월하게 학교와 소통할 수 있는 통로를 만들게 되면 다수 학부모의 뜻이 학교 운영에 반영될 수 있을 것입니다. 지금까지는 소수의 적극적인 학부모들만 학교 운영에 참여하다보니 다수의 목소리가 묻히는 측면이 있었습니다. 물론 이렇게 되면 학교가 좀 더 많은 부담을 느낄 수 있습니다. 그러나 불만은 표현되지 않을 때 더욱 증폭되기 마련입니다. 비록 학교가 모든 것을 해결해 주지 못한다 하더라도 학부모들의 목소리에 귀를 기울이고 최선을 다해 해결하고자 노력한다는 뜻만 전해져도 학부모들의 불만은 누그러지고 학교에 협조적인 자세를 가질 것입니다.

김샘: 학교 민원 시스템을 통해 불만을 해소하고 건의를 반영한다는 것을 넘어서 학부모들이 학교에 대해 주인의식을 가지고 참여하고 소통하는 것이 바람직할 것입니다. 어떤 것들이 필요할까요?

학부모회 저녁에 열기

임종화: '학부모회를 법제화'하자는 주장은 예전에도 있었지만 사실 법제화

여부가 중요한 것은 아닙니다. 현실적으로 학부모회는 존재하고 학교운영위원을 선출하는 기관으로 공식적 지위를 가지지만 문제는 일부의 참여에 그치고 만다는 점에 있습니다. 이 문제는 거창하게 해결하기보다는 사소한 것 하나만 고쳐도 많은 부분이 해결됩니다.

그것은 학부모회 시간을 토요일이나 퇴근 후 시간으로 하는 것입니다. 맞벌이 부부가 많기 때문에 평일 근무 시간 중에 학교로 오기가 쉽지 않습니다. 이와 같은 문제는 단위학교가 자율적으로 규정할 사항이지만 만약 잘되지 않고 있다면 지침으로 규정할 필요도 있을 것입니다. 그리고 학교 평가 때 자세히 설명하겠지만 학교 평가가 학부모들의 참여를 유도할 수 있는 방향으로 진행되는 것도 중요합니다. 학교운영위원회가 형식적인 심의 기능을 담당하고 있는 경우가 많습니다. 이를 넘어서 실제적으로 학교 개선을 위해 의사소통을 하는 중요한 기능을 담당하도록 하여야 합니다. 이 과정에 학부모회도 중요한 주체가 될 수 있을 것입니다.

Part 2. 교사들의 역량이 발휘될 수 있는 시스템

16 전 교사 담임제(동아리 학급제) : 동아리를 학급화하고 전 교사가 담임을 맡도록 하여 학급 공동체성을 높이고 진로교육을 내실화하자

김샘: 학교의 문제에 대해 비난의 화살이 교사에게 집중되는 경우가 많습니다. 그러나 교사들로 하여금 온전히 역량을 발휘할 수 있는 여건이 마련되고 난 연후에 책임을 묻는 것이 적절하다고 생각됩니다. 교사들로 하여금 역량을 발휘할 수 있도록 만드는 조건에는 어떤 것들이 있을까요? 우선 평화적 관계를 위한 교육 여건에는 어떤 것이 있겠습니까?

김성천: 초·중·고의 상황이 각각 다릅니다. 초등의 경우는 담임교사의 의지와 능력이 있다면 정규 수업을 통해 충분히 관계성 교육이 가능합니다. 문제는 중고등학교입니다. 학급 단위에서 담임교사가 관계성 교육을 할 수 있는 시간이 부족합니다. 자치활동 시간이 있지만 이런 저런 명목으로 비디오를 틀어주거나 청소를 하는 등 실제로 학급 공동체성을 세우는 활동이 일어나고 있지 못하는 경우가 많습니다. 실제로 학급 담임이 학생들의 생활 지도의 중추적 역할을 맡고 있습니다. 그러므로 우선 학급 담임이 학급 학생들과 함께 보낼 수 있는 시간과 여건을 확보하는 것이 필요합니다. 이를 위해 전 교사 담임제를 도입할 것을 제안합니다.

김샘: 전 교사 담임제란 어떤 개념인지 이 아이디어를 이미 실현하고 있는 민일홍 선생님(강원고등학교)의 말씀을 들어보겠습니다.

민일홍: 저희는 이를 멘토링 담임제 또는 동아리 학급제라고 부릅니다. 즉 기존의 학급 개념을 동아리 개념으로 전환한 것입니다. 획일적 반 편성이 아니라 진로나 관심사를 기초로 동아리를 편성하고 이 동아리가 학급 기능을 겸하도록 하는 것입니다. 동아리 지도교사는 가급적 전체 교사가 담당합니다. 교사별로 동아리 학급운영계획을 공고하고 학생들의 선택을 받아 배정합니다. 동아리는 무학년으로 구성됩니다. 동아리 학급은 아침 저녁으로 모여 학급 시간을 갖습니다.

김샘: 그렇게 할 경우 어떤 점이 좋습니까?

민일홍: 담임교사 1인이 담당하는 학생수가 줄어들어 교사와 학생의 관계가 훨씬 친밀해 질 수 있습니다. 교사수에 따라 다르지만 기존 담임교사 1인당 30명 수준이라면 전 교사 담임제를 하게 되면 1인당 20명 수준으로 줄어듭니다. 그리고 전체 교사가 골고루 학생들을 담당하기 때문에 담임 비담임의 구분이 없어지고 모두가 함께 학교 운영에 참여함으로써 교사들의 참여의식이 높아집니다. 그리고 동아리 내에 선후배 관계가 형성되어 도움을 주고받으며 리더십을 함양할 수 있는 교우 관계를 가지게 됩니다. 그리고 동일한 관심사를 가지고 있고 가급적 3년 동안 같은 동아리 학급에서 활동하기 때문에 서로 간의 공동체성이 깊어집니다. 그리고 진로에 대한 상담이 깊은 수준으로 이루어집니다.

김샘: 학급 수가 늘어나게 되면 교실이 더 많이 필요하겠고, 수업 시간에 이동을 해야 하는 번거로움이 있을 수 있겠습니다. 또 기존의 학급 담임 체제에 맞춘 행정시스템과 호환이 되는지도 궁금합니다.

민일홍: 교실은 더 만들어내야 합니다. 교사 수에 따라 달라질 수 있지만 예를 들어 기존에 30학급이었다면 동아리 학급제를 하게 되면 45교실 정도가 필요합니다. 아침 저녁으로 이동하는 것만 제외하면 학급 시간 이외의 시간은 기존의 교실 수업과 동일합니다. 교육행정정보시스템은 교과부와 협의하여 해결하였습니다. 담임 수당 문제가 있는데 기존 담임 수당을 똑같이 나누는 방식으로 해결을 하였습니다.

김샘: 모든 교사가 담임을 맡게 되면 생활지도가 한결 좋아질 것 같습니다. 학교폭력도 많이 줄어들고 진로교육에도 큰 효과가 있을 것 같습니다. 이와 같은 아이디어를 일반화하기 위해서는 무엇이 필요할까요?

김성천: 완전한 형태는 학급당 인원수를 줄이고 수업도 그렇게 하는 것이겠습니다만 그렇게 하려면 교실도 새로 짓고, 교사 수도 늘어야 하고, 수업시수도 늘어나야 할 것이기 때문에 당장 시행하는 것은 쉽지 않습니다. 그렇기 때문에 우선 담임제를 변화시킨 것이라 볼 수 있습니다. 담임 교사당 학급 학생 수만 줄여도 생활지도에는 큰 효과가 나타날 수 있습니다. 그러므로 전 교사 담임제를 일반화하는 것은 매우 필요합니다. 학교 여건에 따라 조금의 편차는 있겠지만 원칙은 특별한 업무를 제외하고는 모두 담임을 맡는 것입니다. 이렇게 할 경우 추가적 교실 공간이 필요합니다. 이를 위해서는 기존의 학교 시설 중에 쓸 수 있는 공간을 최대한 활용하여야 할 것이고, 필요하다면 새로운 교실을 더 지어야 할 것입니다. 감사원(2012) 의 '학교시설 확충 및 관리실태'에 따르면 2009년에 중학교 2,143개, 고등학교 1,197개의 유휴교실이 발생하여, 대부분의 학교는 학급수보다 약 1.5배 많은 교실을 확보하고 있다고 합니다. 고로 교실은 어느 정도 확보되었다고 볼 수 있습니다. 행정 체

계는 동아리 학급제에 맞게 변화시키면 문제가 없습니다. 담임 수당은 추가될 수 있습니다. 그리고 현 체제보다 교사의 업무는 증가하게 됩니다. 교사의 에너지를 생활지도에 더 투입하게 하면서 행정업무는 행정직원을 배치하여 해결하는 것이 필요합니다. 아울러 담임의 업무 중에 행정직원이 처리할 수 있는 일은 행정직원을 필요한 만큼 채용하여 해결하는 것이 효율적입니다.

김샘: 전 교사 담임제와 동아리 학급제는 결합되어야 하나요?

김성천: 전 교사 담임제와 동아리 학급제는 엄밀하게 보면 다른 개념이지만 서로 잘 어울립니다. 동아리 개념을 떼고 같은 학년 안에서 전 교사 담임제를 시행하는 것도 가능할 것입니다. 단 그렇게 될 경우 동아리 시간을 별도로 운영하게 되어 학급 시간을 따로 확보해야 한다는 점이 단점이 됩니다. 동아리와 학급 개념이 합해지면 진로교육과 관계성 교육에 시너지 효과가 발생할 수 있습니다. 아무튼 전 교사 담임제를 동아리 개념과 결합하는 장점은 있지만 학교에 따라 유연하게 적용해도 될 것입니다. 하지만 전 교사 담임제는 얼마든지 일반화할 수 있습니다.

17 행정업무전담제 : 행정업무 처리의 효율성을 높이고 교사의 잡무를 줄임으로써 교육의 질을 높이자

김샘: 업무 조직이 학교의 효율성을 좌우할 수 있습니다. 교사들이 행정업무로 인해 수업과 생활지도에 전념하지 못한다면 큰 손실인데요. 이러한 문제를 해결할 방법은 무엇일까요?

홍인기: 지금까지 몇 가지 대안을 시행해 왔습니다. 어떤 학교에서는 담임과 비담임으로 구분하여 비담임이 행정업무를 맡도록 하는 방안을 시행했습니다. 그렇게 될 경우 형평도 맞고 업무의 효율성도 높일 수 있는 장점이 있습니다. 그러나 초등의 경우는 대부분이 담임이기 때문에 그것도 쉽지 않습니다. 그리고 앞에서 언급한대로 전 교사 담임제를 시행한다고 한다면 이러한 담임 비담임의 이원화 구조로 가는 것은 어렵습니다. 그리고 교사의 전문성을 행정의 전문성으로 전환하는 것도 비효율적입니다. 그러므로 가장 바람직한 것은 교무행정을 전담할 별도의 인력을 확보하여 해결하는 것입니다. 최근에 일부 학교에서는 교무행정직원을 추가 배치하여 행정업무를 처리하도록 지원하고 있습니다. 경기도의 장곡중학교에서는 행정업무전담제를 시행하여 큰 효과를 경험하고 있다고 합니다. 장곡중학교 박용국 교감 선생님의 설명을 들어보시죠.

박용국: 우리 학교는 혁신학교로 지정을 받으면서 선생님들로 하여금 수업에 전념할 수 있도록 행정업무를 처리하는 문제를 연구했습니다. 그 결과 행정업무 전담직원을 채용하여 교감과 함께 공문 처리를 하도록 했습니다. 그 결과 단순 민원업무(각종 증명서 발급 등)나 단순 공문처리업무(분류하고 공지하는 것) 등을 전담하여 처리하게 되었고, 전체 공문의 94%를 해결하게 되었습니다. 협의가 필요한 공문은 담당 선생님께 연락을 해서 필요한 사항을 확인하여 전담직원이 처리할 수 있었습니다. 이렇게 함으로써 선생님들은 수업 공개와 평가협의회를 할 수 있는 여건이 마련되었습니다.

18 동일 학년 전담제(초등) : 동일 학년을 연속적으로 담당하도록 하여 초등 교사의 교과 전문성을 향상하여 수업의 질을 높이자

김샘: 초등학교의 경우 교사의 교과 전문성을 갖추기가 어렵다고 합니다. 왜냐하면 1학년부터 6학년까지 전 과목을 가르쳐야 하기 때문입니다. 이 문제를 해결할 수 있는 방법이 있을까요?

김중훈 : 대체로 영미권에서는 동일 학년을 계속적으로 담당하고 있어 교과 전문성을 기를 수 있습니다. 북유럽은 같은 학년을 데리고 올라가는 구조를 취하고 있어 학생 개개인의 필요에 대한 교사의 이해가 깊습니다. 우리나라는 이것도 저것도 아닙니다. 우리나라의 경우 대개 매년 학년이 변동됩니다. 구조적으로 겨울 방학 동안 다음 학년을 준비할 수 없습니다. 이러한 상황에서 3월이 되면 교육과정 계획을 제출하라고 하는데 형식적으로 될 수밖에 없습니다. 엄청난 교육적 손실입니다. 게다가 초등학교에서는 상대적으로 중고등학교와 비교하여 교사의 숫자가 적기 때문에 정말 감당하기 어려운 엄청난 행정업무가 쏟아집니다. 당장 내일 수업을 준비할 시간도 부족합니다. 초등학교 교사의 교육과정과 수업에 대한 전문성을 향상하기 위해서는 적어도 동일 학년을 연속으로 맡는 학년 전담제를 실시해야 합니다. 우리 나라구조에서는 유럽식보다 영미식 방식이 더 적절할 것으로 봅니다.

김샘: 그렇게 될 경우 특정 학년을 선호하는 경우가 있기 때문에 인사의 형평을 위해 보완적 조치가 필요할 것 같습니다. 또 교육청에서 학년 전담을 고려

하여 인사업무를 하는 것이 까다로울 것 같습니다.

김중훈: 교과전담 보충을 통해 수업시수의 형평성을 맞출 수 있습니다. 학교 단위에서 전출 대상자를 제외하고 12월에 담임 배정을 할 때 선호하는 학년의 전출자가 발생될 경우 그대로 두도록 규정할 필요가 있습니다. 그리고 학년전담제를 고려하여 인사를 할 경우 교육청 업무는 좀 더 복잡해질 것입니다. 그러나 그것은 감수해야 할 것입니다.

Part 3. 교육행정 체제 혁신

김샘: 이번 시간에는 교육행정체제 혁신을 다루도록 하겠습니다. 학교를 관료주의로부터 해방시키는 것이 중요한 과제라고 했는데 이를 위해서 무엇이 필요할까요?

정샘: 관료주의 개혁의 핵심은 평가 체제를 바꾸고 자율적 소통과 협력에 기초한 혁신 역량을 강화하는 것입니다. 평가의 주체와 기준을 바꿈으로써 관료주의의 병폐를 걷어내고 관료 체제가 건강하게 작동하도록 하는 것이 필요합니다. 이를 위해 첫째, 교장 공모제를 확대하는 것이 필요하고, 둘째, 학교평가체제를 개혁하는 것이 필요하고, 셋째, 교육청을 재구조화하는 한편 교육청 하달 업무의 절대량을 줄이는 것이 필요하고, 넷째, 단위학교의 예산의 자율권을 보장하는 것이 필요합니다.

---

19 교장공모제 확대 : 학교구성원들의 뜻을 반영한 교장을 공모하여 학교의 혁신을 앞당기자

김샘: 첫째로 승진제도를 개혁하는 것이 필요하다고 했는데 이것이 왜 중요합니까?

홍인기: 교장의 리더십이 학교 혁신의 핵심입니다. 현재 승진제도는 학생과 수업에 대한 교사의 관심을 약화시키고, 관료 체제를 강화하며, 교장의 리더십도 제대로 세울 수 없는 문제를 갖고 있습니다. 점수에 의한 교장 자격증

체제가 유지되는 한 이와 같은 문제는 쉽게 개선되기 어렵습니다. 이를 개선하기 위해 교장공모제를 확대하여야 합니다. 교장공모제는 점수에 의한 자격증 체제를 극복하고 임용 대상을 개방하여 단위학교의 검증을 거쳐 교장을 임용하는 제도입니다. 교장이 되고자 하는 자는 학교운영에 대한 비전을 제시할 수 있어야 합니다. 이렇게 함으로써 단위학교 구성원의 학교의 실정에 가장 적합한 인물을 선택할 수 있게 되는 것입니다.

김샘: 교장공모제가 제한적으로 도입이 되었는데 제도의 배경에 대해 간략하게 짚어주시죠. 교장공모제 도입을 위해 참여정부 교육혁신위원회의 교원인사제도 개선을 위한 특별위원회에서 활동했던 송인수 대표(좋은교사운동 전 대표, 사교육걱정없는세상 공동대표) 설명을 들어보죠.

송인수: 교원인사제도 개혁에 대한 관심은 2002년으로 거슬러 올라갑니다. 당시 노무현 대통령이 당선된 후, 교원단체와 학부모단체들과 전문가들의 협의체(교원인사제도협의회)를 만들고 교원인사제도 전반에 대한 폭넓은 논의를 진행하였습니다. 당시 전교조에서는 교장선출보직제도를 주장하고 있었고, 교총에서는 현행 승진제를 고수하고 있었습니다만, 그 협의회에서는 난산의 과정을 거쳐, 현행 승진형 교장제도에 교장공모제를 10%로 도입하는 안을 만들어 대안으로 제시했습니다. 그러나 교총은 10%도 많다고 반발했고, 전교조는 아예 승진형 교장제도 자체를 폐지하고 교장선출보직제를 전면 도입해야한다고 버텨서, 결국 1년간 지속되었던 협의회는 좌초되고 말았습니다. 이후 2003년 좋은교사운동이 교원평가제도의 필요성을 사회적으로 제안하고, 2004년 안병영 장관이 들어서면서 교원평가제도에 대한 논의가 급물살을 띠게 됩니다. 그런 흐름 속에서 좋은교사운동은 2005년

11월 토론회를 통해서 '교원평가제도가 도입되는 흐름 속에서 승진평가제도가 바뀌는 것이 불가피하고 그럴 경우 교장제도는 어떻게 바뀌어야할 것인가'에 대한 주제로 토론회를 갖습니다. 그리고 그 토론회를 통해서 "현행의 승진형 교장제도와 교장공모제를 병행 운영하되, 새로운 교장공모제를 매년 10%씩 도입해서 10년에 걸쳐 연차적으로 확대하자"는 제안을 합니다. 그리고 그런 논의의 흐름 속에서 국가 교육혁신위원회는 2006년 '교원인사제도 개혁을 위한 특별위원회'를 구성합니다.

이 때 특별위원회에는 전교조, 교총 등이 교원 단체로 들어가고, 참교육학부모회, 학부모연대 등 학부모 단체와 학자 그룹과 각 분야의 전문가가 포함되며 좋은교사운동은 그 전문가의 몫으로 참여합니다. 지난한 토론의 과정을 거쳐 마침내 저희가 대안으로 제시한 다음 5개 항의 합의안에 합의하기로 동의했습니다. 그 합의안은 다음과 같습니다.

1. 개선된 현행 교원승진제와 교장 자격증을 요구하지 않는 학교장공모제를 병행 도입, 운영한다.
2. 제도의 선택은, 학교운영위원회가 학부모 총회의 결정을 거쳐 교육감에 신청하는 방식으로 한다.
3. 제도 도입 후 2년 동안은 지역교육청별로 학교장공모제 적용 학교를 2학교 이상을 선택, 운영한다.
4. 공모제가 적용된 학교에 한해서, 대교사제를 도입하되 명칭은 추후 적절한 방식을 모색한다.
5. 이상의 내용을 입법의 내용으로 명시한다.

이것은 매우 역사적인 합의사항입니다. 이 합의안은 방향과 현실을 존중한 탁월한 안으로 지금도 법률로 채택해도 손색이 없는 것으로 자평합니다. 이렇게 하여 합의가 성립하였지만 이후 절차적 문제를 들어 합의를 뒤집는 일이 발생하였고 교원특위 위원 일부가 탈퇴하는 일이 있었습니다. 그러나 이러한 합의의 정신은 존중되어 교장공모제의 도입이 결정되었습니다. 문제는 실행의 차원에서 정권이 바뀌면서 교장공모제의 추진이 지지부진해진 것입니다.

김샘: 하지만 교과부는 교장공모제를 대폭 확대한다고 발표하였습니다.

홍인기: 그것은 내막을 보면 사실과 다릅니다. 원래 교장공모제의 의미는 점수에 의한 자격증이 아닌 다른 경로를 통해 교장을 임용한다는 것입니다. 그리하여 교직 경력 15년이 지나면 교장이 될 수 있도록 자격을 개방하도록 한 것이 핵심입니다. 그것이 내부형 공모제입니다. 그리고 교직 경력을 요구하지 않는 개방형 공모제가 있습니다. 기존의 교장 자격증을 가진 사람을 대상으로 공모하는 것은 교장 초빙제라고 하여 교장 공모제 도입 이전에도 있었던 제도입니다. 이와 같은 교장 초빙제를 확대하면서 오히려 내부형 공모제의 문은 좁혀 놓고 교장공모제를 확대한다고 한 것은 눈속임입니다.

김샘: 내부형 공모제가 무자격 교장을 양산한다는 비판도 있었습니다.

홍인기: 내부형 공모제를 통해 교장이 된 사람은 단위학교 교장공모심사위원회를 통해 엄격하게 자질을 따져 선발된 사람입니다. 그런 면에서 더욱 엄격한 자격을 요구하는 것입니다. 자격증이 없다고 자격이 없다고 비판하는 것은 대통령이나 교육감도 자격증을 지녀야 한다고 주장하는 것과 같습니다. 물론 교장이 되기에 필요한 최소한의 요건은 있을 수 있습니다. 어느 정도의 교직 경력이 필요할 수도 있습니다. 그러나 그 모든 것은 최소한으로 규정하고 교장의 풀을 넓힌 다음에 그 중에서 가장 적합한 사람을 선발하는

것이 중요합니다. 외국에도 자격증 체제를 유지하는 곳이 많지 않습니다. 더욱이 우리나라와 같이 근무성적 등을 점수화하여 자격증을 발급하는 곳은 없습니다. 경우에 따라서는 관련 대학원 경력을 요구하는 경우도 있지만 기본적으로는 질적 심사를 통해 교장을 임용하는 체제를 갖추고 있습니다. 한마디로 교장 공모제는 개방된 사회에 맞는 표준인 것입니다.

김샘: 어쨌든 교장공모제는 제한적이나마 도입되어 운영되고 있습니다. 제도의 성과를 어떻게 평가할 수 있습니까?

홍인기: 이 부분에 대한 정확한 평가가 아직까지 나오지 않았습니다. 한 때교과부에서 관련 연구를 진행하였지만 그 결과를 공개하지 않았습니다. 이와 관련하여 윤근혁 기자(오마이뉴스)는 그 문건을 입수하여 발표하기도 했는데요. 결과는 공모제 학교의 구성원 만족도가 훨씬 높게 나왔다고 합니다.

윤근혁: 한국교육개발원이 2010년에 교과부에 보고한 것으로 알려진 '교장공모제 성과 분석 및 세부 시행 모형 개선 연구'(연구책임자 김갑성)를 보면, 내부형이 '교장공모제 실시 후 교원과 학부모 만족도' 조사 항목 8개 전체에서 모두 1등을 차지했습니다. 교과부가 '올인'해 온 '초빙형'은 4개 항목에서 최하위를 기록하는 등 1등은 단 하나도 없었습니다. 하지만 교과부는이를 대외적으로 발표하지 않았습니다. 지금이라도 연구 결과를 일반에 공개하고, 후속 연구를 실시해야 할 것입니다.

김샘: 자, 그러면 앞으로 교장공모제는 어떻게 발전해야 할까요?

홍인기: 가장 중요한 것은 단위학교의 선택권을 확보하는 것입니다. 현재 내부형 공모제의 비율을 극도록 제한하고 있습니다. 교장 결원이 발생시 자율학교(최대 15% 이내 지정)의 15% 이내에서 지정하도록 되어 있어 만약 100개 학교의 교장자리가 비어도 최대 2명을 넘지 못합니다. 이러한 제한을 푸는 것이 필요합니다. 단위학교가 내부형 공모제를 할 것인지, 교장초빙제를 적용할 것인지, 개방형으로 할 것인지를 선택할 수 있어야 합니다. 원칙적으로는 아무런 제한을 두지 말고 다양한 사람들이 교장으로 응모할 수 있어야 합니다. 그리고 교장 공모의 과정이 적격자를 선발할 수 있도록 그 신뢰성이 확보되어야 합니다. 학교운영위원회가 교장공모심사위원회를 구성하도록 되어 있는데 먼저 학교운영위원회가 민주적으로 구성될 수 있도록 하는 것이 중요합니다. 그리고 학교운영위원회가 추천한 후보는 결격 사유가 없으면 그대로 인정하도록 해야 합니다. 교육청 단위에서 결과를 뒤바꾸는 것은 단위학교의 자율성을 제한하는 것입니다. 그리고 교장공모제를 선도하는 모델 학교를 만들기 위해 낙후지역의 학교를 우선 선정할 필요가 있습니다. 그렇게 해서 교장공모제가 현장에서 성과를 거둘 때 일반 학교로 쉽게 확산이 될 수 있을 것입니다. 아울러 교장공모제를 지정하는 학교를 '미래형 자율학교'로 지정하여 학교 운영에 있어 혁신을 할 수 있는 여건을 보장할 필요가 있습니다.

김샘: 그렇게 되면 기존의 승진제도가 완전히 무너질 수 있겠습니다. 혼란은 발생하지 않을까요?

홍인기: 승진 제도는 무너질지 몰라도 학교는 무너지지 않을 것입니다. 물론 현재 승진을 준비해 온 사람들의 신뢰 이익을 보장하는 차원에서는 점진적

으로 경과 규정을 두면서 진행할 필요가 있습니다. 교장의 장악력을 걱정하는 사람들이 있습니다. 그러나 교장의 평가는 여전히 유의미합니다. 왜냐하면 교장의 평가가 공모 과정에 중요한 요소로 작용할 수 있습니다. 그리고 일반적인 감독권과 인사권은 여전히 교장이 지니고 있습니다.

김샘: 교감제도는 어떻게 되는 것입니까?

홍인기: 교감 승진을 위한 인사권을 교장이 행사했는데 사실 이 부분이 사라지는 것입니다. 그리하여 부장 운용의 권한이 약화될 수 있는 문제가 있습니다. 그러나 새로운 리더십이 필요합니다. 승진점수를 가지고 교직원을 움직이기보다는 합리적인 원칙과 섬김의 리더십으로 조직을 운영하는 리더십이 필요합니다. 그리고 법적으로 그리고 실제적으로 주어진 교장의 권한만으로도 조직을 운영하기에 부족함이 없다고 생각합니다. 그것은 리더의 능력에 달린 것입니다. 한편 승진 점수로 조직을 운영하게 된다면 점수를 받는 몇 사람의 충성은 얻을 수 있을지 모르나 승진점수에서 배제되는 사람의 협조를 얻기가 어렵습니다. 그러나 점수가 아니라 비전과 인격으로 사람을 감화시킴으로써 학교를 운영하게 된다면 모두의 협력을 이끌어 낼 수 있을 것입니다.

20 학교참여평가 및 학교평가지원센터 운영 : 관료적 학교평가를 벗어나 학교구성원 중심의 학교참여평가를 통해 자율과 책무, 소통과 협력을 이끌어 내고, 학교 평가의 전문가를 양성하여 학교 평가의 질을 높이고 학교 개혁의 선도자가 되게 하자

김샘: 교장을 공모한다고 해서 모든 문제가 해결되는 것은 아닐 것입니다.

교육청에서 잘못된 기준을 가지고 교장과 학교를 평가한다면 학교의 에너지가 오도될 것이기 때문입니다. 그런 점에서 학교를 어떤 기준으로 평가하는가 하는 것이 중요할 것입니다.

김진우: 현재의 학교 평가는 다섯 가지 문제점이 있습니다. 첫째, 교육청에서 학교를 평가할 때 문서 중심의 형식적 평가를 실시함으로써 잡무만 양산하여 학교에 부담을 주고 있습니다. 최근 학교 평가의 개선을 위해 학교 공시 정보에 나타난 정량 평가를 중심으로 하고 평가를 위한 문서 양산을 지양하라고 하지만 실제 평가의 현장에서 평가 위원들이 평가하기 위해서는 관련 자료를 요구하는 경우가 많아서 학교로서는 별로 달라질 것이 없습니다. 둘째, 정량지표를 중심으로 평가하는 것 또한 문제가 있습니다. 그것이 과연 학교의 성과를 나타내는 것으로 적합한지도 의문입니다. 정량지표에 얽매이다 보면 목적과 수단이 뒤바뀌는 경우도 있기 때문입니다. 예를 들어 교사들의 연수시간을 평가에 반영하는데 연수 시간을 늘리기 위해 학생과 함께 할 시간을 줄인다면 그것이 무슨 소용이 있을까요? 셋째, 평가위원들이 학교의 성과를 판단할 수 있는 조건이 갖추어져 있는지 의문입니다. 학교의 성과를 판단할 수 있는 기준도 불분명하고 평가할 수 있는 역량과 여건도 미비합니다. 학교 평가를 위해 반나절 학교를 방문해서 면담한다고 하지만 그것을 통해서 학교를 제대로 평가하기란 어려운 노릇입니다. 또한 평가를 위한 전문적 훈련을 받았다고 보기도 어렵습니다. 넷째, 학교 평가의 과정에 구성원들의 참여와 소통이 있어야 하는데 그런 과정이 없습니다. 구성원들이 한 해의 학교 운영에 대해 돌아보면서 잘된 점과 잘못된 점을 이야기하면서 보다 나은 발전을 위해 소통하고 뜻을 모으는 과정이 역동적으로 살아 있을 때 학교의 발전이 가능한데 그런 과정이 거의 없습니다. 다섯째, 학교 평가의 결과 학교 개선

에 대한 의미 있는 컨설팅이 있어야 하는데 실제로 컨설팅은 거의 없습니다.

김샘: 그렇다면 어떤 방식으로 평가하자는 것인가요?

김진우: '학교참여평가'를 제안합니다. 핵심은 네 가지입니다. 첫째, 학교의 총괄적 평가를 학생과 학부모의 학교 만족도를 중심으로 평가하는 것입니다. 둘째, 학교운영위원회를 중심으로 학교 자체평가를 합니다. 셋째, 학교 자체 평가 과정에 전문가의 컨설팅이 포함됩니다. 넷째, 학교 평가를 바탕으로 학교교육계획을 수립합니다. 다섯째, 학교만족도를 인사와 연계하는 것입니다.

김샘: 첫째부터 살펴보죠. 학교의 총괄적 평가를 학생과 학부모의 학교만족도를 중심으로 평가하자는 것은 어떤 의미가 있습니까?

김진우: 사실 학교의 성과를 정확하게 측정한다는 것은 매우 어렵습니다. 그러므로 정확성보다는 평가를 통해 학교를 어떤 방향으로 이끌 것인가를 먼저 고민해야 합니다. 만약 학업 성적을 중심으로 학교를 평가한다면 학교는 성적을 높이기 위해 노력을 할 것입니다. 그런 차원에서 우리가 중시하는 것은 학생의 행복입니다. 행복은 성적보다 상위 가치입니다. 성적은 하나의 수단입니다. 행복감을 구성하는 것은 다양한 요소가 있습니다. 행복과 성적은 모순이 아닙니다. 학생이 배움의 기쁨을 누릴 때에 행복합니다. 반대로 성적이 좋아도 강제로 억압한다면 불행할 수 있습니다. 수업의 질, 교사와 학생의 관계, 물리적 환경 등 많은 것들이 행복감을 구성하는 요소가 됩니다. 그리고 소수가 행복한 것이 아니라 다수가 행복해야 합니다. 이런 관점에서 학교의 모든 노력이 총괄적으로 나타나는 것이 학생의 행복감이라고 보겠습니다. 즉 학생의 행복을 위해 학

교가 기여한 노력을 평가하자는 것입니다. 교사들의 연수시간이 중요한 것이 아니라 연수를 통해 학생들이 얼마나 유익을 얻었나 하는 것이 중요합니다. 이를 평가하기 위해 학생과 학부모를 대상으로 전수조사를 할 필요가 있습니다.

김샘: 두 번째로 학교운영위원회를 중심으로 학교 자체평가를 제대로 하자는 것은 어떤 것입니까?

김진우: 학교 자체평가는 학교 구성원들이 자체적으로 학교의 문제점과 발전방안에 대해 논의하는 과정을 의미합니다. 이 과정에 교사와 학부모와 학생이 광범위하게 참여하는 것이 필요합니다. 방법은 다양할 수 있습니다. 이상적인 것은 교사, 학부모, 학생들이 각각의 단위에서 의견 수렴을 하고 토론한 것을 바탕으로 전체적인 소통을 이루는 것입니다. 예를 들면 이러한 방식이 가능합니다. 12월 정도에 학생, 학부모, 교사들을 대상으로 각각 설문조사를 통해 학교가 잘 하고 있는 점, 개선할 점 등에 대해 조사를 합니다. 이를 바탕으로 학생회는 학생회대로, 학부모회는 학부모회대로, 교사회는 교사회대로 토론을 합니다. 이것을 학교의 공식 행사로 잡아도 좋겠습니다. 이러한 의견 수렴을 바탕으로 전체적인 워크숍을 개최합니다. 이 자리에는 학교운영위원을 중심으로 학부모, 학생, 교사들이 광범위하게 참여할 수 있습니다. 주로 학교 개선을 위한 아이디어를 내고 이에 대해 토론을 하는 방식이 되겠습니다.

단 계	내 용
① 자료 수집 단계 (~학기말)	· 학생, 학부모 학교 만족도 조사 · 각종 분석 자료 수집(교과 협의회, 학년 협의회 등)

② 자체 평가 단계 (~학기 말)	· 학부모회, 학생회, 교직원회의 자체 평가회를 통한 의견 수렴 및 자료 제출
③ 본 평가 단계 (1월 초 중 1일)	· 학부모회, 학생회, 교직원회의를 거쳐 수렴된 의견 및 자료를 종합하여 학교평가위원회 워크숍 실시
④ 결과 정리 단계 (~1월 말)	· 학교운영위원회 및 교육청에 평가결과 보고서 제출 · 전문위원은 학교자문 보고서(컨설팅) 제출. · 보고서 공개
⑤ 결과 활용 단계 (~2월 말)	· 학교 – 학교교육계획 수립시 반영 · 교육청 – 학교지원계획 수립

김샘: 이 자리에 전문가가 함께 한다는 것이죠?

김진우: 그렇습니다. 지금까지 학교평가위원은 반나절 학교를 둘러보고 평점만 매기면 끝이었습니다. 평가하고 피드백을 하지 않았습니다. 그러므로 학교 개선과 관련하여 기여하는 바가 거의 없었습니다. 학교평가 전문가는 학교 자체평가의 과정에 함께 하고 이를 바탕으로 학교의 실태를 분석하고 개선점에 대해 컨설팅 보고서를 제출해야 합니다. 때로는 이 과정을 주도적으로 이끌 수도 있습니다.

김샘: 그 전문가가 어떤 사람이냐 하는 것이 중요하겠습니다. 그럴만한 역량이 있어야 할 텐데요.

김진우: 학교평가 전문가를 양성해야 합니다. 교원 중에서 선발되는 것이 바람직합니다. 왜냐하면 학교 내부 구조를 가장 잘 알고 있기도 하고, 학교에 대해 연구하고 통찰력을 갖추게 되면 학교 혁신을 이끌 수 있는 핵심적 자원이 되기 때문입니다. 이를 위해 학교평가지원센터가 필요합니다. 이 부분에

대해서는 잠시 후에 다시 설명하겠습니다. 간단히 말하면 학교평가 전문가를 양성하는 역할을 맡게 됩니다. 학교평가 전문가는 별도의 직책은 아니고 학교평가를 할 때 임무를 수행하면 됩니다. 가급적 학교별로 2명 정도를 운영하여 서로 교환하는 방식으로 운영합니다.

김샘: 넷째로 학교평가와 학교교육계획 수립이 연결되어야 한다고 했습니다.

김진우: 이는 앞서 학교 자체평가의 과정과 동일한 의미를 지니는 것입니다. 당연히 평가 후에 학교 개선의 계획이 나와야 합니다. 전문가의 컨설팅을 바탕으로 학교교육계획을 수립하는 과정에서 다시 한번 학교교육계획 수립 워크숍을 통해 학교 구성원들이 참여하고 소통하는 것이 필요합니다. 학교운영위원회는 형식적으로 학교교육계획을 심의하는 것이 아니라 학교교육계획에 평가 결과가 제대로 반영이 되었는지를 살피고 적극적으로 의견을 제시하는 역할을 하여야 합니다. 이 모든 과정이 학교구성원들의 참여와 소통을 이끌어 내는 과정으로 디자인되어야 합니다.

김샘: 마지막으로 학교 만족도를 인사에 연계하자는 것은 어떤 의미입니까?

김진우: 앞서 교육청의 학교 통제 기제의 핵심이 교감에 대한 평가라는 점을 지적했습니다. 그러므로 학교가 교육청의 지시와 통제에 민감할 수밖에 없는데 이 구조를 바꾸어 내는 것이 필요합니다. 그러므로 교육청의 기준으로 평가하기보다는 학생과 학부모의 기준으로 교감을 평가하는 것이 타당하다는 것입니다. 그렇게 할 때 교감은 교육청을 보기보다는 학생과 학부모의 목소리를 더욱 중요하게 듣게 될 것입니다. 물론 교육청이 학교를 통제하는 것

도 어느 정도 필요합니다. 그러나 가급적 학교 만족도를 중심으로 반영하고 교육청의 평가는 최소화하는 것이 적절합니다. 물론 이 부분은 현재의 승진 제도가 일정 기간 유지된다는 전제를 가지고 있습니다.

교장 평가와 학교참여평가의 통합

김샘: 학교 평가에 대해 논의를 하였는데 이와 관련하여 학교장 평가도 함께 생각해야 할 것입니다. 현재 교원 평가에서 학교장 평가를 실시합니다. 그리고 일부 시도교육청에서는 학교장 평가를 별도로 시행하고 있기도 합니다. 기능적으로 보면 학교 평가와 중복적이라고 생각됩니다.

김진우: 교원 평가의 학교장 평가는 내용적으로 학교 평가와 크게 다를 바가 없습니다. 학교장 개인에 대한 평가라기보다는 학교 운영에 대한 평가의 성격이 있기 때문이죠. 그러므로 교원 평가의 학교장 평가와 학교참여평가를 통합하는 것이 효율적입니다. 현실적으로는 교원 평가의 학교장 평가와 교감 평가를 생략하는 것이 되겠습니다. 왜냐하면 학교 평가에서 충분히 소화가 되기 때문입니다. 학교만족도 조사는 두 가지 차원으로 구성됩니다. 하나는 총괄적 만족도라는 정량 지표가 필요하고, 또 하나는 학교에 대한 서술형 평가(건의사항이나 제안)가 필요합니다. 이것을 통해 교원 평가와 내용적으로 통합될 수 있습니다.

학교평가지원센터 운영

김샘: 학교평가지원센터는 어떤 역할을 하나요?

김진우: 학교평가지원센터는 학교 평가의 과정에서 학교에 대한 전문적인 컨설팅을 하는 전문가를 양성하는 역할을 합니다. 이 전문가는 외부 인사보다 현재 학교에 소속된 교사들 중에서 선발하는 것이 좋습니다. 왜냐하면 이렇게 훈련을 받은 전문가가 학교 내부에 있을 때 학교 혁신을 위한 역량이 확보될 수 있기 때문입니다. 한 마디로 일석이조입니다. 학교 평가 전문가는 양성 교육을 이수한 다음 다른 학교가 평가회를 할 때 파견되어 학교 평가의 과정을 관찰하고 컨설팅을 실시하게 됩니다. 학교 자체평가의 과정을 참관하고 학교의 실태를 파악한 다음 종합적인 컨설팅 보고서를 작성하게 됩니다. 이 보고서는 학교 구성원들에게 공유되고 교육청에도 보고되어 학교 개선을 위한 정보를 제공합니다. 이와 같은 학교평가지원센터는 교육청 단위에 설립하는 것이 좋을 것입니다.

21 교육지원청 재구조화 : 교육지원청을 재구조화하여 행정의 효율성을 높이고 학교에 대한 통제를 최소화하여 단위학교 자율성을 높이자

김샘: 교육청을 없애면 학교가 산다는 말이 있을 정도로 교육청에 대한 학교의 불만은 대단합니다. 교육청이 쓸데없는 일을 만들어 낸다는 인식이 있는데요. 과연 어느 정도 사실일까요? 아무튼 지역 교육청을 폐지하자는 공약도 있었습니다. 이주호 교과부 장관은 의원 시절 지역교육청의 폐지를 주장한 바 있습니다. 그리하여 이름을 교육지원청으로 바꾸었지만 별로 달라진 것은 없는 것 같습니다. 이유는 무엇일까요?

김현섭: 지역교육청의 기능을 그대로 두고 이름만 바꾼다고 해서 달라질 것

은 없지요. 지역교육청의 질적 전환을 가져오기 위해서는 현재 지역교육청의 행정업무를 시도교육청 단위로 옮겨야 합니다. 예를 들면 시도교육청에서 지역교육청으로 공문을 보내면 지역교육청은 이를 그대로 전달하는 역할을 하고 있습니다. 그리고 학교로부터 전달된 공문을 다시 수합하여 시도교육청으로 전달하는 역할을 하고 있습니다. 시도교육청에 비해 지역교육청의 행정 부서와 인원이 부족하기 때문에 여러 부서에서 내려온 공문을 정리하고 다시 보내는 것만 해도 부하가 걸립니다. 불필요한 중간 단계의 업무가 많습니다. 우편물을 모아 집배하던 시절도 아니고 전자문서로 일을 처리하는 시대에 굳이 중간단계를 거칠 필요가 없습니다. 그러므로 시도교육청과 학교 사이에 존재하는 불필요한 전달 체계를 삭제하는 것이 업무의 효율성을 위해서도 바람직합니다. 시도교육청이 직접 학교에 공문을 전달하고 직접 보고받는 시스템으로 운영하면 됩니다. 마치 현재 시도교육청이 고등학교 전체를 관리하는 것과 같은 시스템입니다. 그리고 인사업무가 시도교육청으로 넘어가게 되면 지역교육지원청은 학교에 대한 통제권이 사라집니다. 그렇게 되면 학교와 수직적 관계가 아닌 학교와 협력하는 관계가 정립될 수 있습니다. 그러므로 학교에 대한 지시 통제보다는 학교가 필요로 하는 지원 기능에 충실할 수 있게 됩니다.

김샘: 시도교육청이 관리해야 할 학교가 너무 많아지는 어려움은 없을까요?

김현섭: 지역교육청에 있던 인력을 이동시켜 시도교육청에서 업무를 담당하게 하면 됩니다. 일부가 이동해도 체계가 효율화되기 때문에 기존의 총 인력은 절감될 것입니다. 산술적으로 계산할 때 고등학교의 숫자는 2,282개인데 시도교육청이 관리를 하고 있습니다. 초중학교의 숫자는 9,035개입니다. 그

렇다면 고등학교의 4배 가까이 됩니다. 그렇다면 현재 시도교육청 숫자 16개의 4배 즉 64개만 있어도 관리가 가능하다고 볼 수 있습니다. 현재 지역교육지원청이 182개이므로 118개의 지역교육지원청이 없어도 되는 것입니다. 업무의 효율화를 생각하면 더 줄여도 됩니다.

김샘: 그렇다면 지역교육청은 어떤 역할을 담당하게 되나요?

김현섭: 지역교육청은 순수히 학교를 지원하는 기능으로 재편되어야 합니다. 학교 지원을 위해서 필요한 것은 교수학습지원센터나 진로직업교육의 활성화를 위한 직업체험센터 역할이나, 학교와 지역복지자원을 연결하는 지역교육복지센터의 역할 등 다양한 역할이 있을 수 있습니다. 요컨대 시도교육청의 중간 다리 역할을 없애고, 학교가 필요로 하는 지원 기능에 충실하도록 하는 것입니다.

> **22 교육청 유발 업무 총량제** : 교육청 하달 업무의 총량을 규제하여 단위학교의 자율성을 높이자

김샘: 교육청이 부과하는 업무의 총량을 규제한다는 것은 어떤 개념입니까?

김진우: 대체로 관료 조직에서는 자꾸만 새로운 사업을 만들어 내기만 하고 기존의 사업을 정리하기를 게을리 합니다. 그리하여 제대로 되지도 않으면서 명목만 남아 있는 경우가 많습니다. 이와 같은 현상이 발생하지 않도록 교육청이 만들어내는 업무의 한도를 정해서 그 한도를 넘어가지 않도록 통

제하는 것이 필요합니다. 이를테면 교육청에서 어떤 지시를 한다고 할 때 그것이 단위학교에 얼마의 부담을 주는지를 고려해야 합니다. 그리하여 단위학교의 업무 부담이 일정한 한도를 넘어가면 교육청에서는 기존의 사업을 폐지하든지 축소해야 합니다.

김샘: 오염물질 배출 총량제와 비슷한 개념이군요. 그렇다고 업무가 학교를 오염시킨다는 뜻은 아니고요. 그런데 취지는 좋은데 과연 어떤 수단으로 업무 총량제가 가능할지 궁금합니다.

김진우: 개념은 간단합니다. 교육청에서 어떤 사업을 계획하거나 업무를 지시할 때 그것이 단위학교에 유발하는 업무량을 기획 담당자가 시간으로 계량화하여 문서에 표시하는 것입니다. 예를 들어 어떤 통계를 파악하라고 한다면 일의 프로세스를 감안하여 교사가 투여해야 할 시간을 예상합니다. 어떤 사업을 한다고 할 경우에도 어느 정도 예상이 가능합니다. 그것을 문서에 포함시켜 내 보냅니다. 이 때 업무 시간을 모니터링하고 집계하는 시스템이 필요합니다. 시간이 적절하게 산출되었는지, 그리고 단위학교의 업무량이 과부하가 아닌지에 대한 모니터링을 하는 것입니다. 이를 위해 중립적인 인사로 하여금 이 일을 감독하게 할 수 있습니다. 옴부즈만 제도와 유사합니다. 이러한 모니터링 결과를 바탕으로 교육청이 무제한으로 지시하고 사업을 벌이는 것을 통제해야 합니다. 이를 시도교육청 평가에 중요하게 반영하여도 좋겠습니다.

김샘: 재미있는 통계가 만들어질 것 같습니다. 학교가 보유한 시간 자원 중에서 얼마나 많은 시간이 교육청이 부과하는 행정업무에 쓰이고 있는지를 알 수 있겠군요. 그렇다면 그것을 경제적 가치로 환산할 수도 있겠습니다. 말하

자면 교사의 업무 시간을 교사 인건비로 환산한다면 행정업무 처리에 들어가는 비용이 얼마인지도 알 수 있겠습니다. 과연 예산이 효율적으로 쓰이고 있는지를 평가하는 하나의 지표가 될 수도 있겠습니다.

김진우: 그렇습니다. 교육 예산 중에서 가장 많은 비중을 차지하는 것이 교사 인건비입니다. 교육적 활동에 투입되어야 할 교사의 시간이 행정 잡무로 소비되고 있다면 그만큼 교육의 질이 낮아진다는 뜻입니다. 예를 들어 교사 인건비가 30조 정도라고 볼 때 만약 교사 시간의 20%가 행정업무 처리에 투여되고 있다면 경제적으로 약 6조를 행정업무에 투입하고 있다는 뜻입니다. 그것이 적절한지를 따져볼 수 있겠죠. 행정 당국이 교사의 시간의 가치를 중시하는 사고를 가져야 합니다. 이와 같은 업무총량제는 단위학교 내에서도 적용할 수 있겠습니다. 교육청이 부과하는 행정업무 외에도 자체적으로 생산하는 업무들도 많이 있기 때문이죠.

23 학교 자율 예산 확대 및 분배 기준 개선 : 단위학교의 예산을 포괄적으로 배분하여 단위학교의 자율성을 높이고 분배 기준을 개선하여 학생당 적정 교육비가 지원되도록 하자

김샘: 학교의 자율성을 강화하기 위해 지역교육청의 기능을 전환하는 것과 교육청 유발 업무 총량제를 제안했습니다. 또 필요한 것은 무엇입니까?

한유경: 학교의 자율성은 예산 사용의 자율성을 통해 확보됩니다. 단위학교가 가장 필요한 것이 무엇인지를 판단하여 예산을 집행할 수 있는 자율성이

부여되어야 합니다. 교육청에서 용도를 설정해서 예산을 내려 보내면 단위학교는 그대로 집행할 수밖에 없습니다. 물론 교육청 단위에서 중요하다고 판단하는 정책을 위해 예산의 사용 목적을 밝힐 필요도 있지만, 단위학교가 자율적으로 판단할 수 있는 영역에 대해서는 자율성을 부여하는 것이 필요합니다. 교육청이 통제해야 하는 예산은 단위학교의 자율성으로 확보하기 어려운 부분에 국한해야 합니다.

김샘: 과연 교육청이 직접 통제해야 할 예산은 어떤 것이고 단위학교에 자율적으로 내려 보낼 예산은 무엇인지를 구분하는 기준이 있을까요?

힌유경: 그 문제를 생각하기 이전에 필요한 전제가 있습니다. 즉 단위학교에 분배하는 예산을 어떤 기준으로 나눌 것인가 하는 것입니다. 어떤 학교는 경제적으로 어려운 학생들이 많아 예산이 더 필요한 경우가 있기 때문입니다. 예산 분배에 있어 학교가 처한 상황을 반영하여 분배될 수 있도록 하는 것이 필요합니다. 현재 교육복지예산이 주로 별도의 목적 예산으로 내려가고 있는데 만약 총액 개념으로 내려가게 된다면 어떤 기준으로 분배하는 것이 적절한지에 대한 연구가 필요합니다. 현재 학생의 표준교육비에 대한 지침이 있지만 이를 좀 더 개선하여 여건이 불리한 학생에게 얼마의 추가적 예산이 필요한가를 따져 '적정 교육비'를 산출하고 이를 학생수로 곱하여 배분하는 기준이 필요합니다. 이러한 기준이 정해진다면 그 기준에 의해 총액 개념으로 예산을 분배하되 일반 학교보다 교육복지를 위해 추가적으로 투입된 예산의 경우는 가급적 교육복지의 취지에 맞는 사업에 투입하도록 하는 가이드라인을 정해줄 필요가 있습니다. 혹은 학교의 예산을 소수의 학생에게 차별적으로 사용하지 않도록 하는 가이드라인도 필요할 수 있습니다. 그런 부

분이 교육청에서 통제해야 하는 부분일 것입니다. 그 외의 것들은 단위학교가 가장 필요하다고 생각하는 사업에 쓸 수 있도록 최대한의 재량권을 부여하는 것이 적절합니다.

김샘: 하지만 총액 개념으로 내려갈 경우에 부정과 비리의 소지가 더 커질 우려는 없나요?

한유경: 그렇지 않습니다. 감독은 당연히 해야 합니다. 다만 예산 사용의 우선순위에 대한 판단을 학교의 자율성에 맡기는 것이고 그에 대한 책무성은 단위학교 학생과 학부모의 학교만족도로 묻자는 것입니다. 그리고 이렇게 하는 것은 교육재정 배분의 정의를 달성하는 방법이기도 합니다. 교육청의 자의적 판단에 따라 특정 학교에 대해 과도하게 배분하기도 하는 경우가 있는데 학생들의 필요를 감안하여 총액으로 배분하게 되면 그런 부정의가 원천적으로 제거될 수 있습니다.

SECTION 3. 모두가 배우는 학교

복자는 방과 후에 지역아동센터에서 생활한다. 어머니가 시장에서 장사를 하시기 때문에 밤늦게 돌아오기 때문에 돌봐줄 사람이 없기 때문이다. 그런데 올해부터 지역아동센터의 프로그램이 훨씬 다양해지고 풍성해졌다. 교육복지바우처를 지원받으면서 피아노도 배울 수 있게 되었다. 예전에는 별로 듣기 싫은 방과후학교 수업을 들어야 했는데 이젠 그럴 필요가 없다. 바우처 범위 내에서 내가 배우고 싶은 것을 선택하면 되기 때문이다. 책도 살 수 있고 영화도 볼 수 있다. 수학여행비 때문에 고민했는데 바우처 덕분에 그것도 해결되었다. 그리고 꿈같은 이야기가 들린다. 내가 고등학교를 졸업할 때쯤이면 국가에서 1억을 준다는 것이다. 그걸로 무엇을 할지 즐거운 상상을 해 본다.

김샘: 이번 시간에는 교육복지 체제와 관련한 문제를 다루어보겠습니다. 교육복지는 교육 기회의 균등을 실현하는 수단이 될 것입니다. 어떤 것들이 필요할까요?

정샘: 크게 볼 때 두 가지 차원의 정책이 필요합니다. 첫째는 형식적 기회 균등의 차원에서 의무교육의 보편적 수준을 향상시키는 것입니다. 둘째는 실질적 기회 균등의 차원에서 불리한 조건에 처한 학생들에게 필요한 지원을 확대하는 것입니다. 첫째 의미의 형식적 기회 균등은 상당 부분 달성이 되었습니다. 중학교까지 의무교육 체제가 이루어졌습니다. 이 부분의 추가적인 과제는 고교무상교육을 비롯하여 실질적 무상교육이 될 수 있도록 공적지

원의 폭을 넓히는 것이 되겠습니다. 또한 전반적인 교육 여건을 개선하는 것이 필요합니다. 둘째 의미의 실질적 기회 균등을 위해서는 학습부진학생에 대한 특별지원교사를 배치하는 것과 교육복지사업의 효율성을 높이는 과제가 있습니다. 첫째 의미의 교육복지와 둘째 의미의 교육복지는 큰 틀에서 하나입니다만 제한된 예산 안에서는 어떤 것이 보다 우선적으로 채워져야 할 것인지를 판단하는 지혜가 필요합니다.

Part 1. 교육 여건이 불리한 학생을 돕는 지원 구조

24 학습부진학생 특별지원교사 배치 및 기초학력보장 특별법 제정 : 학습부진학생을 돕는 특별지원교사를 배치하고 이를 뒷받침하는 특별법을 제정하여 학습에서 소외되는 학생이 생기지 않도록 하자

김샘: 그렇다면 많은 도움을 필요로 하는 학생이 누구이며 어떤 지원이 가장 시급하다고 보십니까?

박은지: 학습부진학생에 대한 특별한 관심이 필요합니다. 학습부진학생을 도울 수 있는 교사를 배치해야 합니다. 우리가 부러워하는 핀란드 교육의 힘은 바로 학습부진학생에 대한 특별한 관심에 있습니다. 핀란드에서는 학습부진학생을 위한 특별지원교사제도를 운영하면서 학습의 어려움을 겪는 학생들이 즉각적으로 체계적으로 지원받을 수 있도록 하고 있습니다. 우리나라도 다른 어떤 부분보다 이 부분에 집중적인 투자를 해서 이 아이들을 도

와야 합니다.

김샘: 특별지원교사를 배치한다고 할 때 어느 정도가 필요할까요? 학습부진아살리기운동(학부모연대, 참교육학부모회, 전교조, 좋은교사운동이 협력하여 학습부진아를 돕기 위한 정책제안과 실천운동을 하는 모임)에서 활동한 방대곤(고원초) 선생님의 설명을 들어보겠습니다.

방대곤: 도움이 필요한 학습부진학생을 어느 정도로 설정하느냐에 따라 달라집니다. 2008년 학업성취도평가를 기준으로 하면 초등학생의 경우 약 2.5%가 기초학력미달(20점 미만)에 해당이 되고 기초학력수준(50점 미만)은 약 18%가 됩니다. 그런데 일반적으로 학교 현장에서는 대체로 10% 정도를 학습부진학생으로 보고 특별보충교육을 실시하고 있습니다. 10%를 기준으로 하면 초등학생의 경우 약 34만 명, 중학교까지 포함하면 약 52만 명이 대상이 됩니다. 고등학교는 제외했습니다. 초중학교까지를 기본적 수준으로 보기 때문입니다. 고등학교부터는 진로에 따른 선택 교육과정으로 푸는 것이 적절하다고 봅니다. 이 아이들에게 필요한 지원이 어느 정도인지를 정확하게 설정하기는 어렵습니다. 그러나 저희는 10명 당 1명의 특별지원교사가 필요한 것으로 간주합니다. 이렇게 볼 때 필요한 특별지원교사의 수는 전국적으로 약 5만 명이 필요합니다.

김샘: 학습부진학생을 위한 별도의 특별지원교사가 필요한가요? 현재 있는 교사들이 기본적으로 책임져야 하는 것이라고 볼 수 있지 않을까요?

박은지: 물론 담임교사가 기본적으로 모두가 완전히 이해하는 수업을 지향

하는 것이 중요합니다. 이를 위해 교육과정과 평가 체제를 바꾸어야 한다는 것은 앞에서 다루었습니다. 그러나 그럼에도 불구하고 학습부진현상은 발생할 수 있습니다. 핀란드의 경우에도 마찬가지입니다. 이 때 교과담임교사의 힘만으로는 부족합니다. 기본적으로 학습부진학생에게는 개별적인 도움이 필요하기 때문입니다. 교과담임은 보통 30명의 학생들을 가르쳐야 하기 때문에 개별적인 관심을 쏟기는 어렵습니다. 그러므로 어느 정도의 역할 분담이 필요합니다. 물론 역할 분담이라고 하여 교과담임이 학습부진학생을 완전히 특별지원교사에게 맡겨 버리는 것이 아니라 그때 그때 필요한 도움을 받으면서 본 수업에 통합시켜나가도록 하는 노력이 필요합니다. 교과담임교사와 특별지원교사의 유기적인 협력 관계가 필요합니다.

김샘: 특별지원교사를 확보하기 위한 예산은 얼마나 필요한가요?

박은지: 만약 학력향상중점학교에 지원한 학습보조교사 수준으로 수당을 지급한다면 1인당 연간 1,200만 원 수준으로 보았을 때 약 6천억 원이 필요합니다. 그런데 이들이 임시직이기 때문에 전문성을 기대하기가 어려운 측면이 있습니다. 특별지원교사의 역량을 강화하고 안정성을 보장하기 위해 처우를 개선한다고 하면 추가적인 재정이 필요할 것입니다. 제대로 하자면 정규교사로 충원하는 것이 필요합니다.

김샘: 특별지원교사 배치를 위한 예산을 확보하기 위해서는 무엇이 필요할까요?

박은지: 지금까지는 교과부의 특별교부금과 시도교육청의 자체 예산으로 확

보하였습니다. 그러나 특별교부금은 임시적 성격이기 때문에 사업의 지속성을 보장하기 어렵습니다. 교육청 예산 항목을 보아도 학습부진학생을 위한 고유의 영역이 없이 예산이 분산되어 있습니다. 영재교육의 경우는 특별법에 의해 안정적 예산과 제도적 지원을 보장받고 있는데 비해 학습부진학생을 위한 예산 확보는 법적 근거가 미비합니다. 이와 같은 예산을 안정적으로 확보하기 위해서는 기초학력보장을 위한 특별법 제정이 필요합니다.

김샘: 기초학력보장을 위한 특별법의 내용은 어떤 것일까요?

박은지: 아래 예시 법안을 보시죠.

기초학력보장을 위한 특별법(안)

◆ 제안 이유
헌법이 보장하는 교육의 기본권을 실질적으로 구현하기 위해 일정 수준에 도달하지 못하는 학습부진아를 위한 특별 지원의 근거를 마련하고자 함.

◆ 주요 내용
　가. 학습부진학생의 학습권을 규정한다.
　나. 국가와 지방자치단체의 지원 의무를 규정한다.
　다. 학습부진을 진단할 수 있는 체계를 마련한다.
　라. 학습부진학생에 대한 특별지원교육 체계를 마련한다.

◆ 법안
제1조 (목적) 이 법은 일정한 수준의 교육적 성취에 도달하지 못하는 학생들을 위한 특별 지원을 통해 모든 학생의 기초학력을 보장함을 목적으로 한다.
제2조 (정의) 이 법에서 사용하는 용어의 정의는 다음과 같다.

---

1. 학습부진학생이라 함은 교육과학기술부장관이 정하는 일정한 학력에 미달하는 학생을 의미한다.
2. 특별지원교육이라 함은 학습부진학생을 돕기 위한 교육을 의미한다.
3. 특별지원교사라 함은 학습부진학생을 돕기 위해 교육과학기술부장관이 정하는 일정한 조건을 충족한 교사를 의미한다.

제3조 (다른 법률과의 관계) 이 법은 학습부진학생 지원에 관하여 다른 법률의 규정에 우선하여 적용한다.

제4조 (학습권) 학습부진학생은 교육과정상의 일정한 수준에 도달하지 못한 경우에 학교나 지방자치단체를 대상으로 특별지원교육을 요구할 수 있는 권리를 갖는다.

제5조 (국가 및 지방자치단체의 책무) 국가나 지방자치단체는 학습부진학생의 요구에 대한 지원을 의무적으로 제공하여야 한다.

제6조 (진단 및 판별) ① 교육과학기술부장관은 모든 학생이 언제든지 자신의 학업 성취 수준을 평가할 수 있는 도구를 제공해야 한다.
② 교육과학기술부장관은 학업 성취와 관련한 특별한 검사를 필요로 하는 학생을 위한 비용을 지원해야 한다.

제7조 (특별지원교육) ① 학교는 학습부진학생의 요구가 있을 경우 특별지원교육을 제공해야 한다.
② 학교는 교육과학기술부장관이 정하는 일정한 요건에 따라 학습부진학생을 지원하는 특별지원교사를 배치해야 한다.
③ 특별지원교사의 자격 및 운영에 관한 사항은 대통령령으로 정한다.

김샘: 학습부진학생을 돕기 위해 또 필요한 것은 무엇입니까?

박은지: 학습부진학생을 위한 학습지원과 돌봄을 통합하는 체계를 만들 필요가 있습니다. 학습부진학생에게는 학습 지원과 함께 돌봄이 필요한 경우가 많습니다. 왜냐하면 가정의 돌봄이 불충분한 경우에 학습부진이 될 가능성이 높기 때문이죠. 현재 지역에서 돌봄 기능을 수행하는 곳이 지역아동센터와 같은 곳입니다. 그러므로 학교와 지역아동센터가 연계가 되면 학생을 보다 효율적으로 도울 수 있게 됩니다. 이를테면 학습부진학생을 지원하는 재정의 일부를 방과후학교 수강권과 같은 형태로 지역아동센터의 프로그램을 지원하면 됩니다. 지역아동센터 외에도 지역의 다양한 기관들이 있는데 이러한 자원들이 학교와 연계하여 도움이 필요한 학생을 중심으로 협력하는 구조를 만드는 것이 필요합니다.

김샘: 학교와 지역사회가 유기적으로 협력하는 구조를 만드는 것은 중요한 과제입니다. 이 부분에 대해서는 별도로 다시 한 번 다루도록 하겠습니다. 또 어떤 것이 필요합니까?

박은지: 제도와 정책 외에 실천적인 노력들도 필요합니다. 예를 들어 퇴임교사들이 학습부진학생을 위한 재능 기부를 한다든지, 또래 학생들의 멘토링 관계를 통해 학습부진학생들을 돕는다든지 하는 노력들이 필요합니다. 이러한 다양한 실천적 노력들이 일어날 수 있도록 분위기를 조성하고 지원하는 방법이 무엇인지를 찾아야 할 것입니다. 무엇보다 중요한 것은 의식의 전환입니다. 학습부진학생을 돕는 것이 공교육으로서의 학교의 최우선적인 목표라는 공감대가 필요합니다.

25 교육복지우선지원사업 전달 체계 개선 : 교육복지를 위한 전담조직을 만들고 평가 체계를 개선하여 도움이 필요한 학생에게 최적의 도움이 이루어지도록 하자

김샘: 앞서 교육복지행정의 문제점을 살펴보았습니다만, 특별히 교육복지우선지원사업의 개선을 위해서 필요한 것은 무엇입니까?

한유경: 첫째, 조직입니다. 현재 지역사회교육전문가가 학교 안에서 활동하지만 이를 뒷받침하는 조직 체제가 미비합니다. 교육복지는 지역사회교육전문가 홀로 책임질 수 없는 방대한 분야입니다. 담임과의 긴밀한 협조도 필요하고, 상담전문교사나 보건교사, 진로진학상담교사 등 학교 내부의 자원과 지역사회의 다양한 단체와 인력과의 긴밀한 협력 체제가 필요합니다. 거시적으로 보면 정부 부처 간의 협력이 필요하고, 단위학교 차원에서는 지역사회를 아우르는 교육복지를 위한 전담팀 구성이 필요합니다. 학교 내부에서는 교육복지 관련업무를 통합하는 부서를 설치하는 것도 필요합니다. 둘째, 평가 체제의 개편이 필요합니다. 현장의 경험을 가진 전문가들의 의견을 반영한 새로운 평가 지표를 만들어야 합니다. 다른 지역과 획일적으로 비교하는 평가를 지양하고 해당 지역에 맞는 맞춤형 성과 목표 설정과 이에 기반한 평가 작업이 이루어지도록 해야 합니다. 셋째, 예산 지원의 적절성을 제고해야 합니다. 농산어촌의 경우 수급자 수는 적지만 서비스가 필요한 학생은 더 많습니다. 또한 지방의 경우 대도시에 비해 지역사회 자원이 부족한 경우가 많기 때문에 더 많은 필요가 있습니다. 균등을 넘어 공평한 분배가 될 수 있도록 현장의 필요를 정확하게 판단할 수 있는 기준이 필요합니다.

Part 2. 보편적 교육 기회 균등을 위한 교육 여건

26 고교 무상교육 : 의무교육의 대상을 넓혀 민간 교육비 부담을 덜자

김샘: 불리한 학생에 대한 특별 지원에 대해서 논했는데 보편적인 교육 여건을 개선하는 과제 또한 중요합니다. 앞서 형식적 교육 기회 균등의 조건은 어느 정도 갖추어졌다고 했습니다만 아직도 완전한 수준은 아닌 것 같습니다.

정샘: 보편적으로 보장해야 할 수준을 어느 정도로 할 것인가를 결정하는 것은 쉽지는 않습니다. 그러나 국제적인 비교를 통해 어느 정도 가이드라인을 찾을 수 있을 것입니다. 그리고 가급적 교육은 사적인 부담이 아닌 공적인 부담을 통해 지원하는 것을 지향점으로 할 필요가 있습니다. 또 선별적 지원보다는 전체적인 수준을 올려서 그 속에서 모든 아이들의 절대적인 필요가 채워질 수 있도록 하는 것이 바람직합니다.

김샘: 그런 차원에서 볼 때 우리 교육에서 보완이 필요한 부분은 어떤 것일까요?

김찬미: 첫째, 고교 교육에 대한 공적 지원이 부족합니다. OECD 국가의 경우 의무교육 종료 연령이 평균 16세인데 비해 우리나라는 14세입니다. 고교 무상교육을 위해서는 연간 1조1,000억 정도가 필요하다는 연구가 있었습니다. 정치권에서도 필요성에 대해 상당한 공감대가 확보되었습니다. 실행에 옮길 때입니다.

27 학급당 인원수 감축 : 학급당 인원수를 감축하여 수업의 질과 관계의 질을 높이자

김샘: 수업의 질을 높이고, 수업 내에서 관계성 교육이 이루어지기 위해서라도 학급당 인원을 줄이는 것은 매우 중요한 과제라고 생각합니다.

김찬미: 매우 중요한 주제입니다. 학급당 인원을 줄일 수 있다면 많은 문제가 해결됩니다. 수업의 질이 높아질 수 있고, 교사가 학생들을 좀 더 개별적으로 대할 수 있고, 관계성 교육에도 유익합니다. 우리나라가 OECD 기준에 비추어 보아도 학급 당 인원이 많은 편입니다. OECE 평균(2011)이 초등의 경우 21.4명인데 우리나라는 28.6명이고, 중등의 경우 23.7명인데 비해 우리나라는 35.1명입니다.

김샘: 예산 부분은 나중에 전체적으로 정책별로 소요되는 예산을 비교하면서 우선 순위를 정해야 할 것인데요. 우선 학급 당 인원수를 줄이기 위해서는 어느 정도가 필요할까요? 이 부분에 대해 연구를 한 이기정 선생님(학교개조론 저자)의 의견을 들어보겠습니다.

이기정: 저의 아이디어는 이런 것입니다. 저는 원래 무학년 학점제를 위해 교과교실이 필요하다고 보았습니다. 교실을 확보하기 위해서 간단한 방법은 현재의 교실을 절반으로 나누는 것입니다. 그리고 학급당 인원을 전격적으로 20명으로 감축합니다. 그렇게 될 경우 전체적인 수업시수가 현재보다

약 70% 늘어나게 됩니다. 이를 흡수하는 방법은 첫째, 학생의 수업시수를 약 20% 감축하고, 둘째, 교사의 수업시수를 약 20% 늘리고 셋째, 교사를 약 30% 증원하는 것입니다. 여기에 소요되는 예산은 약 4조 원으로 추산됩니다. 이를 위해 필요한 것은 행정 직원을 채용하여 교사들의 행정업무를 전담하도록 하는 것입니다. 여기에 소요되는 예산의 일부는 현재 예산 낭비가 되고 있는 성과급 예산으로 충당하면 됩니다. 저는 이러한 일련의 개혁을 빅딜로 표현합니다. 즉 교사의 입장에서 볼 때 학급 당 인원이 줄어들고 행정업무로부터 해방이 되는 대신 성과급을 포기하고 수업시수를 늘리는 것을 받아들이자는 것입니다. 이는 교사로 하여금 교육 본질에 집중하게 하는 획기적 전환이 될 수 있을 것입니다. 이러한 대타협이 성사된다면 우리나라 교육은 일류 교육으로 도약할 발판이 마련되는 것입니다.

김샘: 매우 좋은 아이디어라고 생각합니다. 그러나 해결해야 할 과제가 많이 있는 것 같습니다. 수업시수 감축을 위한 교육과정 재구조화, 교사 증원을 위한 예산 확보, 성과급 개혁의 문제, 교사의 수업시수를 늘리는 문제, 교실을 반으로 나누게 될 경우 생겨날 수 있는 문제점 등에 대해 많은 검토가 필요할 것 같습니다. 무엇보다 그와 같은 대타협을 교사들이 순순히 수용할 것인지도 의문입니다.

김찬미: 중요한 과제인 만큼 과감한 결단이 필요합니다. 국민의 정부 시절에 학급당 인원 35명으로 감축하겠다는 목표를 설정하고 추진한 결과 다소의 문제점도 발생했지만 교육 여건 개선에 큰 획을 그었던 것을 생각하면 큰 목표를 정하고 추진하는 것이 필요하다고 봅니다. 다른 부분의 예산을 절감하고 교사 증원에 투자하고자 한다면 학급 당 인원을 그만큼 줄여나갈 수 있

을 것입니다. 학교 건물은 어느 정도 여유가 있다는 것을 앞에서 확인한 바 있습니다. 교사들의 수업시수도 OECD 기준으로 보면 우리나라가 좀 적은 편에 속하기 때문에 수업시수를 늘리는 것도 어느 정도 정당성을 가집니다. OECD 평균 수업시수가 초등은 연간 779시간인데 우리나라는 836시간으로 조금 많고, 중학교, 고등학교는 평균이 각각 701시간, 656시간인 데 비해 우리나라는 각각 618시간, 605시간으로 조금 적습니다. 그러므로 중등학교의 경우 수업시수를 조금 늘리는 것도 고려해 볼 수 있습니다. 수업시수가 늘어나는 대신 행정 직원을 채용하여 행정업무를 전담하는 것이 적절합니다. 교사들의 시간을 의미 있게 효율적으로 사용하는 방법입니다. 학급 당 인원을 줄이는 것에 예산의 우선순위를 두고 추진한다면 예산이 확보되는 만큼 교육의 질 향상에 큰 도움이 될 것입니다. 평화적 관계를 위한 별도의 교육도 필요하지만 일상적인 수업에서 관계성을 촉진할 수 있는 수업 방법이 요구됩니다. 그러므로 보다 더 소통이 잘 일어나고 교사와 학생의 인간적인 접촉이 많아질 수 있는 환경을 조성하는 것이 중요합니다.

Part 3. 학교와 지역사회를 아우르는 통합적 교육복지 체제

김샘: 급식이나 학습준비물 등에 대한 무상 지원이 이슈가 되었습니다만, 좀 더 넓은 차원으로 관심을 확대해보면 많은 과제들이 포괄됩니다. 체험학습에 들어가는 비용도 보편적 지원으로 포괄하는 것이 필요하지 않을까 하는 생각도 합니다. 이와 같은 문제들을 해결할 수 있는 방법은 무엇일까요?

정샘: 급식이나 학습준비물과 같이 어떤 특정한 품목이나 서비스를 무상지원하는 방법도 있겠지만, 좀 더 근본적으로 그리고 획기적으로 교육 기회의 균등을 달성하면서 동시에 효율성을 제고하는 방법을 고민하여야 할 것입니다. 그것을 해결하는 방안으로 보편적 교육복지바우처제도와 이를 뒷받침하는 지역교육복지센터, 그리고 좀 더 과감한 접근으로 사회적 지분 급여가 있습니다.

> **28 보편적 교육복지바우처 확대 :** 모든 학생에게 자유롭게 사용할 수 있는 교육복지바우처를 확대 지급하여 학생의 만족도와 예산 사용의 효율성을 높이고 사교육비를 줄여 교육 격차를 해소하자

한유경: 교육복지바우처를 보편적으로 확대하는 것이 필요합니다. 교육복지바우처란 학습자에게 공적 교육 서비스를 제공하는 데 있어 학습자의 선택권을 보장하기 위해 학습자에게 직접 수강권을 지급하는 방식입니다.

김샘: 이미 학교에는 방과후학교 바우처라고 하여 저소득층 학생을 대상으

로 지급되고 있습니다만 그것과 어떤 차별성이 있을까요?

한유경: 기본 원리는 같습니다만 바우처 지급 대상을 확대하고 사용 대상도 확대하자는 의미를 담고 있습니다. 지급 대상을 확대하자는 것은 저소득층뿐 아니라 모든 학생을 대상으로 지급하자는 것을 의미합니다. 사용 대상을 확대하자는 것은 학교뿐 아니라 지역사회의 여러 교육기관에도 사용할 수 있도록 하자는 것입니다.

김샘: 모든 학생을 대상으로 바우처를 지급하되 학교와 지역사회 교육기관에도 사용할 수 있도록 하자는 것은 상당히 획기적인 제안이라고 생각됩니다. 예산도 많이 들 수 있고, 학교와 지역사회의 교육 체제에도 많은 변화를 초래할 수 있을 것 같습니다. 이런 제안의 이유는 무엇인가요?

한유경: 우선 지역사회 교육기관에도 사용할 수 있도록 하자는 의미부터 살펴보겠습니다. 앞서 학습부진학생을 중심으로 학교와 지역사회가 연계할 필요가 있다는 것을 설명했습니다. 그런데 그와 같은 연계를 가장 원활하게 할 수 있는 방법이 학습자에게 직접 바우처를 지급하는 방식입니다. 학생과 학부모는 학교의 방과후학교를 활용하는 것이 좋을지 지역아동센터에서 서비스를 받는 것이 좋을지를 판단할 수 있고 선택할 수 있는 권리가 있습니다. 자신에게 가장 필요한 서비스를 선택할 수 있도록 하는 것이 자원을 가장 효율적으로 활용할 수 있는 방법입니다. 학습자의 필요와 선택권을 고려하지 않고 공급자 중심으로 운영할 때는 불필요한 낭비가 발생할 수 있습니다. 예를 들어 저소득층 학생을 지원하는 사업은 교과부에서도 하고, 보건복지부에서도 하고, 여성가족부에서도 하고, 지자체에서도 합니다. 즉 한 명

의 아이를 두고 다양한 경로에서 사업을 실시하다보니 중복과 낭비가 발생하는 경우가 있습니다. (예를 들어 다문화 가정이면서, 저소득층이면서, 한부모 아동일 경우 방학 중 참여할 수 있는 캠프만 해도 3, 4군데가 되는 경우가 있습니다.) 예산 대비 효율성은 떨어지는 것입니다. 만약 각각의 예산을 교육 바우처 형태로 학생에게 직접 지급을 한다면 학생은 다양한 교육 서비스 중에서 자신에게 가장 필요한 것을 선택할 수 있을 것입니다. 예를 들어 수학여행비에 쓸 수도 있고, 피아노 학원을 다닐 수도 있고, 연극이나 영화를 볼 수도 있을 것입니다. 즉, 다양한 경로로 집행되는 교육복지예산을 바우처 형태로 바꾸어 학습자에게 직접 지급함으로써 학습자에 필요한 맞춤형 교육 서비스를 제공하고 동시에 교육 서비스 기관의 경쟁을 유도하여 질을 높이고자 하는 것입니다. 그렇게 될 때 학습자 중심으로 학교와 지역사회의 교육적 자원이 최적의 상태로 배치될 수 있을 것입니다. 또 한편으로는 학교의 과도한 부담을 덜 수 있고, 지역사회의 교육이 보완적 역할을 하면서 살아날 수 있을 것입니다.

김샘: 지역사회의 교육기관에 학원도 포함됩니까?

한유경: 포함될 수 있습니다. 마치 급식 쿠폰을 일반 식당에서도 사용할 수 있도록 하는 것과 같습니다. 학생은 피아노를 배우고 싶은데 피아노 학원에 바우처를 쓸 수 없다면 바우처는 다른 곳에 쓰고 피아노 학원비는 개인적으로 지출을 해야 하는 비효율이 발생합니다. 만약 방과후학교에서 피아노를 배울 수 있다면 학원보다는 저렴한 비용에 배울 수 있기 때문에 방과후학교를 선택할 것입니다.

김샘: 만약 국가 지원이 늘어나면 사교육비 규모도 그에 비례해서 늘어나지 않을까 하는 생각이 듭니다. 그리고 현재 선행학습을 위한 사교육이 번성해 있는데 이런 부분에 대해서도 지원하는 것이 적절한 것인지도 따져보아야 할 것 같습니다.

한유경: 교육바우처를 사용할 수 있는 교육기관의 경우 국가가 정한 일정한 가이드라인을 준수해야 합니다. 예를 들어 학교 교육과정을 무력화시키고 과도한 경쟁을 유발하는 선행학습형 학원이라든지, 과도하게 높은 수강료를 받는 학원은 지원 대상에서 제외되어야 합니다. 한편 교육바우처는 공급 측면의 공적 해결책이라면 수요을 억제하는 노력은 여전히 필요합니다. 그것에 대해서는 대입정책과 교육과정 분야에서 설명했습니다. 그러나 현재 존재하는 사교육 수요를 부정하는 방식으로 억제하는 것은 어렵습니다. 예를 들어 인터넷 강의를 듣고 싶은데 바우처를 사용할 수 없다고 하면 학생 입장에서는 별도로 지출을 해야 합니다. 혹은 형편이 되지 않을 경우 수강을 못 할 것입니다. 사교육으로 인한 격차를 인정하는 것입니다. 어차피 경쟁이 존재하는 것이라면 그러한 경쟁에서 경제적 조건으로 인해 불리함을 겪지 않도록 하는 것이 필요합니다. 한편 방과후학교와 같은 정부 주도의 교육 서비스의 질을 높임으로써 민간의 교육 서비스와 비교해서 경쟁력을 확보하는 것이 필요합니다. 마치 보금자리 주택을 공급함으로써 민간 아파트 가격을 억제하는 것과 같은 이치입니다. 한편 과도한 사교육은 별 효과가 없다는 것을 캠페인으로 알려내면서 사교육의 거품을 제거하는 것이 필요합니다. 다만 이 정책은 비정상적인 사교육이 팽배한 현실에서 지원 대상을 한꺼번에 확대하기보다는 어느 정도의 검증을 거쳐 점진적으로 확대하는 것이 필요합니다.

보편적 지원

김샘: 바우처 사용 대상을 확대하자는 주장을 살펴보았습니다. 다음으로 지급 대상을 확대하자는 것을 살펴보겠습니다. 모든 학생에게 지급하자고 했는데 그 이유는 무엇입니까?

한유경: 첫째 이유는 교육에 대한 사적 부담을 공적 부담으로 전환함으로써 사교육비를 줄이고자 하는 것입니다. 저소득층에 대한 지원은 사교육비 격차를 줄이고자 하는 것이라면 보편적 지원은 사교육비의 절대 수준을 줄이자는 것입니다. 즉 사적 부담을 공적 부담으로 흡수하는 것이고, 사교육 기관을 공교육화하는 것입니다. 둘째, 복지의 사각지대를 없애고자 하는 것입니다. 저소득층을 지원한다고 할 때 간발의 차이로 지원 기준을 벗어난 대상이 있습니다. 그러나 보편적으로 지원하게 되면 그러한 사각지대가 사라집니다. 셋째, 선별 지원에 따르는 행정적 에너지를 줄일 수 있고, 부당 수급에 대한 문제도 원천적으로 해결됩니다. 넷째, 수급자가 가질 수 있는 낙인감을 제거합니다.

김샘: 부자를 지원해야 하느냐 하는 비판이 있을 것 같습니다.

한유경: 어쨌든 부자는 세금을 많이 내고 적게 돌려받는 셈입니다. 부자를 배제하기보다는 모두 혜택을 받는 시스템을 만들고 그 시스템을 위해 부자들이 더 많은 기여를 하도록 하는 것이 바람직합니다.

김샘: 그렇다면 과연 얼마 정도의 지원이 적절할까요?

한유경: 하나의 기준으로 삼을 수 있는 것은 현재의 사교육비 규모입니다. 현재의 사교육비 규모를 기준으로 삼는다면 교과부 발표에 따르면 약 20조 규모(2011년)입니다. 1인당 월 평균 사교육비는 24만 원 수준입니다. 사교육비 규모는 전체 국민의 교육적 수요의 양을 의미합니다. 사실은 더 많을 것입니다. 통계에 포함되지 않은 항목도 있고, 소득 때문에 억제하는 경우도 많으니까요. 아무튼 이를 감안하여 학생 1명 당 월 24만 원의 교육바우처를 지원할 수 있습니다. 이에 해당하는 만큼을 증세로 해결한다면 현재 국가예산규모 325조(2012년)를 감안하면 약 6.18%가 추가 부담이 되고, 이를 1인당 평균 세금 부담으로 환산하면 535만 원(2012년)의 6.18%인 303,000원을 더 내야 합니다. 직접세는 그보다 적을 것입니다. 그 대신 그는 자녀 1인당 평균 사교육비에 해당하는 월 24만 원의 교육비를 지원받게 됩니다. 이처럼 교육비에 대한 공적 지출이 늘어난다는 것은 고소득자의 경우 세금을 많이 내기 때문에 소득이 많은 쪽에서 소득이 적은 쪽으로 소득 이전의 효과를 가져옵니다. 또 자녀가 없는 쪽에서 자녀가 있는 쪽으로 소득을 이전하는 효과가 발생하기 때문에 장기적으로 저출산 문제를 해결하는 데도 기여할 수 있습니다.

김샘: 세금을 6% 더 내면 사교육비를 해결하고 저출산 문제도 해결할 수 있다는 통 큰 제안이군요.

29 지역교육복지센터 설립 : 학생을 중심에 놓고 학교와 지역사회를 아우르는 교육복지 체제를 구축하여 교육복지의 효율성을 높이자

김샘: 교육복지바우처를 확대할 경우 이를 통합적으로 관리할 행정 체계가

필요할 것 같습니다.

한유경: 지역교육복지센터를 설치할 것을 제안합니다. 지역교육복지센터는 학교에서 담당하는 교육복지 업무와 지자체 등이 담당하는 교육복지 업무를 통합하는 행정 조직입니다. 주요 업무는 교육복지바우처를 통합 관리하는 것입니다. 또한 다양한 경로를 통해 전달되는 교육복지예산을 통합하여 관리합니다. 이러한 모델에 대해서는 박경현 소장님(샘 교육복지연구소)으로부터 영국의 사례를 들어보기로 하죠.

박경현: 우리나라는 집에 가면 복지부(빈곤 가족, 빈곤 아동), 학교 오면 교과부(빈곤, 부적응, 학습부진), 방과 후에는 여가부(청소년) 등으로 한 사람이 갈갈이 찢어지는 형국이어서 비효율이 발생합니다. 영국은 아동 – 가족 – 교육을 하나의 부서로 통합하는 수술을 했습니다. 정부 부처를 개편하기까지 한 까닭은 아이의 문제는 결국 가족의 문제와 분리될 수 없고, 학교 교육과 청소년, 아동 부처가 따로 노는 방식으로는 효율적인 지원이 되지 않는다는 것을 깨달았기 때문입니다.

김샘: 그렇다면 지역교육복지센터의 행정 체계는 어떻게 되어야 합니까?

한유경: 교육청 산하에 설치할 수도 있고, 지자체에 설치할 수도 있습니다. 주민센터에 사회복지담당자가 있고, 학교 단위에는 교복우 학교를 중심으로 지역사회교육전문가가 있습니다. 이들을 하나로 통합하여 역할을 수행하게 하면 됩니다. 중요한 것은 학교와 긴밀한 연결 고리를 가져야 하는 것입니다. 왜냐하면 학교에 아이들이 있기 때문입니다. 그런 의미에서 현재

의 지역교육지원청을 개편하여 역할을 하게 하는 것이 적절하다고 봅니다.

---

30 **사회적 지분 급여 지급 :** 모든 청년에게 사회적 밑천을 제공하여 동등한 출발선에 서도록 하자.

김샘: 최근 반값 등록금이 이슈가 되었고 정치권에서는 반값 등록금을 약속하기도 했습니다. 이를 위한 재원은 약 7조 정도로 추산됩니다만 이 문제에 대해서는 어떻게 봐야 할까요?

임종화: 국가의 교육적 책임을 고려할 때 의무교육에 충실한 것이 우선순위가 되어야 합니다. 그런 점에서 반값 등록금 논쟁이 진행 중이지만 반값 등록금보다 우선순위를 가지는 것은 초중등교육의 질적 수준을 높이는 것이되어야 합니다. 의무교육이 달성해야 할 절대적 수준을 제대로 달성하지 못하고 있는 가운데 반값 등록금 정책부터 시행하는 것은 우선순위가 뒤바뀐것이라고 봅니다. 1순위로 고려해야 할 것은 의무교육 내의 교육 격차의 문제를 해결하는 것입니다. 이를 위해서는 대상자의 연령이 어릴수록 우선순위를 지닙니다. 그러므로 일반적으로 초중등교육에 대해서는 국가가 책임을 지는 형태로 가고, 고등교육의 경우는 개인 부담을 원칙으로 하되 학자금대출금을 확충하여 부담을 줄여주는 방식으로 해결하는 것이 적절합니다. 만약 대학 등록금을 대폭 지원하게 될 경우 이는 형평성에도 문제가 있습니다. 대학을 가지 않는 학생이 상대적으로 불리하기 때문이죠. 그리고 현재대학진학률이 과도하게 높은 것을 감안하면 대학 교육의 수요를 감축시킬필요도 있습니다. 전체적으로 개혁이 필요하긴 하지만 당장 어려움이 있다

고 하여 반값 등록금을 위해 공적 부담을 늘리게 되면 문제가 많다고 봅니다.

김샘: 하지만 실제로 대학 등록금 부담이 높기 때문에 균등한 교육 기회를 보장하기 어려운 문제가 있습니다. 근본적인 해결책이 필요하지 않을까요?

임종화: 이 문제는 좀 더 큰 틀에서 생각할 수 있습니다. 즉 청년이 사회에 진출하는 시점에 기본적인 조건을 마련해 준다는 차원에서 생각해야 합니다. 고등학교를 졸업하고 그는 대학을 갈 수도 있고, 취업이나 창업을 할 수도 있습니다. 이 때 부모의 지원을 받기 어려운 경우 어려움을 겪을 수밖에 없는데, 여기에 필요한 밑천을 사회가 공적으로 지원하는 방식이 필요합니다. 그 방안으로 20세가 되는 시점에 모든 청년에게 1억 원을 지급할 것을 제안합니다. 그것을 대학등록금으로 쓰든 창업을 하든 예금을 하든 알아서 할 수 있습니다. 모두에게 최소한 1억 원의 기본적 출발선을 보장하는 것입니다. 이와 같은 아이디어는 브루스 액커만, 앤 알스톳(분배의 재구성, 나눔의 집. 2010)이 제안한 것입니다. 브루스 액커만의 설명을 잠시 들어보죠.

브루스 액커만: 우리 모두가 공유해야 하는 사회적 지분이 있습니다. 누구나 이 세상에 태어날 때 그는 자연적으로 사회적 지분권을 갖게 됩니다. 부모의 조건에 관계없이 그것은 보편적으로 주어지는 것입니다. 이것을 그가 청년으로 사회에 첫 발을 내딛을 때 사용할 수 있도록 국가가 관리하는 것입니다. 이 제도가 가지는 장점은 여러 가지가 있습니다. 첫째, 개인의 선택권을 보장함으로써 복지 예산의 효율적 사용을 보장할 수 있습니다. 둘째, 복지의 사각지대를 없앨 수 있습니다. 셋째, 실업의 함정을 없앨 수 있습니다. 소득수준을 따지지 않고 보편적으로 주어지기 때문에 복지 혜택을 받기 위해 일

부러 저소득 상태에 머물고자 하는 함정을 제거합니다. 넷째, 청년에게 내일의 희망을 가지게 합니다. 미래를 설계하고 도전하고 싶은 마음을 갖게 합니다. 다섯째, 사회의 공동체 의식을 높일 수 있습니다. 사회적 지분을 지급받은 청년을 빚을 갚는 마음으로 열심히 일하고 마지막에 다음 세대로 전해 주면서 사회에 기여한다는 보람을 가지게 됩니다.

김샘: 재원 마련이 문제가 될 텐데요.

임종화: 매년 20세가 되는 인구가 70만 정도라고 볼 때 1인당 1억 원을 지급하려면 매년 70조가 필요합니다. 앞으로는 더욱 줄어들게 됩니다. 이 제도가 시행되면 다른 복지 예산을 상당 부분 흡수할 수 있습니다. 그리고 사회적 지분은 선순환되는 구조입니다. 즉 출발선에 선 청년에게 주어진 자금은 그가 사망시에 다시 사회로 환원됩니다. 그렇게 환원된 것은 다시 청년에게 돌아갑니다. 일단 종자돈이 만들어지면 그것은 윗세대에서 아래 세대로 전달되면서 증식될 수 있습니다. 이것은 도덕적으로 정당하고 심리적으로 거부감이 적습니다. 다만 현실적으로 당장 실시할 경우 사회적 지분을 지급받지 못한 사람과의 형평성이 문제가 되기 때문에 점진적으로 확대하는 것이 좋을 것입니다. 이 역시 저출산 시대에 다음 세대의 미래를 보장해 줌으로써 저출산 문제를 해결하는 데 큰 기여를 할 것입니다.

김샘: 모든 청년에게 1억을 지급하라. 아주 통 큰 제안입니다. 그러나 모든 사람이 이 세상에 태어날 때는 부모의 조건과 관계없이 이 세상에서 살아갈 최소한의 지분을 가지고 있다는 점을 전제한다면, 1억이라는 것이 정당한 권리로 요구할 수 있다는 생각이 듭니다. 꼭 이루어지길 바랍니다.

사범대 역사교육과 4학년인 현규는 임용 심사에 제출할 논문을 다듬는 막바지 작업을 하느라 바쁘다. 임용 시험이 논문 심사형으로 바뀌었기 때문이다. 지도교수도 꼼꼼하게 도와준다. 제자들의 임용 여부가 논문의 질에 달려 있기 때문에 교수가 시험을 보는 것이나 마찬가지다. 현규는 논문 주제를 학습부진학생의 진로 지도 쪽으로 잡았다. 그것은 현규가 1학년 때 교생 실습을 나가서 학습부진학생을 지도하면서 느꼈던 것이 있기 때문이다. 학교 공부에 별로 흥미가 없던 학생이었는데 일대일로 지도를 하게 되었다. 그 아이가 관심이 있는 것이 동물을 키우는 것이라는 사실을 알게 되고, 그 아이와 함께 서울대공원에 가서 직업 체험을 하게 되었는데 그 때부터 그 아이는 동물사육사가 되기 위해서 무엇이 필요한지를 묻더니 공부도 열심히 하게 되었다. 현규 자신도 한 학기 동안 서울대공원의 동물사육사 직업 체험을 같이 하면서 다른 세상을 접하게 된 것도 큰 도움이 되었다. 이런 것들을 토대로 논문을 쓰고자 하는데 몸은 힘들지만 자신의 문제의식을 발전시키는 과정에서 뿌듯함을 느끼고 있다.

박선생은 수업을 마치고 교사들 모임을 찾아간다. 학습 연구년을 받은 교사들이 개설한 '회복적 생활교육 모임'이다. 교사들이 현장에서 겪은 경험들을 토대로 연수를 개설했기 때문에 내용이 귀에 쏙쏙 들어온다. 거기에서 자신도 연구 과제를 맡아서 학급에서 실천을 하며 연구를 하고 있다. 2학기에는 이 연수를 학교에서 열어보고 싶다. 박선생 학교는 미래형 자율학교다.

교사들끼리 배우고 소통하는 분위기가 조성되어 있다.

　　강대안 학생은 기존에 다니던 학교를 나왔지만 그렇다고 배움을 그만둔 것은 아니다. 좀 더 자유롭게 배우는 것을 좋아해서 나온 것이다. 한 달에 20만 원 어치의 교육복지바우처를 어떻게 잘 활용할 수 있을지 계획을 세워본다. 일단 독서실비를 내고 책을 몇 권 사고, 이번 여름에 열리는 청소년 진로 캠프에 등록비로 쓸 예정이다. 나중에 자신이 한 학습과 활동을 잘 정리해서 지역교육복지센터에 가서 제출을 하면 청소년지도사가 인증을 해 주고 기록을 해 준다. 대안이는 학교 바깥에서도 자신의 배움을 개척하며 길을 간다.

Part 1. 새로운 교사

김샘: 교원 정책은 교육정책 중에 가장 중요하다고 해도 과언이 아닙니다. 교육의 질은 교사의 질을 넘을 수 없기 때문입니다. 또한 교육 예산 중 가장 많은 예산이 투입되는 것이 교원 인건비입니다. 그러므로 교원 정책만 성공해도 교육 개혁은 성공한다고 볼 수 있을 것 같습니다. 교원 정책에는 어떤 이슈들이 있을까요?

정샘: 임용제도가 중요하고, 양성과 평가, 연수 정책에 있어 많은 개혁이 필요합니다.

31 논문심사형 임용 전형 및 양성교육과정 개선 : 배움의 깊이를 추구하는 임용제도와 현장성을 강화한 양성교육을 통해 실력 있는 교사를 양성하자

김샘: 교원 임용의 과정이 배움의 기쁨을 경험하는 것과 거리가 멀다고 볼 수 있습니다. 학문과 경험의 깊이를 추구하기보다는 단편적이고 표피적인 지식을 묻고 있기 때문입니다. 예비교사 한 사람은 "공부는 재미있지만 임용고시 준비를 위한 공부를 하는 것은 재미가 없다"라고 합니다. 이와 같은 공부를 통해 배출된 교사는 아이들에게 배움을 즐거움으로 경험하게 할 가능성이 낮다고 봅니다. 어떻게 하면 이와 같은 현상을 극복할 수 있을까요?

김진우: 양성과정과 임용과정이 배움의 기쁨을 경험하고 가르칠 수 있는 능력을 기를 수 있는 과정으로 변화되어야 합니다. 대학입시와 마찬가지로 임용시험은 대학의 양성교육과정의 질을 결정하게 됩니다. 그러므로 임용시험의 형태에 대해 많은 관심을 기울이고 디자인해야 될 것입니다. 배움의 기쁨은 깊이 있는 공부를 추구할 때 생기는 것입니다. 이를 위해서는 현재의 객관식 시험의 수준을 넘어서 학생의 문제의식과 연구의 노력을 담은 '논문심사형' 임용제도를 도입해야 합니다. 논문의 질을 심사하여 임용에 중요하게 반영하자는 것입니다. 이렇게 할 경우 배움의 깊이를 추구하게 하고 대학의 교육과정을 충실히 이수하게 하는 효과와 대학 교육의 질을 제고하게 되는 효과를 얻을 수 있습니다. 대학교수의 입장에서도 제자들의 배움의 깊이에 책임을 지는 의식을 높일 수 있습니다.

김샘: 대학입시에서 입학사정관 전형으로 '교과프로젝트 전형'을 실시하자는 것과 비슷하게 들립니다. 그런데 수많은 사람들의 논문을 심사한다는 것이 많은 에너지가 들어가는 것 같습니다. 객관성을 확보하기도 쉽지 않을 것 같고요.

김진우: 객관성의 문제는 복수채점제를 통해 보완이 가능합니다. 힘들 수 있지만 그 정도의 에너지를 투자할만한 가치가 있다고 봅니다. 너무 경쟁률이 높을 경우 대학 학점 기준에 의거하여 응시 자격을 제한할 수도 있겠지요. 이외에도 면접이나 실기와 같은 요소도 반영될 수 있습니다. 중요한 것은 현재의 객관식 문제 중심의 고시 체제를 탈피하는 것입니다.

양성교육과정 개선

김샘: 현직에 나와서 보면 새롭게 배워야 할 것들이 많습니다. 양성교육과정에서 충분히 잘 배웠더라면 시행착오를 줄일 수 있을 텐데, 라는 생각이 듭니다.

김진우: 양성교육과정에 들어갈 내용에 대해 보다 심도 있는 논의가 필요합니다. 현장의 필요가 양성교육과정에 충분히 반영되지 않고 있습니다. 양성교육과정의 내용을 결정하는 과정에 현직교사들의 의견이 많이 반영이 되어야 합니다. 그리고 대학의 교수들이 이러한 현장의 필요를 충족할 수 있도록 적극적인 변화를 하여야 합니다.

김샘: 양성교육과정에서 필수적으로 강조되어야 할 것들은 무엇입니까?

김진우: 크게 네 가지로 봅니다. 첫째, 평화적 관계를 위한 교육과정이 필요합니다. 교사들부터 평화적 관계의 습관을 충분히 터득하여야 합니다. 이는 이론적 지식으로만 되는 것이 아니라 행동과 습관으로 나타날 수 있도록 하기 위한 체계적인 프로그램이 필요합니다.

둘째, 학습부진학생에 대한 지도능력을 길러야 합니다. 이를 위해서는 실제적인 임상 경험이 필요합니다. 교생 실습 기간을 대폭 늘이고 이 기간 동안에 학습부진학생을 지도하는 경험을 반드시 하도록 하여야 합니다. 그리고 학습부진아를 도울 수 있는 학습방법에 대한 연구와 학습을 할 수 있는 교육과정을 넣어야 합니다.

셋째, 사회적 경험이 필요합니다. 교사들은 대개 생활공간이 학교를 벗어나지 않았습니다. 그렇기 때문에 학생들이 정작 살아갈 세상의 환경에 대해 모르는 경우가 많습니다. 이와 같은 한계를 극복하기 위해 대학 시절에 폭넓은 경험을 할 수 있도록 하는 것이 필요합니다. 특별히 진로직업교육을 위해서는 다양한 사회 경험을 해 보는 것이 필요합니다. 한 학기 정도의 시간을 들여 다양한 사회적 체험을 할 수 있는 프로그램을 마련하는 것이 필요합니다.

넷째, 실제 학교 현장을 더 오래 경험하는 것이 필요합니다. 현재 약 4~6주의 교육실습 기간을 갖고 있는데 이것으로는 부족합니다. 가급적 1학년 시절부터 학교 현장 실습을 하도록 하는 것이 필요합니다. 그렇게 해서 현장의 문제의식을 가지고 이론적 공부를 병행하도록 하는 것이 필요합니다. 핀란드에서는 교생 실습 기간이 9개월에서 1년 정도로 매우 깁니다. 교육철학과 교과 교육학은 현장의 경험에서 생생하게 실효성 있게 배워질 수 있을 것입니다.

32 교원 평가 개선 : 교육의 본질에 대한 건강한 평가를 통해 교사의 전문성과 책무성을 제고하자

김샘: 임용 단계에서 잘 선발하는 것도 중요하지만 교직의 수행 과정에서 교사를 평가하고 교육하는 것은 더욱 중요할 것입니다. 그렇게 해야 교직 생애동안 지속적인 성장이 가능할 것이기 때문입니다. 이를 위해 좋은교사운동에서는 2003년에 '현장교사가 제안하는 교원평가제도'를 발표하였죠. 어떤 상황에서 나온 것입니까?

김진우: 당시 좋은교사운동은 자발적으로 수업평가 받기 실천 운동을 펼치고 있었습니다. 교사를 평가하는 주요 기제는 승진을 위한 평가입니다. 승진을 위해 점수를 관리하는 과정은 수업이나 생활지도와는 유리된 경우가 많았습니다. 즉 교사의 에너지를 교육 본질에서 이탈시켜 행정업무에 쏟게 만드는 구조가 있었던 것이죠. 저희는 이러한 평가가 아닌 교사의 가장 중요한 활동인 수업과 생활지도에 대해 학생들로부터 평가를 받는 것이 필요하다고 보았습니다. 아이들의 솔직한 피드백을 통해 수업에 대해 반성하고 보다 나은 수업을 위해 노력을 하자는 의미를 담고 있습니다. 이러한 실천운동을 통해 많은 교사들이 유익을 경험했습니다. 아이들의 평가에는 정확한 이야기들이 많았고, 때로는 격려를 받기도 하고 때로는 쓴 소리를 통해 아픔을 겪기도 하지만 더 나은 자기 발전을 위한 약이 되기도 했습니다. 이러한 경험과 성과를 바탕으로 좋은교사운동은 이를 전체 교사에게 확장시켜 나가고 나아가 이를 제도화함으로써 교직사회에 건강한 평가 문화가 자리 잡도

록 했던 것입니다. 이후 안병영 총리가 2004년 초에 사교육비 경감 대책을 발표하면서 교원 평가를 실시하겠다고 하자 곧 뜨거운 이슈가 되었지요. 교총과 전교조는 교원 평가를 적극 반대하였고, 학부모들은 절대적인 지지를 보냈는데 그 당시 좋은교사운동에서는 교원단체로서는 유일하게 찬성의 입장을 밝혔습니다. 물론 교육부의 의도가 무엇인지에 대한 의심은 있었지만 교육부의 방안이 우리가 제시한 내용과 크게 다르지 않았기 때문에 큰 틀에서 평가를 수용하면서 내용을 건강하게 만들어 가는 노력이 필요하다고 보았습니다. 그렇게 하는 것이 국민적으로 교직사회에 대한 불신을 극복하고 낮은 평가를 극복하는 길이라고 판단했습니다.

김샘: 좋은교사운동의 교원 평가의 핵심적 논리는 무엇입니까?

김진우: 첫째, 학생들로부터 받는 수업평가가 중심이 되어야 한다는 것입니다. 이를 통해 지금까지 중시되지 않았던 학생들의 목소리를 중요하게 듣겠다는 것입니다. 둘째, 상대평가가 아니라 절대평가로 하자는 것입니다. 셋째, 학부모와 교사로 구성된 민주적 관리 기구를 단위학교에 두자는 것입니다. 넷째, 교원 평가 결과를 승진이나 보수에 연계할 것이 아니라 교사 개인의 전문성 함양을 위한 피드백 자료로만 활용하자는 것입니다. 승진이나 보수에 연계가 되면 상대평가를 해야 되는 것이고, 상대평가를 하자면 부작용이 생길 수 있기 때문에 반대합니다. 교사 개인의 피드백에만 활용해도 교사들의 전문성과 책무성 제고에 도움이 될 수 있습니다. 다섯째, 교원 평가의 최적의 조건을 위해 기존의 근무평정을 위주로 하는 교장승진제도를 탈피하고 교장공모제로의 전환이 필요하다는 것입니다. 그렇게 할 때 새로운 교원 평가가 충분한 효과를 발휘할 수 있다고 보았습니다.

김샘: 2005년부터 교원능력개발 평가라는 이름으로 시범 실시되다가 2010년부터는 전체 학교로 확대 실시가 되었습니다. 이에 대한 평가는 어떠하며 현재 어떤 쟁점들이 있습니까?

김진우: 교원능력개발 평가를 통해 교사들이 과거에 비해 수업에 보다 많은 관심을 기울이고 있는 점은 긍정적으로 평가할 수 있을 것 같습니다. 다만 몇 가지 제도 시행상의 기술적인 문제점들이 나타나고 있습니다. 학부모들이 평가에 참여하기가 어렵고 복잡하다는 문제가 있고, 학생들이 무성의하게 하거나 익명성을 활용하여 무책임한 표현을 하여 문제가 되기도 합니다. 그리고 동료 평가의 경우 형식적으로 하는 경우가 많습니다. 그리고 결과를 연수와 연계하도록 했는데 연수 대상자로 선정하는 것을 둘러싸고 논란이 진행되고 있습니다. 또 한편에서는 승진을 위한 평정과, 성과급 평가 등과 교원능력개발 평가를 하나로 통합해야 한다는 주장도 있습니다. 또 체크리스트 방식이냐 서술형이냐를 둘러싼 논란도 있습니다.

김샘: 그러면 앞으로 교원능력개발 평가는 어떻게 개선되어야 할까요?

김진우: 첫째, 동료 평가가 내실화되어야 합니다. 단순히 체크리스트에 표기하는 것으로 그쳐서는 안 됩니다. 전문가의 입장에서 상호 질 높은 피드백이 교환되어야 합니다. 실제 수업을 참관하고 수업을 분석하고 허심탄회하게 소통을 하는 분위기를 만드는 것이 중요합니다. 이를 위해서는 체크리스트 방식이 부적당합니다. 배움의 공동체 운동에서 실시하는 것과 같이 수업평가회를 내실 있게 운영하는 것이 필요합니다. 굳이 서류가 필요하다고 한다면 서술형으로 평가하도록 한다든가 수업평가회를 정리한 결과를 남기

면 될 것입니다.

둘째, 학부모 평가는 좀 더 간소화해야 합니다. 초등학교의 경우는 학부모 평가를 하고, 중고등학교는 개별 교사에 대한 학부모 평가는 생략하고 오히려 학교평가에 통합하여 학부모 의견을 수렴하는 것도 좋습니다. 그리고 참여율을 높이기 위해서는 복잡한 인증 절차를 생략하고 모바일로 응답하도록 하는 것도 하나의 방법이 됩니다.

셋째, 학교장 평가와 학교 평가를 통합하는 것이 좋습니다. 사실 학교장에 대한 평가는 곧 학교 평가와 내용적으로 중복됩니다. 학교 평가에 있어 학생과 학부모의 만족도와 의견을 중시해야 합니다. 이는 곧 교원 평가에 있어 관료주의를 걷어내는 것과 같은 의미를 지니고 있습니다. 학교 평가는 앞서 말했지만 학부모의 만족도를 중심에 놓고 그 결과를 해석하고 컨설팅하는 과정에 전문가가 투입되는 구조로 바뀌어야 합니다.

넷째, 교원능력개발 평가와 승진 평가 혹은 성과급 평가를 통합하자는 주장이 있는데 그것은 불가합니다. 교원능력개발 평가는 학생들의 수업평가를 위주로 하는 절대평가입니다. 승진을 위한 평정이나 성과급 평가는 승진과 보수를 결정하기 위해 상대적 서열을 매기는 상대평가입니다. 교원능력개발 평가를 상대평가화하는 것은 바람직하지 않습니다. 그리고 교원능력개발 평가와 승진을 위한 평가나 성과급 평가는 평가의 영역이 다르고, 평가 주체 또한 다릅니다. 이것을 하나로 합하는 것은 무리가 따릅니다. 목적에 맞는 수단을 택해야 합니다. 새 술은 새 부대에 담아야 하듯이 새로운 교원평가는 새로운 틀 안에서 작동하도록 해야 합니다. 그리고 승진을 위한 평정이나 성과급 평가는 그것대로 개선해 나가야 합니다.

다섯째, 인사와 연계하는 문제가 남아 있습니다. 물론 현재도 평가 결과에 따라 필요한 연수를 받게 하는 것도 일종의 인사 연계입니다. 또는 교원능력개발 평가 결과를 관리자가 참고하여 승진 평정에 활용하는 것도 간접적인 인사 연계가 될 수 있습니다. 이와 같은 것은 나름대로의 합리성이 있습니다. 그러나 그것을 기계적으로 서열화하고 점수화하여 평정에 반영한다든지 성과급으로 연결하는 것은 문제가 있습니다. 평가집단이 다르고 평가 조건이 모두 다른 상황에서 획일적인 서열화를 하는 것은 불공정할 수 있습니다. 그리고 수업의 질을 개선하기 위해 모두가 서로 협력하여야 하는데 이를 근거로 줄 세우기를 한다면 협력적 문화를 만드는 데 어려움이 따를 수 있습니다. 그런데 인사와 연계하자는 주장의 이면에는 교원 평가의 실효성을 높이자는 생각이 있습니다. 그리하여 교사들이 보다 더 분발하도록 만들자는 것입니다. 물론 교사들이 수업의 질을 높이기 위해 더욱 노력하는 것은 필요합니다. 그러나 현재와 같은 방식으로도 개선의 효과가 나타난다면 이를 좀 더 지켜보는 것이 필요합니다.

여섯째, 교원능력개발 평가가 실효성을 발휘하기 위해서는 다른 평가의 압력이 줄어들어야 합니다. 승진을 위한 평가나 성과급을 위한 평가의 압력이 세다면 상대적으로 교원능력개발 평가의 영향력이 축소됩니다. 교사의 에너지를 수업과 생활지도와 같은 교육 본질로 집중하도록 하기 위해서는 다른 평가의 영향력을 축소할 필요가 있습니다. 승진을 위한 평가는 교장공모제 안에 녹여내야 합니다. 즉 기계적으로 점수를 쌓아 승진을 하는 방식이 아니라 관리자의 평가나 동료교사들의 평가를 다 합산하여 교장 공모를 할 때 하나의 자료로 제출하도록 하고, 그것에 대한 판단은 교장 공모 심사위원들이 질적으로 판단할 수 있도록 하자는 것입니다. 또 성과급 평가의 경우 이를 폐지하거나 완전히 다른 방식으로 전환하는 것이 필요합니다.

김샘: 한편 현재의 근무평정제도에 대해서는 어떻게 생각하십니까? 근무평

정제도가 합리적으로 작동하는 것도 중요하지 않을까요?

김진우: 근무평정제도가 합리적으로 작동되는 것도 필요합니다. 근무평정제도를 폐지해야 한다고 하는 주장이 있지만 근무평정제도를 폐지할 것이 아니라 교장공모제의 큰 틀에서 제자리를 찾도록 하면 되는 것입니다. 말하자면 근평은 관리자의 평가인데 그것은 그것 나름대로 의미를 갖고 활용이 되면 됩니다. 즉 교장 공모를 할 때 한 사람의 근무 이력이 중요한 자료가 될 수 있습니다. 이 때 그가 관리자로부터 받은 평가도 중요한 판단 자료가 될 수 있다는 것이죠. 다만 그것이 기계적으로 승진에 반영되는 구조가 문제인 것이지, 질적으로 해석될 수 있는 조건 하에서는 그 나름의 의미를 지닐 수 있는 것입니다. 그러므로 근평 자체를 폐지한다거나 수정하거나 할 필요가 없이 전체적인 틀을 바꿈으로써 근평의 제자리를 찾도록 하는 것이 필요합니다.

33 개인 성과급 평가 폐지, 다면평가 개선 : 비본질적인 기준으로 개인 간 비교하는 성과급을 폐지하고 학교 만족도에 근거한 학교 성과급으로 전환하여 학교 내 협력적 문화를 조성하자

김샘: 성과급 평가가 한 동안 뜨거운 이슈가 되었습니다. 이명박 정부에서는 개인 성과급과 학교 성과급을 병행 운영하고 있는데요. 이 문제에 대해 학교 현장에서는 많은 불만들이 있습니다. 평가의 기준이 타당한가에 대한 문제제기도 있고, 어쨌든 이렇게 차등적으로 분배하는 것 자체가 의미가 있는가 하는 문제제기도 있습니다. 교사의 동기 유발을 보상의 차등으로 이끌어내는 것이 적합하냐 하는 것이죠.

김진우: 성과급의 취지는 업무 성과에 따라 차등적 보상을 함으로써 무사안일한 공무원 문화에 경쟁 개념을 도입하여 효율성을 높이고자 하는 것입니다. 성과급제도에 대해서 우리는 네 가지 물음을 하여야 합니다. 첫째, 업무의 성과를 판단할 수 있는 타당하고 객관적인 기준이 있을 것인가? 둘째, 업무 성과에 차이가 난다고 할 때 차등 분배의 기준은 정의로운가? 셋째, 업무 성과의 차이에 따른 차등 분배가 교사들의 동기 부여에 도움이 될 것인가? 그리하여 교직 사회 전반에 긍정적 효과를 가져올 것인가? 넷째, 예산 투입 효과에 비해 정책 효과가 얼마나 되는가? 하는 것입니다. 첫째, 둘째 질문이 성과급 제도의 기술적 측면을 말하는 것이라면 셋째, 넷째 질문은 성과급 제도의 기본적 목적과 전제에 대한 질문이라고 할 수 있습니다.

김샘: 업무 성과 판단의 객관적 기준이 있는가? 그리고 분배가 정의로운가의 문제에 대해서 어떻게 보십니까?

김진우: 교사의 업무의 가장 중요한 부분은 수업과 생활지도라고 할 수 있는데 이러한 수업과 생활지도의 성과를 판단하는 것은 대단히 어렵습니다. 물론 교원능력개발 평가 등을 통해 수업의 질을 판단할 수는 있습니다. 그러나 그 나타난 결과가 바로 그 교사의 성과라고 확정하기는 어렵습니다. 학생 요인도 있고, 환경적 요인도 있기 때문입니다. 하나의 참고자료는 될 수 있지만 그것을 토대로 개인의 성과를 확정하고 분배를 하기에는 활용하기 어려운 자료입니다. 그렇기 때문에 현재 학교 현장에서는 겉으로 드러난 업무의 양으로 평가하고자 하는 경우가 많습니다. 수업시수나 행정업무의 보직, 연수 등을 기준으로 삼습니다. 그러나 이런 것으로 교사 개인의 성과를 판단하는 것은 무리가 따릅니다. 둘째, 설령 그렇게 해서 판단한 것이 정확하다 해

도 다음 문제가 있습니다. 성과급은 3단계의 차등 폭을 두고 있는데 개인의 업무의 성과와 분배의 양이 불일치합니다. 업무량의 차이가 1인데도 불구하고 분배의 차이는 10이 되는 경우가 있기 때문입니다. 모든 등급이라는 것이 가지는 것의 문제라고 볼 수도 있지만 그 차등폭이 크다고 할 경우 그것은 불공평함에 의한 불만을 유발합니다.

김샘: 근본적으로는 이런 식으로 동기유발을 하는 것 자체가 타당한가 하는 의문이 있죠. 셋째와 넷째의 질문에 해당하는 건데요.

김진우: 물론 많은 일을 하고 성과를 남기는 사람에게는 그에 상응하는 보상이 주어지는 것은 정의의 기본적 원칙입니다. 그러나 이처럼 제대로 된 기준이 없는 가운데서 이루어지는 차등적 분배는 오히려 정의를 훼손하는 것입니다. 적어도 구성원들 사이에서 수긍할 수 있고 승복할 수 있는 기준은 있어야 하는데 아직까지도 그러한 기준 마련에 어려움을 겪고 있습니다. 그렇기 때문에 오히려 안 하느니만 못한 결과를 가져오기도 합니다. 열심히 한 사람이 오히려 안 좋은 평가를 받았을 때의 박탈감과 불만은 더욱 크기 때문입니다. 그리고 근본적으로 교직 사회는 경쟁과 서열의 구조보다는 평등한 협력적 구조에 가깝습니다. 수업시수나 업무를 가급적 고르게 나누어 갖는 구조입니다. 물론 그러한 체제가 갖는 단점도 있습니다만 장점도 있는 것입니다. 문제는 그것을 깨뜨림으로 해서 얻는 유익이 클 것인지, 아닌지에 대한 판단이 필요합니다. 그리고 금전적 보상이 충분한 동기 유발의 기제가 될 것인지도 면밀하게 평가하여야 합니다. 현재까지는 이 부분에 대한 제대로 된 연구가 없었습니다. 그런데도 불구하고 막대한 예산이 집행되고 있습니다.

김샘: 학교 단위 성과급에 대해서는 어떻게 보십니까?

김진우: 만약 학생과 학부모의 학교 만족도를 중심으로 학교 평가를 한다면 이것을 기준으로 학교 단위 차등 성과급을 하는 것은 의미가 있다고 봅니다. 다만 차등의 폭은 현재보다 많이 축소하고 전체 규모도 많이 줄이는 것이 필요합니다. 그것은 약간의 상징적이고 심리적인 효과만 달성하면 됩니다. 그 차등의 폭이 너무 커서 상대적 박탈감이 커진다면 역효과가 커지기 때문입니다. 혹자는 학교 간 경쟁이 비교육적 경쟁을 유발할 것이라고 비판하지만 경쟁 자체가 악이 아니라 어떤 경쟁이냐 하는 것이 중요합니다. 최근 서울시교육청에서는 학교행복지수를 개발하였습니다. 사실 학교행복지수는 좋은 교사운동에서 제안한 것입니다. 아무튼 학교행복지수를 구성하는 것은 내용적으로 바람직합니다. 이러한 지표들을 활용하여 학교의 성과를 판단하는 것은 시험 점수 경쟁 위주의 학교 문화를 개선하는 데 도움이 될 것입니다. 이러한 노력들에 대해 학교에 성과급을 지급하는 것은 단위 학교의 협력적 노력을 장려할 수도 있습니다. 중요한 것은 학교 평가의 기준입니다. 그것이 잘못되면 오히려 에너지를 비교육적인 방향으로 작용할 수 있기 때문에 유의해야 합니다. 예를 들어 학업성취도에 의해 평가하는 것은 주의해야 합니다. 왜냐하면 학업성취도는 학교의 노력과 무관한 요소가 많이 반영될 수 있기 때문입니다.

다면평가

김샘: 다면평가는 근무평정제도가 교장의 독단으로 이루어진다고 하여 이를 보완하기 위해 만든 것입니다. 동료교사들의 평가를 30% 반영한다는 것

인데 이 제도의 실효성에 대해서 어떻게 생각하십니까?

홍인기: 다면평가의 가장 큰 문제는 그것이 근평제도의 일부이기 때문에 상대평가 체제를 취하는 것입니다. 몇 명의 교사가 전체 교사들을 일렬로 줄 세우기를 해야 하는데 이것이 정당한가 하는 것입니다. 사실 동료라고 해서 동료들을 잘 알지 못합니다. 명확한 평가 기준도 없이 제한된 자료를 가지고 줄 세우기를 해야 하는데 그것이 얼마나 신뢰성이 있는지 알 수 없습니다. 다만 비공개로 이루어지기 때문에 별 말 없이 넘어갈 뿐입니다. 그리고 다면 평가의 결과는 관리자의 평가 과정을 거치면서 얼마든지 희석될 수 있습니다.

김샘: 그러면 어떻게 개선되는 것이 바람직하겠습니까?

홍인기: 다면평가 역시 교장공모제의 틀 안에서는 하나의 중요한 참고자료가 될 수 있습니다. 지금처럼 다면평가를 점수화하여 합산해서 전체적인 점수를 내는 구조 하에서는 그 의미가 충분히 살기 어렵습니다. 만약 그 의미를 살리고자 한다면 교장공모제 하에서 질적으로 해석될 수 있는 여건 속에서 새롭게 자리매김해야 합니다. 교장 공모를 염두에 둘 때는 그 목적에 적합한 자료를 생산하면 됩니다. 예를 들면 연말에 교직원 전체 회의에서 투표를 통해 10% 혹은 20%의 교사를 추천하여 공식적으로 인정을 할 수도 있습니다. 반드시 일렬로 줄을 세우는 평가가 아닌 방식으로 동료 평가를 건강하게 활용할 수 있는 방안을 찾아야 합니다.

34 교사 자율 연수 공동체 연수 및 학습 연구년제 확대 : 교사들의 자율적인 연수를 장려함으로써 교사의 연구 역량과 전문성을 높이자

김샘: 다음으로 교사 교육에 대해서 생각해보겠습니다. 자격 연수와 직무 연수가 대표적인데 어떤 문제점과 대안이 있을까요?

임종화: 현재의 연수 정책의 기조는 일단 양적으로 많은 연수를 받게 하는 데 중점을 두고 있습니다. 이를 위해 승진 점수에도 연계를 하고 성과급이나 학교 평가 점수와 연계를 하기도 하며 의무적으로 일정 시간 이상을 연수를 받도록 하는 등 연수의 양을 늘리고자 합니다. 그러나 교사들의 필요와 자발성이 결여된 연수는 큰 효과를 거두기가 어렵습니다. 수업과 학생들과의 관계가 중요하고 이를 위해 배워야 한다는 필요를 느끼는 것이 선행되어야 합니다. 이를 위해 교원능력개발 평가를 실시하는 것입니다. 그러므로 인사평가와 연계함으로써 억지로 양을 늘리려고 할 것이 아니라 교사들의 필요를 자극하는 한편 연수의 질을 높이고 이를 지원할 수 있는 구조만 잘 갖추어 놓으면 됩니다. 다음으로 연수의 질을 높이는 것이 중요한데 이를 위해 역시 교사들의 자발성을 최대한 활용하는 것이 필요합니다. 교사들의 자율적 연구 공동체를 적극 활용하는 것이 좋습니다. 동료교사들은 현장의 경험을 공유하고 있기 때문에 교사들에게 필요한 것이 무엇인지를 잘 파악하고 있습니다. 이러한 교사 연구 공동체를 활용하여 연수를 개설하도록 하고 선택을 받게 한다면 교사들의 연구와 연수를 동시에 달성할 수 있을 것입니다. 이를 위해서는 교사들의 연수개설을 적극적으로 지원해야 합니다.

김샘: 이와 관련하여 최근 교사 학습연구년제도가 시행되고 있지 않습니까?

임종화: 학습연구년제도는 아주 바람직하다고 봅니다. 교사의 자기계발에 큰 도움이 되고 그 성과가 교직 사회에 긍정적 영향을 끼칠 수 있을 것이라고 봅니다. 예산이 문제가 될 수 있는데 만약 성과급 예산을 대폭 줄이는 대신 학습 연구년 예산으로 확충한다면 보다 큰 효과가 있을 것으로 봅니다. 성과급 예산을 교사 학습 연구년 예산으로 돌린다면 약 10명 당 1명의 교사에게 학습 연구년을 부여할 수 있을 것입니다. 즉 10년이면 전체 교사가 학습 연구년을 경험할 수 있습니다.

Part 2. 새로운 학교

김샘: 학교의 미래에 대한 OECD의 보고서(Education Policy Analysis, 2001)에 따르면 여섯 가지 시나리오가 나옵니다. 관료화나 시장화가 확대되는 현상 유지 시나리오, 지역사회센터나 핵심적 학습 조직화하는 학교 강화 시나리오, 네트웍 사회화나 교사 이직으로 인한 학교 해체 시나리오로 제시되고 있습니다. 이러한 가운데 과연 우리나라 학교의 미래가 어떻게 될 것인지를 전망하는 것이 필요할 것으로 봅니다. 과연 어떤 변화가 있을까요?

정샘: 미래를 예측하는 것은 어렵습니다만 적어도 현재의 학교 체제가 그대로 유지되는 것은 가능하지도 않고 바람직하지도 않다고 봅니다. 우리가 지금까지 논의한 것이 바로 우리가 바라는 미래의 학교를 앞당기자는 노력입니다. 미래의 학교와 관련하여 두 가지 논의가 필요합니다. 첫째, 비 제도권의 배움을 어떻게 발전시킬 것인가? 둘째, 현재의 제도권 학교를 어떻게 개혁할 것인가? 하는 것입니다. 첫째 논의는 현재의 대안학교나 홈스쿨링을 어떻게 제도화할 것인가의 문제이고 둘째 논의는 '미래형 자율학교'로 표현될 수 있습니다.

35 대안학교와 홈스쿨링 인정과 지원 : 학습자의 선택을 공적으로 지원함으로써 교육의 자율성, 다양성, 공공성을 확대하자

김샘: 먼저 대안학교와 홈스쿨링을 어떻게 볼 것인지가 문제입니다.

김진우: 이 문제를 생각하려면 먼저 공교육과 사교육의 의미가 무엇인지를 이해하는 것이 필요합니다. 흔히 공교육과 사교육은 정부의 지원을 받는가 아닌가로 나눕니다. 설립 주체가 국공립이 아니어도 정부 지원을 받는 사립 학교도 공교육이라고 봅니다. 이에 비해 정부 지원이 없고 개인이 부담하는 교육은 사교육입니다. 그런데 재정 지원이 아닌 교육이 추구하는 목적으로 구분할 수도 있습니다. 즉 공적 가치를 지향하는 교육과 사적 가치를 지향하는 교육으로 나눌 수 있습니다. 공적 가치라 함은 간단히 말해 사회적 공공선을 추구하는 것이고 사적 가치라 함은 개인의 출세를 목적으로 하는 것입니다. 그러므로 어떤 교육이 지향하는 목적과 재정 지원을 조합하면 네 가지 형태가 나옵니다. 공적 가치를 추구하는 공교육이 있는가 하면 사적 가치를 추구하는 공교육이 있고, 사적 가치를 추구하는 사교육이 있는가 하면 공적 가치를 추구하는 사교육이 있습니다.

구분	공적 지원	사적 부담
공적 가치	공적 공교육	공적 사교육
사적 가치	사적 공교육	사적 사교육

김샘: 공적 가치와 사적 가치가 무엇을 의미하는지 좀 더 분명한 설명이 필요합니다.

김진우: 공적 가치 중에서 중요한 것은 첫째, 사회적 공공선을 담보하는 시민을 육성하는 것입니다. 둘째, 불리한 여건에 처한 아이들에게도 균등한 교육의 기회를 보장함으로써 사회 정의를 구현하는 것입니다. 사적 가치는 개인의 이익을 추구하는 것입니다. 그러나 좀 더 깊이 생각해보면 사적 가치와 공적

가치가 명확히 구분되지 않는 점도 않습니다. 개인적으로 성공하기 위해 노력하는 것이 궁극적으로는 사회 발전에 도움이 되는 경우가 많기 때문에 그것은 결국 공적 가치와도 상통합니다. 그것은 사회 구조와 관련이 있습니다. 열심히 일하고 많은 돈을 벌고 세금을 많이 내서 사회에 기여하는 구조라면 사적 가치와 공적 가치가 조화될 수 있습니다. 그러나 승자독식의 사회라면 사적 가치와 공적 가치가 조화되기 어렵습니다. 무엇보다 공적 가치에 위배되는 것은 계층 차별적 교육 체제입니다. 학생들을 서열화하고 차별하는 것은 사회통합에 방해가 되고 과잉경쟁을 유발하여 사회적 고통을 초래하므로 공적 가치로 인정하기가 어렵습니다. 아무튼 이런 면에서 학교가 공적 가치를 지향하는 공교육이 되려면 민주시민 교육과 교육 기회 균등을 위해 노력해야 하고, 개인의 성공과 사회의 발전이 일치될 수 있는 사회 구조를 만드는 것이 필요합니다. 이런 관점에서 학교가 공적 가치를 지향하고 있는가 아닌가 하는 것은 교육 내용, 학생 선발의 방식, 그리고 불리한 학생들에게 얼마나 균등한 교육의 기회를 부여하고 있는가 하는 점으로 판단할 수 있습니다.

김샘: 자, 그러면 그와 같은 관점에서 대안학교 혹은 사교육은 어떻게 보아야 할까요? 공적 지원의 기준은 무엇이 될 수 있을까요?

김진우: 원칙적으로 학습자를 중심으로 생각하면 지원의 기준이 명료합니다. 즉 학생이 있는 곳에 지원이 따라간다는 것입니다. 즉 학생이 선택한 교육을 지원한다는 것입니다. 다만 그것이 반사회적이지 않는 경우에 한해서입니다. 홈스쿨링을 선택한 학생에게도 교육바우처의 형태로 공적 지원을 해서 그가 책을 사든지, 교육 프로그램을 듣든지, 체험학습을 하든지 지원을 해야 합니다. 만약 학교에서 무상급식을 하고 있다면 학교 밖의 아이들에게

도 급식비를 지원을 해야 합니다. 학교 안의 학생이냐 아니냐를 떠나서 보편적인 지원을 해야 할 것입니다.

김샘: 그렇게 되면 학교가 붕괴될 것이라고 걱정하는 사람들이 있습니다. 반론을 들어보겠습니다.

임종화: 만약 학교 밖의 학생들에게도 지원을 하게 되면 '엑소더스'가 일어날 수 있습니다. 그렇게 되면 학교에 남아 있는 학생들의 상황은 더욱 나빠질 수 있습니다. 그리고 학교 밖에서 입시교육에 더욱 치중하는 문제가 발생할 수 있습니다. 현재의 학교가 무너지게 되면 불리한 학생들에게 더욱 안 좋은 결과가 생길 수 있습니다.

김진우: 기본적으로 학교의 개념을 바꾸어야 합니다. 정부가 세우고 정부 지원을 받는 학교만 학교라고 생각할 필요가 없습니다. 지원의 기준을 학습자 개념으로 바꾸게 될 때는 대안학교나 홈스쿨도 공적 지원을 받는 학교와 본질적으로 동일합니다. 즉 학교의 개념이 유연화되어 확장되는 것입니다. 학생이 있는 곳이 학교입니다. 다만 학생이 대안학교 혹은 홈스쿨링으로 이동한다고 한다면 공립학교가 살아남을 수 있을까 하는 우려를 할 수 있습니다. 그렇기 때문에 제도를 급진적으로 적용하기보다는 현실의 검증을 거쳐서 점진적으로 시행하는 것이 필요할 것입니다. 그러나 근본적으로 공립학교는 사립학교보다 시설면에서 유리한 조건에 처해 있는데 사립학교보다 뒤질 이유가 없습니다. 마치 사립유치원보다 공립유치원이 더 인기가 있는 것과 마찬가지입니다. 그러므로 공립학교가 현재보다 더욱 개혁된다면 그런 걱정을 할 필요는 없을 것입니다. 오히려 지금처럼 공립학교 혹은 공립화된 사립학

교의 독점과 특권을 보장해 줌으로써 학교의 개혁을 지연하는 것이 학습자에게 더욱 나쁜 결과를 초래할 것입니다.

김샘: 그렇다면 사립학교 혹은 대안학교 혹은 홈스쿨링을 지원하는 기준은 어떻게 정하는 것이 좋을까요?

김진우: 대안학교의 경우 학교 설립의 요건을 완화하여 특성화학교로 유도하는 것이 필요합니다. 단 이때 학생선발권은 제한하여야 합니다. 공적 지원의 틀에 들어오는 대신 선지원 후추첨제도의 틀에 들어와야 합니다. 또한 일반학교보다 더 많은 등록금을 받는 것도 제한하여야 합니다. 즉 공적 지원의 틀에 들어온다는 것은 사회통합의 가치를 지녀야 한다는 것입니다. 성적순 선발이나 고액의 등록금 등을 통해 계층 분리를 조장하는 것은 공적 지원으로 하기가 어렵습니다. 홈스쿨링에 대해서도 열린 태도가 필요합니다. 청소년 센터나 지역교육복지센터 등을 통해 교육바우처를 지급하고, 필요한 프로그램을 소개하고 연결하는 지원 기능을 감당할 필요가 있습니다. 그리하여 학습자의 자율성을 존중함으로 교육의 다양성을 인정하되 공공성이 훼손되지 않도록 공적 지원과 더불어 사회통합을 해치지 않는 방향으로 면밀하게 설계하는 것이 필요합니다.

36 미래형 자율학교 확대 : 이상적인 학교의 모델을 만들어 학교 혁신을 견인하자

김샘: 지금까지 학교 바깥의 교육에 대해 생각해 보았고, 그 또한 새로운 학

교의 개념으로 포괄해야 한다는 점을 살펴보았습니다. 공립학교와 사립학교 모두 어떤 면에서 선의의 경쟁을 하면서 교육의 질을 높여나가는 것이 필요하고, 그런 점에서 사립학교에 대해서도 공적 지원이라는 동등한 출발선을 만들어 주는 것은 필요하다고 생각합니다. 그런데 문제는 현재 대다수를 차지하고 있는 공립학교 혹은 공립화된 사립학교가 혁신되는 것 아니겠습니까?

김영식: 그런 점에서 지금까지 우리가 학교의 혁신을 위한 다양한 과제들을 논의했습니다. 그런데 문제는 이러한 과제들이 한꺼번에 달성되기가 어렵다는 것입니다. 그러므로 제한된 조건 속에서도 혁신된 학교의 모델들을 만들어낼 수 있다면 이를 통해 교육의 변화를 견인해 낼 수 있을 것이라는 생각을 합니다. 새로운 학교의 모습을 보여주고 그것이 가능하다는 것을 보여주는 것이 중요합니다. 이러한 학교를 '미래형 자율학교'라고 부를 수 있겠습니다. 자율학교는 기존 학교의 틀을 다소 벗어나서 운영할 수 있는 여지가 있습니다. 교장의 자격, 교원 임용, 교과서 사용, 학년제 등에 다소의 융통성이 있습니다. 그러므로 이러한 제도적 공간을 활용하여 혁신적 학교의 모델을 만드는 것이 필요합니다.

김샘: '미래형 자율학교'는 최근 일부 시도에서 추진하는 '혁신학교'를 떠올리게 합니다. 어떤 내용을 가지고 있는 것입니까?

김영식: 혁신학교와 지향하는 바가 비슷하지만 다른 점도 있습니다. 미래형 자율학교는 다음과 같은 특징이 있습니다. 첫째, 교장공모제를 적용합니다. 교장을 학교구성원이 자율적으로 공모합니다. 둘째, 공통필수교육과정을 50%로 줄이고 학생들의 관심과 필요를 반영한 교육과정을 운영합니다. 교

과서에 얽매이지 않고 프로젝트 수업을 강조합니다. 셋째, 성취기준에 입각한 교사별 절대평가제를 시행하고 수행평가를 위주로 합니다. 점수가 없는 대신 각자의 부족한 부분을 발견하고 보완할 수 있는 기회를 제공합니다. 넷째, 완전학습을 지향하고 학습부진아 10명당 1명의 특별지원교사를 배치하여 즉각적이고 집중적인 개별적 도움을 줍니다. 다섯째, 진로 중심의 동아리 학급제를 운영하여 전 교사가 담임을 맡고 있으며 학급 속에서 회복적 서클이나 직업체험을 활성화합니다. 초등학교의 경우는 동일 학년 전담제를 통해 교사의 전문성을 확보합니다. 여섯째, 학생들은 평소 회복적 서클을 통해 소통하고, 심각한 문제가 발생시 중재 전문가 가 개입하여 중재를 통해 해결합니다. 학내 언론이 활성화되어 있고, 학교 규정은 학생들의 토론과 전체 투표를 통해 결정합니다. 일곱째, 행정업무는 행정업무전담팀이 맡아서 해결을 하고 교사는 수업과 상담에 전념합니다. 여덟째, 교사들은 서로의 수업을 자유롭게 공개하고 수업평가회를 통해 서로의 발전을 도모하며 함께 공부하는 모임을 가집니다. 교사들은 회의를 할 때 비폭력 대화로 서로의 마음을 나누고 소통합니다. 아홉째, 방과후학교를 지역사회복지기관과 연계하여 다양한 자원을 학교 안으로 끌어들이는 한편 학교를 지역사회기관에 개방하여 상호 협력하고 교류합니다. 열째, 학교운영에 대해 학생과 학부모의 만족도와 의견을 묻고, 이를 바탕으로 학교참여 평가를 통해 학교구성원이 학교의 문제를 토론하고 개선을 위한 아이디어를 모읍니다. 평상시 학교민원시스템을 통해 건의를 하면 즉시 답변을 받을 수 있습니다.

김쌤: 한 마디로 지금까지 논의했던 개혁적 과제들을 최대한 담아내고자 하는 학교군요. 그런 면에서 미래형 자율학교라는 이름이 어울리는 것 같습니다. 그런데 이와 같은 혁신이 가능하기 위해서 가장 핵심적인 요인이나 필요

한 여건이 무엇일까요?

김영식: 첫째, 교육감의 의지가 중요합니다. 교육감이 자율학교를 지정할 수 있기 때문이죠. 자율학교를 지정할 때 교장공모제를 적용하도록 하는 것이 필요합니다. 현재 교장공모제가 적용될 수 있는 조건은 제한적이지만 존재합니다. 앞으로 교장공모제 적용 범위가 더욱 넓어지는 것이 필요합니다. 둘째, 국민공통기본교육과정의 유연한 적용이 필요합니다. 교육과정의 50% 수준에서 선택형 교육과정을 운영할 수 있도록 허용하는 것이 필요합니다. 셋째, 절대평가제와 관련하여 고교입시제도의 변화가 필요합니다. 이로 인해 완전한 절대평가제의 적용에 약간의 제약은 있습니다만, 내용을 충실히 하는 한편 완전학습의 목표를 추구하는 것에는 큰 문제가 없습니다. 다만 교사들이 교과의 목표와 성취기준에 대한 이해 그리고 완전학습을 위한 노력이 필요합니다. 넷째, 학습부진학생을 위한 특별지원교사를 확충하려면 예산 지원이 필요합니다. 이 부분은 교육복지우선지원사업 등의 예산을 확보하면 될 것입니다. 혹은 교육청이나 지자체의 추가적인 지원을 확보하는 것도 가능할 것입니다. 또한 이를 바탕으로 지역사회와 협력하고 교육적 자원들을 통합하는 것은 학교의 의지만 있다면 아무 문제가 없습니다. 다섯째, 전교사 담임제와 동아리 학급제는 공간적 조건과 행정적 뒷받침이 있어야 하는데 대체로 충족될 것으로 봅니다. 학년전담제도 단위학교 안에서 타협하면 가능합니다. 여섯째, 행정업무전담제는 현재의 조건에서 가능한 수준으로 하면 됩니다. 다만 교사들의 업무 부담을 덜기 위해 추가된 예산으로 행정직원을 채용할 수 있을 것입니다. 일곱째, 프로젝트 수업의 활성화나 수업공개의 활성화, 학교참여 평가와 같은 것은 단위학교 교사들의 의지에 따라 얼마든지 가능합니다. 결국 가장 핵심적인 요인은 교장과 교사입니다. 시스템

은 사람을 뒷받침하는 것입니다. 교사들의 의지가 없다면 불가능합니다. 그런 점에서 미래형 학교에 대한 비전이 있는 교사들이 뜻을 모을 수 있는 구조가 필요합니다. 그러므로 교사초빙제가 필요하고 어느 정도의 연속성을 보장할 수 있도록 순환근무제를 탄력적으로 적용할 수 있어야 합니다. 이 부분만 구비되면 내용은 학교와 지역의 여건에 맞게 채워나가면 되는 것입니다.

김샘: 이런 학교가 일반화될 수 있을까요? 결국 좋은 교사들이 있어야 한다는 것인데 그런 교사들이 전제가 되지 않으면 일반화가 어려운 것 아닙니까?

김영식: 교사의 한계가 곧 학교의 한계입니다. 그러므로 전체적으로 일반화하는 것은 교사가 성장하는 것만큼 일반화될 것입니다. 미래형 자율학교의 소임은 현실에서도 교사 요인의 변화를 통해 새로운 학교가 가능하다는 것을 보여주는 것입니다. 교장들이 비전을 가지고 교사들이 희망을 가지고 변화될 수 있도록 하는 마중물 역할을 하는 것입니다. 그런 의미에서 미래형 자율학교는 가급적 낙후한 지역에서 시범적으로 시도되어 성과를 거두는 것이 필요합니다. 그렇게 할 때 다른 지역에서도 변화가 가능하다는 희망을 줄 수 있습니다.

김샘: 결국 교사 요인이 가장 중요하다는 생각이 듭니다. 아무튼 그렇게 해서 낙후지역의 학교에서 혁신이 일어난다면 이것은 국민들에게 큰 희망을 던져줄 수 있다고 봅니다. 이를 위해 교사들이 준비되는 것이 필요하겠습니다.

한국 교육,
미로 찾기:

교육정책,
어떻게 추진할 것인가?

5교시
한국 교육 미로찾기: 교육정책, 어떻게 추진할 것인가?

김샘: 이제 마지막 시간입니다. 이번 시간에는 정책들을 총괄적으로 평가해 보고, 교육 개혁이 성공하기 위해서는 어떻게 접근해야 할 것인가 하는 점들을 논의하도록 하겠습니다. 먼저 지금까지 많은 정책을 제시했는데 한 눈에 알아보기 쉽게 정리를 해 주시면 좋겠습니다.

정샘: 크게 10대 분야의 핵심 정책으로 나누어 보겠습니다. 첫째, 교사의 교육기획력과 학생들의 자발성을 높여 배움의 질을 제고하는 정책입니다. 선택교육과정의 확대와 교사별 평가 그리고 '교과 프로젝트 전형' 정책이 이에 해당합니다.

둘째, 경쟁적 선발의 압력을 줄여 초중학교 교육을 정상화하는 정책입니다. 고교 선지원 후추첨 배정, 절대평가제가 이에 해당합니다.

셋째, 학생들의 소질과 적성을 찾고 개인별 맞춤형으로 꿈을 실현하도록 돕는 정책입니다. 자유진로학교가 이에 해당합니다.

넷째, 학교 안의 소통과 평화를 이루기 위한 정책입니다. 중재 전문가 파견 제도, 학생회 활성화, 학교민원시스템 운영이 이에 해당합니다.

다섯째, 교사들로 하여금 교육의 본질에 집중하도록 돕는 정책입니다. 전교사 담임제, 학급당 인원 감축, 행정업무전담제, 학년전담제가 이에 해당합니다.

여섯째, 단위학교의 자율적 혁신 역량을 강화하는 정책입니다. 교장공모제, 학교참여평가, 교육청 재구조화 및 교육청 유발 업무 총량제 , 학교자율예산제가 이에 해당합니다.

일곱째, 모든 학생이 배움에 참여하고 동등한 출발선에 서도록 돕는 정책입니다. 학습부진아 특별지원교사, 교육복지우선지원사업 체제 개선, 고교무상교육, 사회적 지분 급여가 이에 해당합니다.

여덟째, 학교와 지역사회가 함께 협력하여 모든 학생들에게 공평한 기회를 부여하고자 하는 정책입니다. 보편적 교육복지바우처, 지역교육복지센터가 이에 해당합니다.

아홉째, 교원의 전문성을 높이는 정책입니다. 논문심사형 임용제도, 교원평가, 교사자율연구공동체 연수가 이에 해당합니다.

열째, 새로운 학교의 모범을 통해 학교 혁신을 촉진하는 정책입니다. 대안학교 지원, 미래형 자율학교 확대가 이에 해당합니다.

이를 도표로 나타내면 다음과 같습니다.

	목적 / 분야	주요 정책
1	교사의 교육기획력과 학생의 자발성을 확대하여 배움의 질을 높이는 정책	선택교육과정 확대 교사별 평가 학업 성취도 평가 개선 교과 프로젝트 전형 수능 I, II 분리 대입 모집단위별 전형 요소 특성화
2	경쟁적 선발을 압력을 줄여 초중학교 교육을 정상화하는 정책	고교 선지원 후추첨 배정 자율형 사립고 폐지 절대평가제

3	학생들의 소질과 적성을 찾고 꿈을 실현하도록 돕는 정책	자유진로학교 산학협력과 고졸 채용 확대 직업 교육 교사 자격증 체제 개선
4	학교 안의 소통과 평화를 이루는 정책	갈등중재 전문가 파견제 학생회 활성화 학교민원시스템 운영
5	교사들로 교육의 본질에 집중하도록 하는 정책	전 교사 담임제 학급당 인원 감축 행정업무전담제 동일 학년 전담제
6	단위학교의 자율적 혁신 역량을 강화하는 정책	교장공모제 학교참여평가 교육청 재구조화 교육청 유발 업무 총량제 학교자율예산제
7	모든 학생이 배움에 참여하고 동등한 출발선에 서도록 돕는 정책	학습부진아 특별지원교사제 교복우 체제 개선 고교무상교육 사회적 지분 급여
8	학교와 지역사회의 협력을 통해 학생들을 지원하는 정책	보편적 교육복지바우처 지역교육복지센터
9	교원의 전문성을 높이는 정책	논문심사형 임용제도 교원 평가 개선 개인 성과급 폐지 및 다면평가 개선 교사자율연구공동체 연수
10	새로운 학교상을 제시하여 학교 혁신을 촉진하는 정책	대안학교 지원 미래형 자율학교 확대

김샘: 한 눈에 볼 수 있으니 좋습니다. 그러면 이러한 정책을 어떻게 분석 평가할 수 있을까요?

1. 정책의 평가

평가의 기준

정샘: 정책을 몇 가지 측면에서 분석할 수 있습니다. 첫째, 효과성입니다. 어떤 정책이 어떤 가치에 기여하고 파급 효과가 무엇인지를 판단하는 것이 필요합니다. 이런 관점에서 보다 핵심적인 정책이 있고 부수적인 정책이 있을 수 있습니다. 둘째, 비용의 관점입니다. 어떤 정책을 수행하는데 얼마의 예산이 필요한 것인가가 중요합니다. 예산 소요가 많은 경우 그러한 정책들 중에서 우선순위를 판별하는 것이 중요합니다. 셋째, 어떤 정책을 둘러싼 갈등 구조를 파악하는 것이 필요합니다. 넷째, 정책의 위험성입니다. 어떤 정책이건 완벽한 것은 없고 어느 정도의 부작용은 예상을 해야 합니다. 그런데 그러한 부작용과 위험성을 충분히 따져 속도 조절이 필요합니다. 어떤 정책이 가져올 영향이 좋건 나쁘건 큰 영향을 줄 수 있다면 점진적으로 검증을 하면서 도입하는 것이 필요할 것입니다. 다섯째, 중앙 정부가 추진할 것인지, 교육청 단위에서 추진할 것인지, 단위학교가 자율적으로 결정할 것인지를 구분하는 것도 필요합니다. 단위학교가 잘 할 수 있는 것을 중앙정부가 나서서 하는 것은 행정력의 낭비이자 단위학교의 자율적 혁신 역량을 약화시키는 것입니다. 물론 단위학교가 자율적으로 결정할 수 있는 영역이라 해도 무작정 맡기는 것이 아니라 좋은 방향으로의 변화가 일어날 수 있도록 여건을 조성하는 것은 여전히 필요합니다. 다만 어느 정도 수준까지 개입할 것인지를 판단하는 지혜가 필요합니다.

비용 문제: 예산과 갈등 구조

김샘: 만약 대통령에게 제안하고 싶은 한 가지 핵심 정책을 꼽으라면 어떤 것을 제시할 수 있을까요?

정샘: 어려운 질문입니다. 정책의 효과성과 유무형의 비용의 측면을 종합적으로 고려해야 하기 때문입니다. 그리고 각각의 정책이 따로 노는 것이 아니라 유기적인 관계를 맺고 있어 동시 다발적으로 추진할 때 효과를 낼 수 있는 경우도 있습니다. 그러므로 이 답변을 잠시 미루고 먼저 비용의 측면을 먼저 고려해 보도록 하겠습니다.

김샘: 예산이 핵심적인 고려 요소가 될 것 같습니다. 제한된 예산 안에서 동시에 다 할 수 없다면 무엇을 먼저 해야 할 것인가 하는 판단을 해야 될 것 같습니다. 먼저 어떤 정책에 얼마의 예산이 들어가는지를 추산해 보는 것이 필요하겠습니다.

정샘: 물론 어느 정도 수준으로 하느냐에 따라 다르지만 어느 정도 정책의 효과를 나타내기 위한 최적의 수준을 기준으로 생각해보겠습니다. 먼저 사회적 지분 급여는 교육 예산의 범위를 넘어섭니다. 이는 국가 전체적으로 복지의 틀을 완전히 새롭게 디자인을 해야 합니다. 아무튼 모든 청년에게 사회적 지분 급여를 1억씩 지급한다고 할 때 매년 약 70조의 예산이 필요할 것입니다. 다음으로 보편적 교육복지바우처를 통해 사교육비를 절감하고자 할 때 1인당 월 24만 원의 바우처를 지급한다면 약 20조의 예산이 소요됩니다. 다

음으로 학급당 인원을 감축하는 것입니다. 수준에 따라 다르지만 학급당 20명으로 감축하게 될 경우 현재의 조건을 그대로 적용할 경우 교원 증원이 약 20만 명(초 49,472명, 중 72,135명, 고 85,923명)이 필요합니다. 이에 드는 인건비는 1인당 연간 3,000만 원으로 보았을 경우 약 6.2조가 소요됩니다. 다음으로 고교무상교육을 실시할 경우 약 1.1조의 예산이 필요합니다. 다음으로 학습부진학생에 대한 특별지원교사를 10명 당 1명 수준으로 초중학교에 배치할 경우 약 6,000억이 필요합니다. 다음으로 행정업무전담직원을 한 학교에 1명씩 배치할 경우 약 2,200억이 필요합니다. 다음으로 중고등학교에 전 교사 담임제를 실시할 경우 추가되는 116,537명의 담임수당(11만원)으로 약 1,300억이 필요합니다. 단 전 교사 담임제를 실시할 경우 행정업무전담직원 추가 채용과 함께 가야 하기 때문에 결과적으로 3,500억이 필요하다고 볼 수 있습니다.

김샘: 예산이 들어가는 정책과 반대로 예산을 절감하는 정책도 있을 수 있죠.

정샘: 그렇습니다. 성과급을 폐지하면 연간 1조의 예산을 절감할 수 있습니다. 스마트교과서 사업도 2조2,280억이 투입될 예정인데 이 정책도 수위조절을 통해 막대한 예산을 절감할 수 있습니다. 교과교실제도 기존의 유휴교실을 활용하는 방향으로 하고 신축 및 리모델링 비용을 절감할 수 있습니다.

김샘: 다음으로 정책을 둘러 싼 이해관계나 갈등구조의 측면에서 분석을 해보죠.

정샘: 갈등이 유발될 수 있는 정책은 다음과 같습니다. 고교입시개혁은 특목

고나 자사고나 지역의 명문고의 반발이 예상됩니다. 교장공모제는 교장승진제도에 의한 신뢰이익을 가진 교사들이나 교육관료들의 반발이 예상됩니다. 사회적 지분 급여와 보편적 교육복지바우처 확대는 보편적 복지를 둘러싼 국가적 방향성에 대해 범국민적 논란이 예상됩니다. 지역교육복지센터 운영은 행정 부처 간 주도권 다툼이 예상됩니다. 교육청 재구조화와 업무총량제는 교육 관료들의 이해관계를 둘러싼 논란이 예상됩니다. 전 교사 담임제의 경우 업무 부담 증가에 따른 반발이 예상됩니다. 논문심사형 임용고사의 경우 대학교수들의 부담 증가에 따른 반발이 예상됩니다.

검증 필요성과 추진 단위

김샘: 다음으로 보다 면밀한 검증을 필요로 하는 정책은 어떤 것인지 살펴보도록 하죠.

정샘: 기존에 없던 정책이나 새롭게 많은 예산을 투입해야 하는 정책의 경우는 검증의 과정이 필요합니다. 우리가 제안한 정책 중에서 특별히 검증의 필요성이 높은 정책은 다음과 같습니다. 첫째, 많은 예산이 들어가는 정책입니다. 사회적 지분 급여와 교육복지바우처의 확대는 국가적 방향성과 직결되는 문제로 광범위한 사회적 논의와 연구가 뒷받침되어야 할 과제입니다. 그리고 규모도 작은 수준부터 점진적으로 확대하는 방식이 적절할 것입니다. 고교무상교육, 학급당 인원 감축, 무상급식 확대 등의 문제도 예산 대비 효율에 대한 검증이 필요합니다. 둘째, 새롭게 시도되는 정책입니다. 교과프로젝트 전형, 절대평가제, 자유진로학교, 중재 전문가 파견제, 학교민원시

스템, 전 교사 담임제, 동일 학년 전담제, 행정업무전담제, 학교참여평가, 교육청 재구조화, 교육청 유발 업무 총량제 , 학교자율예산제, 지역교육복지센터, 논문심사형임용제 등의 정책은 시범적으로 시도해 보는 것이 필요합니다. 교장공모제도 도입은 되었지만 너무 제한적이라서 그 폭을 좀 더 확대하여 국민적 선택을 위한 검증의 과정이 필요합니다.

김샘: 각각의 과제를 추진함에 있어 어느 단위가 주도적인 역할을 해야 할지에 대한 판단도 필요합니다.

정샘: 대부분의 정책은 교과부, 교육청, 단위학교가 모두 유기적으로 관련이 되어 있기 때문에 동시적인 협조가 필요합니다. 다만 좀 더 거시적인 단위의 노력이 필요한 정책을 살펴보면 다음과 같습니다. 범정부 차원의 협조가 필요한 정책은 교육복지바우처와 지역교육복지센터 운영, 교복우 체제 개선, 사회적 지분 급여, 산학협력과 고졸 채용확대 등입니다. 교과부 차원의 주도적인 추진이 필요한 과제는 선택교육과정 확대와 교사별 평가, 절대평가제, 대입전형 및 수능 개편, 고교입시 체제, 학급당 인원 감축, 고교무상교육, 교장공모제, 학교참여평가, 교육청 재구조화, 교육청 유발 업무 총량제 , 학교자율예산제, 학습부진학생 특별지원교사제, 논문심사형 임용제, 대안학교 지원 등입니다. 교육청과 단위학교가 주도적으로 역량을 발휘할 과제는 중재 전문가 파견제, 학생회 활성화, 학교민원시스템, 전 교사 담임제, 행정업무전담제, 동일 학년 전담제, 교원 평가 개선, 교사자율연구공동체 연수, 미래형 자율학교 확대 등입니다. 물론 추진 단위를 명확하게 구분하기는 어렵습니다. 하부 단위의 역량이 얼마나 성숙되어 있는가에 따라서 상부 단위의 개입 정도가 달라질 수 있을 것입니다.

정책의 우선순위

김샘: 지금까지 어떤 정책의 비용과 검증 필요성 등에 대해 살펴보았는데 다시 어려운 문제로 돌아가도록 하겠습니다. 이 모든 것을 종합적으로 고려하였을 때 어떤 정책이 우선순위를 지니고 있다고 할 수 있을까요? 대통령에게 제안하고 싶은 정책을 한 가지만 고르라고 한다면 무엇을 제시하겠습니까?

정샘: 앞서 말했듯이 어떤 정책은 효과를 달성하기 위해 유기적인 관련을 맺고 있는 정책과 동시에 추진되어야 합니다. 그러므로 이를 묶어서 제안해 보도록 하겠습니다. 한 가지를 꼽으라고 한다면 학습부진학생을 위한 특별지원교사 배치를 제안하고 싶습니다. 왜냐하면 학습부진학생의 문제를 해결하는 것은 모두가 동등한 출발선에 서도록 하는 공교육의 최우선적 목표이고, 학생들의 절실한 고통을 해소하고 배움의 기쁨을 회복하는 데 있어 중요하며, 저출산 시대에 한 사람도 버려두고 갈 수 없다는 사회경제적 필요에도 부합합니다. 그리고 교육예산 대비 효과성이 높습니다. 또 학습부진학생에 대한 지원의 중요성에 대해서는 좌우여야를 막론하고 사회적 공감대가 형성되어 있습니다. 정책의 부작용도 거의 나타나지 않습니다.

김샘: 예산 대비 효과성이 높다는 것은 어떤 뜻입니까?

정샘: 예를 들면 학급당 인원수를 감축하는 것과 비교할 수 있습니다. 학급당 인원수를 줄임으로써 보편적 교육 여건을 개선하는 것이 결국 학습부진학생에게도 도움이 될 것입니다. 그러나 예산의 효율성을 따질 때는 학습부

진학생을 위한 특별지원교사를 배치하는 것이 더 낫다고 생각합니다. 특별지원교사를 배치할 수 있는 예산으로 학급 당 인원을 줄인다고 할 때 나타나는 효과와 학습부진학생을 위한 특별지원교사를 배치하였을 때 나타나는 효과를 비교해야 하는데 학습부진학생의 입장에서 볼 때는 후자가 더 효과적입니다. 개략적으로 보아 초중학교 학생을 5백만으로 보고(2011년 초등학생 3,132,477, 중학생 1,910,572) 교원수를 30만으로 보았을 때(초등학교 180,623, 중학교 110,658) 교사 1인당 학생수는 16명인데 비해 교원 5만명을 증원할 경우 교사 1인당 학생수는 14명이 되고, 실제 학급당 인원수 감축 효과는 2명보다 더 적기 때문에 큰 효과를 기대하기는 어려울 것입니다. 오히려 학습부진학생에게 집중적인 도움을 줄 수 있는 특별지원교사를 배치하는 것이 더 효율적이라고 봅니다.

그런데 학습부진학생 특별지원교사를 배치하는 것만으로 충분한 정책효과가 나타나기 어렵습니다. 교육과정 내용을 적정화하는 것과 함께 완전학습을 목표로 하는 성취기준 중심의 절대평가제가 동시에 시행되어야 하고, 이를 위해 고교입시의 문제가 해결되어야 하며, 학습부진학생을 중심에 놓는 지역교육복지 체제가 구비될 필요가 있습니다.

김샘: 하나의 과제를 해결하기 위해 많은 정책이 동시에 요구되는군요. 그렇게 본다면 우선순위라는 것이 큰 의미를 갖지 못하는 것 같습니다. 다만 예산의 제한으로 인해 무엇을 먼저 할 것인지를 판단하는 것은 필요하겠고, 검증의 필요성이 있거나 국민적 합의를 이루는 시간이 필요한 과제가 있는 것 같습니다. 그렇다면 정책의 효과와 필요한 예산, 검증이나 국민적 합의 필요성을 종합적으로 고려하여 정책의 중요성에 대해 평가하는 것이 적절하겠습니다. 핵심적인 정책을 10가지로 추려보는 것이 어떨까요?

정샘: 그렇다면 종합적으로 볼 때 어떤 정책을 핵심적으로 추진해야 할 것인지를 제안하도록 하겠습니다. 첫째는 언급했고, 둘째, 절대평가제가 중요합니다. 이는 초중학교에서 시험 성적에 의한 서열화와 경쟁의 압력을 완화시키고 모든 학생을 절대 성취 기준에 도달하도록 만드는 의미를 지니고 있습니다. 그리고 제대로 된 절대평가제를 운영하기 위해서는 모든 교사들이 교과에서 성취해야 할 기준을 이해하고 있어야 하므로 교사들의 전문성과 책임성을 제고하여 교육의 질 향상에 기여합니다. 이 과제는 갈등이나 비용의 문제가 아니라 얼마나 내실 있게 추진할 수 있는가 하는 것이 관건입니다. 짧은 시간 내에 성과를 내기는 어려울 것입니다. 장기적 관점에서 바라보고 차근차근 추진할 과제입니다.

셋째, 고입제도를 선지원 후추첨제로 한다는 것은 성적에 의한 고교 서열화를 수평적 다양성 체제로 전환함으로써 조기입시경쟁을 완화하여 사교육비 절감에도 기여하고, 초중학교 교육의 절대평가제를 정상적으로 작동시키는 여건을 제공합니다. 다만 국민적 합의가 필요하기 때문에 분명한 방향성은 가지되 종합적 전략을 가지고 접근해야 할 것입니다.

넷째, 교장공모제는 단위학교의 자율성을 확대하여 단위학교의 혁신 역량을 강화합니다. 그리고 승진제로 인한 관료주의의 폐해를 개선할 수 있습니다. 교장공모제는 공감대는 존재하지만 그 효과를 국민들이 경험적으로 체감하는 것이 필요하기 때문에 시범적으로 교장공모제를 일정 범위 확대하는 것이 필요합니다. 이렇게 함으로써 광범위한 국민적 공감대 위에서 전면화하는 것이 필요합니다.

다섯째, 학교참여평가는 학교에 대한 관료적 통제를 약화시키고 단위학교 구성원의 참여와 소통에 의한 혁신을 가능하게 합니다. 이 제도는 기존의 관료적 통제를 학교구성원에게 이전하는 효과가 있기 때문에 교육관료의 소극성이 문제가 될 수 있습니다. 그러므로 교과부 차원의 정리가 필요합니다. 이 또한 한꺼번에 시행하기보다는 시범적으로 시행한 이후에 그 효과성을 검증하고 확대하는 것이 필요합니다.

여섯째, 선택교육과정 확대와 교사별 평가와 교과 프로젝트 전형 및 수능 체제 개편은 패키지로 시행되어야 합니다. 이는 교사의 자율성과 학생의 선택권을 확대함으로써 배움의 자발성을 높이고 고교 교육의 획일화를 극복하고 배움의 본질을 구현함으로써 배움의 기쁨에 기여합니다. 이 과제는 단위학교와 교사의 자발성을 최대한 살리면서 내실 있게 추진하는 것이 필요합니다. 교과 프로젝트 전형은 고교와 대학의 연계를 가능하도록 하기 위해서 교과부와 대교협 등의 협조체제가 필요합니다. 검증을 위해서 시범적으로 실시하되 어느 정도 규모의 확보는 필요합니다.

일곱째, 교사 양성 및 임용 체제의 개편은 교사의 전문성을 높여 교육의 질을 높이는 데 중요합니다. 이 과제는 대학들의 이해관계가 얽혀 있기 때문에 조정과 합의가 쉽지는 않을 것입니다. 또 논문심사형 임용제가 현실에서 작동될 수 있는지에 대한 검증이 필요합니다. 교사교육에 대한 광범위한 여론 수렴을 바탕으로 이해관계를 돌파할 수 있는 의지를 가지고 추진할 필요가 있습니다.

여덟째, 교육복지바우처 및 지역교육복지센터는 학교와 지역사회의 유기적 연계를 촉진하고 학습자의 선택권을 확보함으로써 학습자의 만족도와 교육복지 행정의 효율성을 높여 줍니다. 교육복지바우처를 학교와 지역사회에 공통적으로 적용하는 것은 큰 비용이 필요하지 않습니다. 다만 그 규모를 확대하고자 하는 것은 범국민적 논의를 필요로 합니다. 그러므로 현재 있는 방과후학교 저소득층 지원 예산이나 산발적으로 흩어져 있는 교육복지 예산을 하나로 통합하는 것부터 시행하면서 전체 규모를 점진적으로 확대하는 것이 필요할 것입니다. 지역교육복지센터의 필요성에 대해서는 학계나 현장의 공감대가 어느 정도 확보되어 있습니다. 부처 간 이해관계를 조정하는 것이 관건입니다.

아홉째, 자유진로학교는 청소년기의 진로탐색과 자아탐색의 시간을 보장해줌으로써 학생들의 성장에 큰 도움을 줄 수 있습니다. 이 정책은 사실상 대안학교의 인정과 연결되어 있습니다. 한꺼번에 시행하기보다는 시범적으로 실시하고 문제점을 보완하면서 점진적으로 확대하는 것이 필요합니다.

열째, 전 교사 담임제(동아리 학급제) 및 행정업무전담제는 담임의 학급당 인원수를 축소함으로써 학급 내 소통의 질을 높이고 평화적 관계 교육과 진로교육을 내실 있게 진행할 수 있는 여건을 제공합니다. 행정업무전담제는 전 교사 담임제를 실시할 경우 패키지로 결합되어야 합니다. 이 정책은 추가적인 예산 확보가 필요합니다. 학급당 인원수를 줄이는 것이 근본적 해법이 되겠지만 예산 제한을 고려한다면 학급당 인원을 줄이는 효과에 있어 예산 대비 효과성이 높습니다. 다만 단위학교마다 환경적 조건이 다르기 때문에 모든 학교에 동시에 획일적으로 적용하기는 어렵고, 그 효과나 부작용에 대해서도 충분한 검증이 필요합니다.

김샘: 학급당 인원 감축, 고교무상교육, 사회적 지분 급여 등의 과제는 어떻습니까?

정샘: 상당한 규모의 예산 확보를 요구하는 과제는 별도로 논의할 필요가 있습니다. 예산의 확보 수준에 따라 어떤 과제를 우선적으로 시행할 것인지에 대한 판단이 필요하기 때문입니다. 학급당 인원 감축, 무상급식, 고교무상교육, 교육환경 개선, 교육바우처확대, 사회적 지분 급여의 우선순위가 무

엇인지를 결정하는 것은 쉽지 않습니다. 예산 투입에 따른 한계 효용을 검증하려면 광범위한 조사가 필요할 것입니다. 한편으로는 약간의 예산 투입만으로는 효과를 발휘하기 어렵고 전격적으로 상당 규모의 예산이 필요한 정책도 있습니다. 이 부분에 대해서 여기서 결론을 내리는 것은 무리가 따릅니다. 다만 잠정적으로 판단해 보자면 사회적 약자에게 필요한 도움의 절대 수준을 확보하는 것이 우선순위를 가진다고 볼 때 저소득층 교육복지바우처를 확대하는 것이 중요하고, 다음으로 의무교육 기반을 확대하는 고교무상교육이나 무상급식 등이 비슷하게 중요합니다. 학급당 인원 감축이나 교육환경 개선은 획일적으로 보기보다는 지역에 따라 지나친 과밀학급이나 낙후한 학교건물 등 좀 더 시급한 과제가 있을 수 있기 때문에 유연하게 접근해야 할 것입니다. 가급적 지역적 학교별 차이가 나지 않도록 평준화를 목표로 시급한 지역부터 보완하는 것이 필요하겠습니다. 이를 위해 적정 수준의 교육적 여건과 학생의 환경적 여건에 따른 적정 교육비에 대한 면밀한 연구가 필요합니다. 보편적 교육복지바우처 확대나 사회적지분급여는 상당 규모의 예산 확보를 전제하고 시행되어야 할 과제라고 봅니다. 아무튼 예산 사용의 우선순위는 범국민적인 논의와 합의를 요구하는 과제이므로 그 결론에 대해서는 열어두는 것이 좋겠습니다.

2. 정책 추진 방법론

원칙

김샘: 정책의 성격에 대한 평가와 우선순위까지 살펴보았습니다. 이제 종합적으로 정책 추진의 원칙과 방법에 대해 알아보도록 하겠습니다.

정샘: 우선 모든 정책을 시행하기 이전에 어떤 정책의 효과와 비용을 검증하여 국민들에게 알리고 공감대를 확보하는 것이 필요합니다. 우리가 통일을 이야기할 때도 분단비용과 통일비용을 추산해서 국민들의 동의를 구하지 않습니까? 마찬가지로 각각의 교육정책에 대해서도 그것으로 인해 생기는 유무형의 효과나 손실의 총량을 먼저 드러낼 필요가 있습니다. 그리고 새로운 교육개혁 정책을 추진한다고 할 때 어느 정도의 예산이 소요되고 또 어느 정도의 갈등비용이 소요되며, 또 이전 제도 하에서 가지고 있는 문제를 어느 정도로 해결할 수 있는지를 드러내야 합니다. 물론 이러한 계산은 정확한 수치로 계산될 수 있는 것이 아니기 때문에 많은 논란이 일겠지만, 이러한 논란의 과정을 통해 보다 객관적으로 국민들의 여론을 수렴할 수 있을 것입니다. 무엇보다 교육정책에 대해서 이념적이거나 이해관계에 기반한 소모적인 논쟁을 피할 수 있고, 실사구시적인 정책 여론 수렴이 가능할 것입니다.

김샘: 이런 과정은 여론 수렴에 많은 도움이 되겠지만 실제로 새로운 정책이 시행되지 않은 상황에서는 새로운 정책에 대한 실체를 볼 수 없기 때문에 정확한 판단이나 결정을 내리기가 쉽지 않아 보입니다.

정샘: 맞습니다. 아무리 좋은 정책이라도 일방적으로 추진할 경우 그 정책의 효과를 제대로 달성하기 어렵습니다. 모든 정책은 실제로 그 정책을 수행해야 할 구성원이나 단위가 그 정책의 취지를 충분히 이해하고 그 정책의 취지를 살리기 위해 적극적이고 창의적인 노력을 해야 그 효과가 제대로 드러나는 법입니다. 그러지 않고 실제 정책을 수행해야 할 구성원이나 단위가 그 정책에 동의하지 않고 마지못해 할 경우는 정책의 형식만 수행될 뿐 그곳에 정책의 취지와 정신이 담기지 않기 때문에 실패할 수밖에 없습니다. 그래서 새로운 교육개혁 정책을 현장에 도입할 때 먼저 그 정책의 취지에 동의하는 구성원들이나 단위들의 자원을 받아 그들이 먼저 그 정책을 시행해 볼 수 있게 해 주는 것입니다. 예를 들어 교사별 평가 체제의 경우 단위학교 내에서도 학년 단위나 교과 단위의 자원을 받는 것이 가능할 것입니다. 교장공모제의 경우 학교 단위로 자원을 받을 수 있을 것입니다. 교과 프로젝트 전형의 경우 자원하는 고교와 자원하는 대학이 협약을 통해 실시가 가능할 것입니다. 학교 평가의 개혁은 교육청 단위로 새로운 평가 체제를 도입하는 것이 가능할 것입니다.

김샘: 그러니까 일종의 제도 간 경쟁을 실시하자는 것이군요. 보다 좋은 정책이 국민적 선택을 받을 수 있도록 하자는 것이죠.

정샘: 제도 간 경쟁을 활성화하면 제도 실시로 인해 피해를 당할지 모른다는 막연한 두려움 때문에 새로운 제도 도입을 반대하는 낭비를 막을 수 있습니다. 예를 들어 교사별 평가를 실시한다고 할 때 개별 교사들에게 교육과정 편성권과 평가권을 주게 되는 것인데, 교사들의 경우 이것이 개별 교사에게 너무 과도한 업무로 부과되지 않을까 하는 우려 때문에 반대할 수가 있고,

학부모의 경우 일부 교사들이 기본 이하의 수업이나 평가를 할 경우를 우려해 반대할 수가 있습니다. 하지만 실제로 뜻있는 교사들이나 학교들이 실행하면서 이러한 염려들을 검증할 수가 있고, 그렇게 되면 교사들의 경우 수업 준비와 평가 준비로 인해 업무는 많아지지만 교사로서의 전문성과 권위에 도움이 되는 것을 볼 수 있고, 학부모의 경우에도 일부 교사들의 수업과 평가 질이 떨어질 수 있지만 전반적으로 교사들의 수업과 평가의 질이 높아지는 면을 확인할 수가 있을 것입니다. 그런데 이러한 제도 간 경쟁이 이루어지면 각 제도를 주장하는 쪽이 시범 실시 과정에서 드러나는 문제점들을 고치려고 노력할 것이기 때문에 각 제도가 처음 제안한 것에 머물지 않고 계속해서 진화를 거듭할 수 있을 것입니다. 무엇보다 이를 지켜보는 국민들의 합리적인 선택을 도울 수 있을 것입니다. 지금은 어떤 제도 개선을 논할 때 각자의 주장을 듣고 선택을 해야 하지만 실제 많은 학교에서 다른 제도의 성과가 드러나면 자연스럽게 여론의 흐름이 형성될 것이고, 이러한 여론의 흐름 앞에서 이익 집단들은 더 이상 자신들의 이해관계에 근거한 주장만 하고 있을 수는 없을 것입니다.

김샘 : 그런데 제도의 변화가 온다고 할 때 이전 제도로 인해 이익을 보고 있거나, 이전 제도에 근거해서 준비를 해 온 사람들은 여전히 강력하게 반대할 것으로 보입니다.

정샘: 제도 간의 경쟁을 통해 어느 한쪽으로 여론이 쏠리고 그것을 정책으로 채택한다고 할 때 기본적인 신뢰이익을 어느 정도 보장해 주어야 하고, 또 퇴로를 열어주는 정책이 병행되어야 할 것입니다. 예를 들어 교장승진제와 교장공모제가 제도 간 경쟁을 통해 교장공모제로 여론이 모아질 경우에라

도 갑자기 교장승진제를 중단하고 교장공모제로 가서는 안 됩니다. 10년 정도의 경과 규정을 두고 교장승진제를 매 해 10%씩 줄여가면서 교장공모제를 10%씩 늘려가는 방안을 통해 현재의 교장승진제에 근거해서 교장(감) 자격을 준비해 온 사람들의 신뢰이익을 지켜주는 것이 좋습니다. 그래야 학교 현장에서 큰 저항 없이 교장공모제를 정착시킬 수 있습니다. 사교육을 대폭 줄이는 정책을 여론의 지지를 업고 시행한다고 할 때도 현재 사교육에 종사하는 사람들이 직종 전환을 할 수 있는 신호와 시간을 미리 주어야 하고, 그 사람들의 고용을 돕는 정책도 함께 추진되어야 합니다.

김샘: 이렇게 되면 교육개혁이 상당히 더디게 진행될 수도 있을 것 같습니다.

정샘 : 그렇습니다. 다른 정책들도 비슷하겠지만 교육정책은 단시일 내에 빨리 추진하는 것보다는 국민들의 합의 하에 그리고 그 일을 실제로 추진할 수 있는 주체의 형성과 성숙의 과정을 거치면서 추진해 나가는 것이 좋습니다. 물론 모든 정책을 이런 방식으로 천천히 추진해야 하는 것은 아닙니다. 국가의 자원이 투입되어야 하는 학습부진아 특별지원교사 배치나 학급당 인원 수 감축이나 교원 잡무 경감 등은 전격적으로 실시할 수도 있을 것입니다. 하지만 이런 정책들도 재정지원은 똑같이 하더라도 구체적인 실행에 있어서는 교육청 단위로 자율권을 가지고 더 창의적인 정책을 시도해 볼 수 있을 것입니다. 그러지 않고 이러한 정책들을 통해 정권의 업적을 드러내겠다는 조급증이 과도할 경우 재정 투입 대비 교육적 효과는 반감할 수도 있을 것입니다.

갈등 해결을 위한 소통 구조

김샘: 실제 정책 추진과 관련하여 특별히 어떤 정책을 둘러싼 이해관계와 갈등구조를 해결하기 위해서는 새로운 의사소통구조와 절차가 필요하다는 생각이 듭니다.

정샘: 갈등해결을 위한 논의 기구로 제안하고 싶은 것은 '7인 위원회'입니다. 어떤 쟁점에 대해 찬성과 반대로 나뉠 경우 찬성측 2인, 반대측 2인과 중립적이고 전문적인 인사 3인을 포함하여 7인 위원회를 구성하고 그 틀 안에서 최대한 합의를 만들자는 것입니다. 여기서 중립적 인사 3명의 판단이 중요합니다. 이들은 이해관계로부터 완전히 독립되어야 합니다. 7인 위원회를 구성할 때는 최대한 합의를 도모하되 만약 합의가 이루어지지 않는다면 중립적 인사 3인의 판단에 승복하겠다는 약속이 필요합니다. 교육계의 여러 쟁점들에 대해 7인 위원회를 가동한다면 보다 나은 의사결정이 이루어질 수 있을 것이라고 봅니다.

김샘: 중립적 인사를 누구로 할 것인가를 두고 첨예하게 대립할 것도 같습니다. 그리고 찬성측 대표와 반대측 대표를 정하는 것도 어려울 수 있을 것 같습니다.

정샘: 중립적 인사는 찬성과 반대 양쪽으로부터 인정을 받아야 할 것입니다. 사실 중립적 인사 선정에 대해 찬성과 반대 쪽이 합의한다면 이미 문제는 해결된 것이나 다름없습니다. 다소 시간이 걸리더라도 결론을 열어두고 중립

적 인사 선정을 위해 서로 머리를 맞대는 자세가 필요할 것입니다. 찬성과 반대 입장도 여러 입장이 있을 수 있기 때문에 선정이 쉽지는 않을 수 있습니다. 그러나 대체로 여론의 지형을 보아 상식적인 판단이 가능할 것으로 봅니다. 그 기능은 행정부가 수행하여도 될 것입니다. 만약 그것 자체도 중립적인 기구가 필요하다고 한다면 정당 간 합의를 통해 선정하도록 하는 것도 고려할 수 있겠습니다.

김샘: 한편 교육정책의 일관성 보장을 위해 여야를 떠난 국가적 차원의 교육개혁 추진 기구가 필요하다는 주장이 있습니다.

정샘: 바람직하기는 하지만 실현가능성이 의문입니다. 정권을 잡은 쪽에서 자신들의 가치를 반영하여 정책을 펼치고자 할 텐데 정치적 지형과 무관하게 교육개혁기구를 운영한다는 것이 쉽지 않을 것입니다. 교육정책은 국가의 중요한 정책인데 이를 행정부와 독립된 체계에서 관장한다는 것이 가능할까 싶습니다. 다만 정권을 잡은 쪽이 사회적 합의의 정신을 존중하는 의미에서 범사회적인 논의 기구를 만들고자 하는 노력은 필요합니다. 그런데 교육 의제가 워낙 복잡하고 다양한 이해관계가 얽혀 있는 문제가 많기 때문에 하나의 단일 기구에서 모든 것을 논의하기보다는 사안에 따라 쟁점이 많은 문제를 집중적으로 논의하고 합의를 도출할 수 있는 '7인 위원회'를 다양하게 운영하는 것이 보다 현실적이고 효율적이라고 생각합니다. 물론 이 모든 과제를 포괄하는 기구는 매우 필요합니다. 중요한 것은 정권의 의지라고 봅니다. 정부가 대승적인 관점에서 범국민적인 합의를 기반으로 교육정책을 추진하겠다는 자세를 가져야 할 것입니다.

3. 결론

김샘: 이제 우리의 대토론도 막을 내려야 할 때가 왔습니다. 크게 보아 1교시에 우리 교육의 문제를 진단하고, 2교시에 문제의 원인을 분석한 다음, 3교시에 우리 교육이 지향해야 할 방향성을 모색해보았고, 4교시에 구체적인 정책 대안을 살펴보았으며, 5교시에는 여러 정책들의 우선순위와 추진 방법론에 대해 논의하였습니다. 마지막으로 정리를 해 주시기 바랍니다.

정샘: 지금까지 우리 교육은 경쟁을 동력으로 하여 달려왔고, 국가 사회 발전에 나름의 기여를 하였으나 이제는 그와 같은 방식으로 계속 가는 것은 한계에 도달했다고 봅니다. 국민들의 교육 고통이 한계점에 도달하고 있습니다. 그러므로 교육 문제를 풀지 않으면 우리나라의 미래를 말하기가 어려울 것입니다. 대통령이 되고자 하는 정치인이라면 교육 문제에 대해 해법을 제시해야 합니다. 그 해법은 인기 위주의 대중적 요법이 되어서는 안 됩니다. 교육의 본질에 대한 성찰을 바탕으로 이념과 이해관계를 뛰어넘어 현장의 문제에 대한 실사구시적인 접근을 통해 실타래처럼 얽힌 교육 문제를 풀어나가야 합니다. 그 비전은 바로 모두가 배움의 기쁨을 누리는 학교가 되어야 할 것입니다.

김샘: 지금까지 많은 논의를 하고 비전을 제시하였지만 약점과 한계도 있을 것입니다.

정샘: 한계는 교육정책에 대한 논의 자체가 갖는 근본적인 한계가 있을 것이고, 약점은 우리의 지혜가 부족하여 생기는 약점이 있을 것입니다. 먼저 약

점은 현장 교사의 관점이라는 데서 생길 수 있습니다. 현장 교사가 갖는 장점이 분명히 있지만 한편으로는 그 입장과 관점이 협소할 수 있습니다. 또 교육 개혁 전반에 대한 종합적 사고의 장점이 있지만 각론에서 더 심도있는 검토를 필요로 하는 아이디어 또한 존재합니다. 교육정책에 대한 논의 자체가 갖는 근본적인 한계는 이런 것입니다.

교육은 그 사회를 반영합니다. 그러므로 교육의 개혁은 사회의 개혁을 의미하기도 합니다. 학벌주의 사회와 대학체제, 노동과 분배의 문제 등 사회의 개혁을 위한 과제들은 여기서 다 논의하지 못했습니다. 다만 초중등교육의 개혁을 통해 변화될 수 있는 사회에 대한 전망을 나누었습니다. 교육 개혁은 사회 개혁의 한계 속에 있을 것입니다. 또 우리는 제도만능주의를 경계합니다. 대개 제도와 정책이 할 수 있는 것은 최선이 아니라 최악을 방지하는 데 도움이 됩니다. 최선의 것은 사람의 마음속에서 만들어 지는 것입니다. 제도와 정책이 다가 아니라 실천으로 문화적으로 해결해야 할 영역이 있다는 점을 명심할 필요가 있습니다.

김샘: 지금까지 대토론에 참여해 주신 모든 분들께 감사 드리며, 한국 교육을 살리기 위해 무엇이 필요한가에 대한 토론을 마치도록 하겠습니다. 감사합니다.

1. 우리 교육이 지향할 가치와 원칙은 배움의 기쁨, 평화적 관계, 소명의 발견, 교육 기회의 균등, 자율과 책무이다.

2. 배움의 기쁨이 상실되는 원인은 시험의 중압감과 불완전한 이해를 조장하는 수업이다. 시험의 중압감을 가져오는 요인은 고교입시의 압력과 점수위주의 평가 체제이다. 불완전한 이해를 조장하는 원인은 과도하게 어려운 교육내용, 표피적 수업을 조장하는 교과서와 과목별·선다형 평가, 모르는 아이에 대한 무책임을 조장하는 상대평가 체제이다.

3. 평화적 관계를 저해하는 요인은 사회의 경쟁 구조를 반영한 학교의 경쟁적 구조, 관계의 중요성에 대한 인식 부재, 교사들의 소통 역량 미비, 소통을 위한 구조와 절차의 미비가 주된 요인이다. 이는 점수와 행정 중심, 통제 위주의 학교 구조에서 비롯된다.

4. 소명의 발견을 방해하는 요인은 학벌주의 사회와 진로교육을 위한 인프라의 부족, 산학협력의 미비와 교사교육 체제에서 찾을 수 있다.

5. 교육 기회의 균등을 저해하는 요인은 사교육의 영향, 불리한 여건에 있는 학생들에 대한 효과적인 지원 체제의 미비, 형식적 기회 균등의 미비, 학교 밖 아이들의 소외가 있다. 사교육은 입시 경쟁에서 유리한 조건을 얻기 위함인데 사교육이 유리하도록 만드는 입시경쟁구조의 문제와 그로 인한 학교 교육의 부실 문제가 원인이 되고 있다. 불리한 학생을 위한 지원은 교육복지행정의 비효율이 문제가 된다. 형식적 기회 균등은 공적 지원이 낮음으로 인해 보편적 지원 수준이 낮은 것과 형평성의 문제가 있다.

6. 자율과 책무의 원리에 반하는 학교의 관료주의의 문제는 승진제도와 학교 평가, 교사 평가에 있어 비본질적인 기준이 중시된다는 점에서 기인한다. 또 교사의 수업의 자율성과 책무성을 저해하는 과목별 평가 체제의 문제가 작용한다.

7. 과거 교육 개혁은 응급 처치적이고 독재적 하향식으로 추진되었고, 그로 인해 개혁이 지속되지 못하거나 형식적으로 겉도는 경우가 발생하였다. 개혁은 교육적 성찰에 바탕하여 국민적 공감대를 확보하면서 자율적인 역량을 발휘하여 추진되어야 한다.

8. 개혁의 핵심 원리는 자율과 책무성의 원리와 국가의 역할이 조화를 이루는 것이다. 자율과 책무성의 조화는 관료구조의 평가 기준을 개혁함으로써 학생, 학부모, 교사, 단위학교의 자율성을 극대화하는 전략을 취해야 한다. 국가는 교육 기회의 균등을 위한 조건을 확충하는 것에 집중하여야 한다. 개혁의 지향점은 모두가 배움의 기쁨을 누리는 학교다.

9. 정책대안은 크게 10가지 분야로 나눌 수 있다.

	목적 / 분야	주요 정책
1	교사의 교육기획력과 학생의 자발성을 확대하여 배움의 질을 높이는 정책	선택교육과정 확대 교사별 평가 학업 성취도 평가 개선 교과 프로젝트 전형 수능 I, II 분리 대입 모집단위별 전형 요소 특성화
2	경쟁적 선발의 압력을 줄여 초중학교 교육을 정상화하는 정책	고교 선지원 후추첨 배정 자율형 사립고 폐지 절대평가제
3	학생들의 소질과 적성을 찾고 꿈을 실현하도록 돕는 정책	자유진로학교 산학협력과 고졸 채용 확대 직업 교육 교사 자격증 체제 개선
4	학교 안의 소통과 평화를 이루는 정책	갈등 중재 전문가 파견제 학생회 활성화 학교민원시스템 운영
5	교사들로 교육의 본질에 집중하도록 하는 정책	전 교사 담임제 학급당 인원 감축 행정업무전담제 동일 학년 전담제
6	단위학교의 자율적 혁신 역량을 강화하는 정책	교장공모제 학교참여평가 교육청 재구조화 교육청 유발 업무 총량제 학교자율예산제
7	모든 학생이 배움에 참여하고 동등한 출발선에 서도록 돕는 정책	학습부진아 특별지원교사제 교복우 체제 개선 고교무상교육 사회적 지분 급여
8	학교와 지역사회의 협력을 통해 학생들을 지원하는 정책	보편적 교육복지바우처 지역교육복지센터
9	교원의 전문성을 높이는 정책	논문심사형 임용제도 교원 평가 개선 개인 성과급 폐지 및 다면평가 개선 교사자율연구공동체 연수
10	새로운 학교상을 제시하여 학교 혁신을 촉진하는 정책	대안학교 지원 미래형 자율학교 확대

10. 정책은 효과, 예산, 갈등 등의 관점에서 평가할 수 있다. 종합적인 면을 고려하여 정책의 우선순위와 추진 방법을 설정해야 한다. 핵심적인 정책은 1) 학습부진학생 특별지원교사제 2) 완전한 절대평가제 3) 고교 선지원 후추첨 전면화 4) 교장 공모제 5) 학교참여평가제 6) 선택교육과정 확대 및 교사별 평가와 교과 프로젝트 전형 7) 논문심사형 임용 전형 실시 8) 교육복지바우처 및 지역교육복지센터 운영 9) 자유진로학교 10) 전 교사 담임제(동아리 학급제) 및 행정업무전담제이다.

11. 정책을 추진함에 있어 국민들에게 정책의 손익을 밝히고, 제도 간 경쟁을 통해 올바른 정책에 대한 공감대를 확대하는 방식을 취하고, 각 단위의 자율성을 극대화하는 방향으로 추진하여야 한다. 특별히 갈등 해결을 위한 프로세스가 필요하다.

12. 전체적으로 정책 과제를 가치와 원칙과 연결하여 도식화하면 다음과 같다.

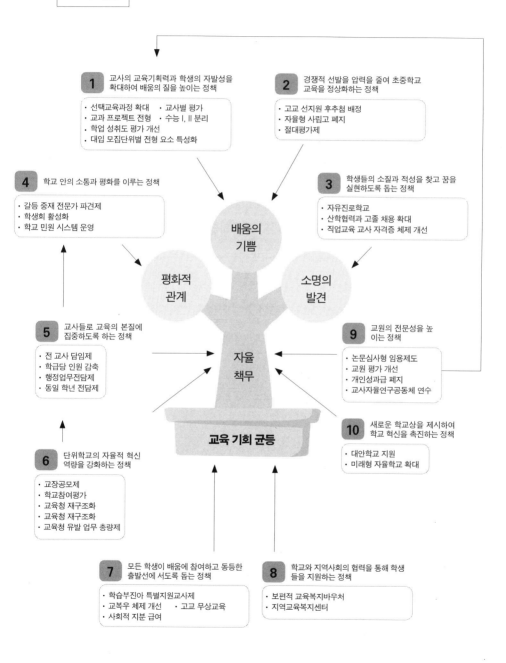

영향

1 교사의 교육기획력과 학생의 자발성을 확대하여 배움의 질을 높이는 정책

- 선택교육과정 확대 · 교사별 평가
- 교과 프로젝트 전형 · 수능 I, II 분리
- 학업 성취도 평가 개선
- 대입 모집단위별 전형 요소 특성화

2 경쟁적 선발을 압력을 줄여 초중학교 교육을 정상화하는 정책

- 고교 선지원 후추첨 배정
- 자율형 사립고 폐지
- 절대평가제

4 학교 안의 소통과 평화를 이루는 정책

- 갈등 중재 전문가 파견제
- 학생회 활성화
- 학교 민원 시스템 운영

3 학생들의 소질과 적성을 찾고 꿈을 실현하도록 돕는 정책

- 자유진로학교
- 산학협력과 고졸 채용 확대
- 직업교육 교사 자격증 체제 개선

배움의
기쁨

평화적
관계

소명의
발견

5 교사들로 교육의 본질에 집중하도록 하는 정책

- 전 교사 담임제
- 학급당 인원 감축
- 행정업무전담제
- 동일 학년 전담제

자율
책무

9 교원의 전문성을 높이는 정책

- 논문심사형 임용제도
- 교원 평가 개선
- 개인성과급 폐지
- 교사자율연구공동체 연수

교육 기회 균등

10 새로운 학교상을 제시하여 학교 혁신을 촉진하는 정책

- 대안학교 지원
- 미래형 자율학교 확대

6 단위학교의 자율적 혁신 역량을 강화하는 정책

- 교장공모제
- 학교참여평가
- 교육청 재구조화
- 교육청 재구조화
- 교육청 유발 업무 총량제

7 모든 학생이 배움에 참여하고 동등한 출발선에 서도록 돕는 정책

- 학습부진아 특별지원교사제
- 교복우 체제 개선 · 고교 무상교육
- 사회적 지분 급여

8 학교와 지역사회의 협력을 통해 학생들을 지원하는 정책

- 보편적 교육복지바우처
- 지역교육복지센터

 에필로그

　6개월의 학습 연구년을 온전히 집필에 바쳤다. 십 수 년의 좋은교사운동의 교육정책 연구 결과를 종합하여 묶어내는 작업이 쉽지만은 않았다. 2002년 대선교육공약을 제출하느냐 마느냐의 논의를 하던 장면부터 그로부터 10년이 지난 오늘 단행본으로 대선교육공약을 묶어내기까지의 수많은 정책위원회와 토론회에서 나누었던 치열한 고민들과 토론들이 떠오른다. 무엇이 우리들을 이 쉽지 않은 길에서 벗어나지 않게 하였을까? 그것은 갈증이 아니었을까? 우리가 매일 돌아가서 부대껴야 하는 교실 현장이 좀 더 나은 곳으로 변하기를 바라는 갈증이 있었기 때문에 이 끈을 놓지 않을 수 있었던 것 같다. 우리가 꿈꾸는 교실에 대한 갈증이 오늘도 많은 교사들을 이 운동에 동참하도록 만들고 있다. 오늘 제출하는 이 책자가 이 땅의 아이들과 부모들과 교사들의 목마름을 해소할 수 있는 마중물 한 컵이 되기를 바란다.

2012년 8월
좋은교사운동 사무실에서
김진우